RIMADESIO.IT

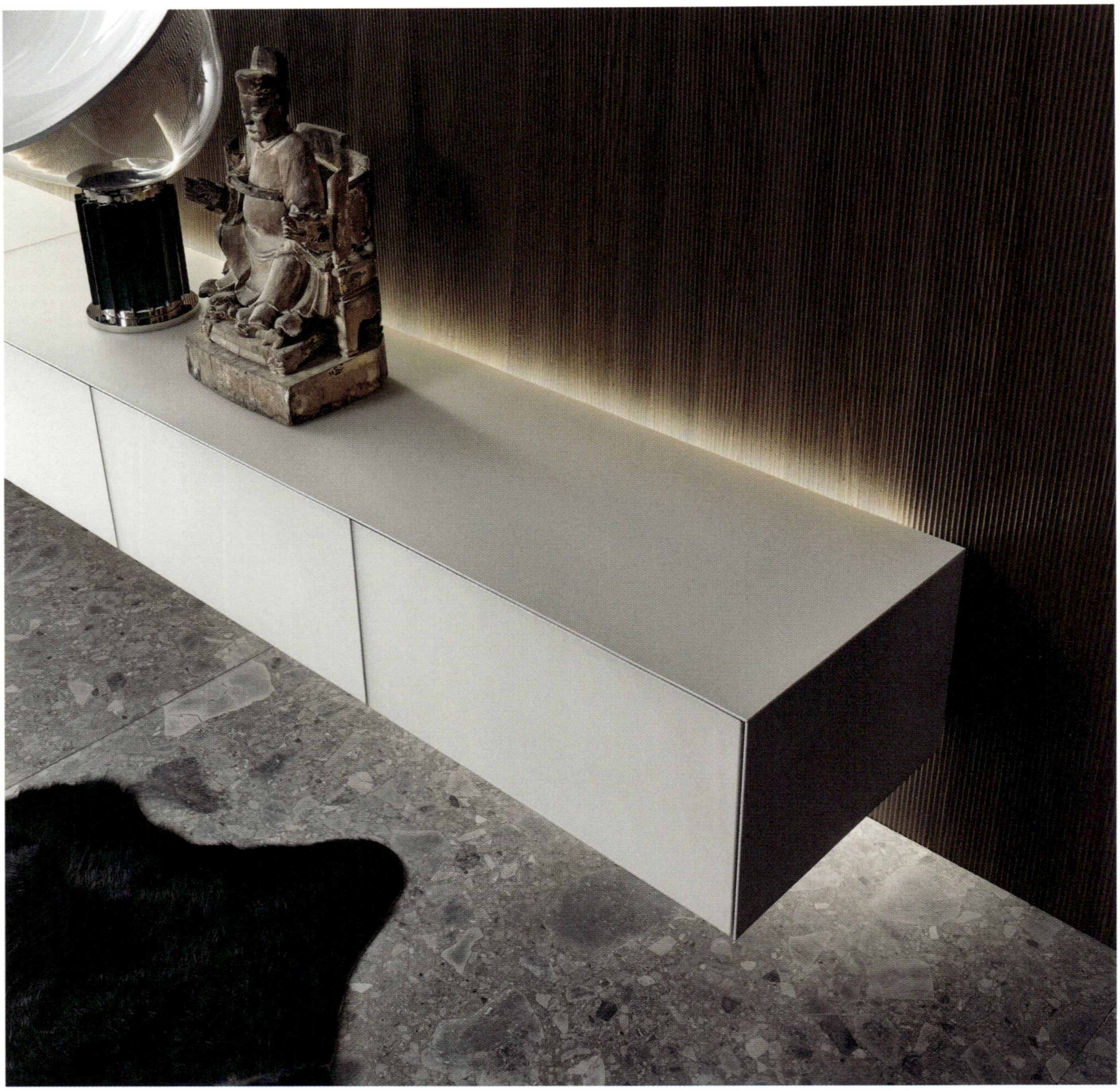

Trent'anni di Costanza

Nel 1986 Paolo Rizzatto disegna Costanza,
un successo intramontabile.

Luceplan. Made in Light
www.luceplan.com

ASSOLOMBARDA
Confindustria Milano Monza e Brianza

UN PROGETTO ASSOLOMBARDA PER MILANO CURATO DA DOMUS

Ad aprile, nei giardini della Triennale di Milano, in occasione dell'apertura della XXI Mostra Internazionale, dieci maestri dell'arte e dell'architettura contemporanee realizzano insieme cinque installazioni in cui i loro saperi si uniscono

XXI Triennale International Exhibition Milan 2016 02.04–12.09 21st Century. Design After Design

LA TRIENNALE DI MILANO

AN ASSOLOMBARDA PROJECT FOR MILAN, UNDER THE CURATORSHIP OF DOMUS

In April, on the occasion of the opening of the 21st International Exhibition, the gardens of the Triennale di Milano will host five installations pairing the talents of ten masters of contemporary art and architecture

XXI Triennale International Exhibition Milan 2016 02.04–12.09 21st Century. Design After Design

LA TRIENNALE DI MILANO

Postazioni operative
Workstations

Scrittoio concepito come una moderna postazione di lavoro, funzionale e autosufficiente, che reinterpreta in chiave contemporanea il tema del secrétaire associato a quello della vetrinetta. Piano di lavoro e struttura in rovere naturale, pannelli trasparenti in vetro extrachiaro. L'anta superiore, qualificata dall'andamento curvo della lastra, è dotata di un sofisticato meccanismo di apertura basculante, mentre l'anta inferiore a ribalta, una volta aperta, amplia e completa il piano di lavoro in legno. Dimensioni: cm 120x60, altezza cm 163

This desk is conceived as a modern, functional and self-sufficient workstation that reinterprets, in a contemporary key, the theme of the secrétaire, in combination with the concept of the display case. Worktop and structure in natural-finish oak, and transparent glazing in extra-clear safety glass. The upper door, enhanced by the curve of the glass, is mounted with a sophisticated balance mechanism, while the lower fall-front door opens to expand the surface of the wood desktop. Dimensions: cm 120x60, height cm 163.

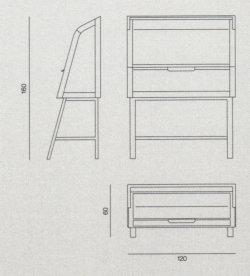

Secretello.
Michele De Lucchi

UNIFOR
via Isonzo, 1
22078 Turate (Como) Italy
t +39 02 967 191
f +39 02 9675 0859
www.unifor.it
unifor@unifor.it

Postazioni operative aggregate con due tavoli
scrivania fronteggianti. Piano di lavoro in
multistrato di pioppo naturale con bordo a vista
dello spessore di 4 cm e finitura superficiale
in legno sicomoro; contenitori strutturali di
supporto ai piani in lamiera di alluminio
verniciata colore argento; contenitori a giorno
con funzione di schermatura in pioppo
naturale; componente verticale di connessione
alla rete elettrica e dati. Dimensione: tavoli
cm 200x80; composizione cm 220x260.

Grouped workstations with two facing desk-
tables. Worktop in natural-finish poplar
plywood with exposed edging, 4 cm thick,
and surface finish in sycamore; structural
containers for supporting worktops in sheet
aluminum, painted silver; open cabinets
with screening function in natural-finish
poplar; vertical element for electrical
and data connections. Dimensions: tables
cm 200x80; composition cm 220x260.

Cases.
Jean Nouvel Design

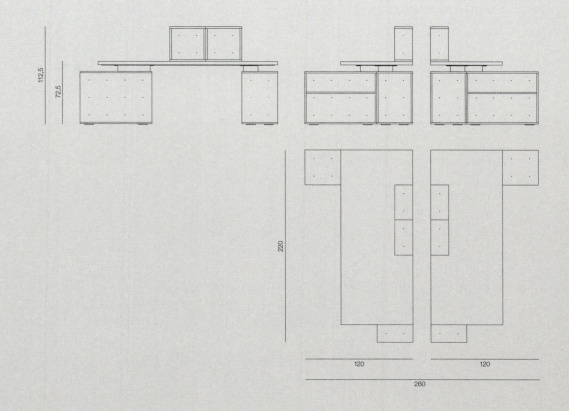

UniFor

Yori Pendant for DOMUS 1000

www.reggiani.net

Reggiani

Postazioni operative aggregate con due tavoli scrivania fronteggianti. Piano di lavoro in multistrato di pioppo naturale con bordo a vista dello spessore di 4 cm e finitura superficiale in legno sicomoro; contenitori strutturali di supporto ai piani in lamiera di alluminio verniciata colore argento; contenitori a giorno con funzione di schermatura in pioppo naturale; componente verticale di connessione alla rete elettrica e dati. Dimensione: tavoli cm 200x80; composizione cm 220x260.

Grouped workstations with two facing desk-tables. Worktop in natural-finish poplar plywood with exposed edging, 4 cm thick, and surface finish in sycamore; structural containers for supporting worktops in sheet aluminum, painted silver; open cabinets with screening function in natural-finish poplar; vertical element for electrical and data connections. Dimensions: tables cm 200x80; composition cm 220x260.

Cases.
Jean Nouvel Design

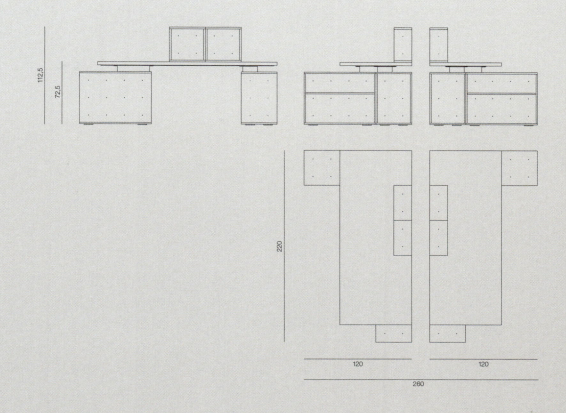

UniFor

Postazioni operative a spazio aperto composte da tavoli scrivania fronteggianti, delimitati da raffinati pannelli di protezione in vetro ondulato. Struttura metallica con gambe regolabili in altezza, verniciate grigio; piano di lavoro con finitura in Forbo Desktop grigio e bordo in noce massello, attrezzato con elementi di protezione traslucidi e vassoio portacavi sottopiano. Dimensioni: tavoli cm 160x80; composizione cm 160x167.

Open-space workstations composed of facing desk-tables, delimited by refined protective panels in corrugated glass. Metal frame with height-adjustable legs, painted gray; worktop with Forbo Desk Top linoleum finish in gray and edging in solid walnut, equipped with translucent protective elements and cable raceways under the tabletop. Dimensions: tables cm 160x80; composition cm 160x167.

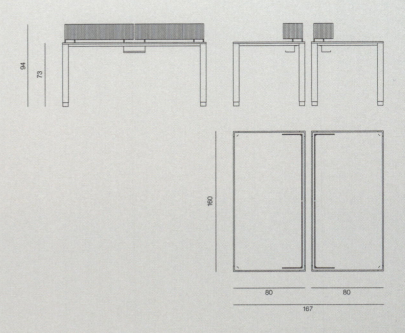

Akoe.
Vittorio Magnago Lampugnani

Postazioni operative a spazio aperto realizzate
con due tavoli fronteggianti collegati da staffe
di fissaggio che sorreggono il pannello divisorio
attrezzato. Piano di lavoro in legno naturale;
gambe in estruso di alluminio rivestito nella
stessa essenza del piano; pannello in legno con
profilo superiore in alluminio predisposto per
l'aggancio degli accessori pensili e del supporto
monitor. Finiture in rovere. Dimensioni:
tavoli cm 160x80; composizione cm 160x168.

Open-space workstations made with two facing
tables connected by brackets that support the
fitted divider panel. Worktop in natural wood;
legs in extruded aluminum, covered in the
same wood as the top; wood divider panel
with aluminum profile along the top, designed
to accommodate suspended accessories
and monitor support arms. Oak finishes.
Dimensions: tables cm 160x80; composition
cm 160x168.

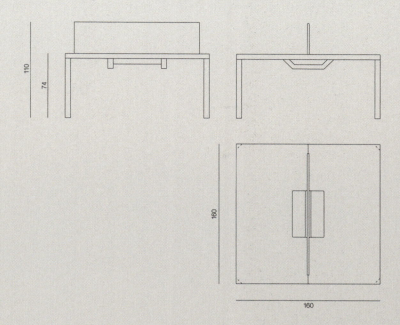

Flipper.
Luciano Pagani
Angelo Perversi

vitra. è distribuito in Italia da Unifor
vitra. is distributed in Australia by Unifor

Art Direction
Studio Cerri & Associati

Photo
Mario Carrieri, Pietro Carrieri

www.reggiani.net

Yori Pendant for DOMUS 1000

Reggiani

PROVA DOMUS DIGITAL EDITION!

ACCESSO LIBERO DA TUTTI I DISPOSITIVI!

• COMPATIBILE CON iOS E ANDROID •
• RICCA GALLERY DI FOTO E VIDEO • NEWS SEMPRE AGGIORNATE •
• MOTORE DI RICERCA INTERNO •
• CONDIVISIONE VIA EMAIL O SOCIAL NETWORK •

ABBONAMENTO DIGITALE 3 MESI

**PER TE 3 MESI
DI DOMUS DIGITAL
A SOLI € 14,99
ANZICHÉ € 17,97**

SCONTO
16%

ABBONAMENTO DIGITALE 1 ANNO

**PER TE 1 ANNO
DI DOMUS DIGITAL
A SOLI € 42,99
ANZICHÉ € 65,89**

SCONTO
35%

COSA ASPETTI? ABBONATI ORA!

COLLEGATI A
www.shoped.it/domusdigital

TIME
OFF

Vieques 2008 / vasca, design Patricia Urquiola
Fez 1999 / rubinetteria, design Benedini Associati
Stairs 1996 / complementi, design Benedini Associati

Agape12 concept store:
via Statuto 12, Milano, 02 65560296

www.agapedesign.it

FORME LEGGERE.
MATERIALI SOSTENIBILI.
DESIGN INNOVATIVO.

QUALUNQUE SIA
LA STRADA CHE IMMAGINATE,

smeg
tecnologia che arreda

Smeg sarà presente al Salone del Mobile
PAD n°9 FTK, stand n°A06 - A08 dal 12 al 17 aprile 2016

smeg.it

DESIGN PORTRAIT.

Michel, sistema di sedute disegnato da Antonio Citterio. www.bebitalia.com

Milan Design Week: April 12th/17th 2016 - B&B Italia Store Milano, Via Durini 14

PATEK PHILIPPE
GENEVE

*Ogni tradizione ha
un suo inizio.*

Alessandria
Gioielleria Coppo, T. 0131 25 29 27

Bari
Rocca, T. 080 521 29 26

Biella
Boglietti Gioielli, T. 015 252 21 69

Bologna
F. Veronesi & Figli, T. 051 224 835

Brescia
Gioielleria Fasoli, T. 030 454 42

Cagliari
Floris Coroneo, T. 070 496 930

Capri
Orologeria Trucchi, T. 081 837 63 03

Catania
Restivo, T. 095 387 817

Cortina d'Ampezzo
Bartorelli Gioiellerie, T. 0436 86 09 09

Courmayeur
F. B. Aurum, T. 0165 84 68 78

Cuneo
Rabino Mario & C., T. 0171 69 28 26

Firenze
Fratelli Piccini, T. 055 294 768

Forte dei Marmi
Bartorelli Gioiellerie, T. 0584 89 979

Genova
Montres & Bijoux, T. 010 56 55 10

Mantova
Rocca, T. 0376 32 22 83

Milano
Gobbi 1842, T. 02 76 02 05 36
Orologeria Luigi Verga, T. 02 805 65 21,
T. 02 65 95 775
Pisa Orologeria, T. 02 76 20 81

Milano Marittima
Bartorelli Gioiellerie, T. 0544 99 45 93

Napoli
Orologeria Trucchi, T. 081 417 874

Novara
Gioielleria Benson, T. 0321 35 251

Padova
Rocca, T. 049 876 26 22

Palermo
Palumbo & Gigante, T. 091 662 20 22

Porto Cervo
Floris Coroneo, T. 0789 924 86

Reggio Emilia
Vaccari Gioielli, T. 0522 43 99 99

Riccione
Bartorelli Gioiellerie, T. 0541 69 30 16

Roma
Hausmann & C., T. 06 68 93 194,
T. 06 67 91 558, T. 06 321 101 00

Sanremo
Abate, T. 0184 57 81 69

Savona
Gioielleria Delfino, T. 019 851 798

Taormina
Restivo, T. 0942 09 06 30

Taranto
Feni Gioielli, T. 099 452 63 48

Torino
Astrua, T. 011 561 38 73

Trieste
Dobner, T. 040 632 951

Verona
Gioielleria Fasoli, T. 045 800 11 81

Vicenza
Gioielleria Salvadori, T. 0444 54 63 13

*L'indirizzo completo dei concessionari autorizzati e dei centri
assistenza è disponibile sul sito patek.com*

Un Patek Philippe non si possiede
mai completamente.

Semplicemente, si custodisce.
E si tramanda.

Cronografo Ref. 5170G

— l'esperienza
dello spazio

FLOS

IC
BY MICHAEL ANASTASSIADES
2014

arper

Salone Internazionale
del Mobile
Milano, Italy
12th-17th April 2016

Pavilion 16
Stand C29 D30

Arper Showroom
Via Pantano 30
Milano, Italy
T +39 02 89093865
milano@arper.com

Arper SPA
Via Lombardia 16
31050 Monastier
di Treviso (TV), Italy
T +39 0422 7918

Kinesit Collection
Design by
Lievore Altherr Molina

info@arper.com
www.arper.com

EXTRAORDINARY
BUILDINGS

Dai 357 specchi del Palazzo Reale di Versailles realizzati nel 1684, all'isolamento di Bosco Verticale a Milano, il più bel grattacielo del mondo.

Da 350 anni Saint-Gobain realizza materiali, soluzioni e tecnologie innovative per l'architettura che crea il futuro.

Progetti straordinari che rappresentano un punto di svolta verso nuovi modelli di stile, benessere abitativo e sostenibilità.

Il Bosco Verticale è stato progettato da Boeri Studio.

Nel 2015 è stato premiato dal Council on Tall Buildings and Urban Habitat di Chicago come "Best Tall Building Worldwide".
Nel 2014 è stato premiato come edificio alto più bello e innovativo del mondo dall'International High-Rise Award di Francoforte.

Saint-Gobain ha contribuito alla realizzazione di questo edificio fornendo pannelli in lana di vetro per l'isolamento termico e acustico della facciata ventilata.

www.saint-gobain.it

SAINT-GOBAIN

Università degli Studi di Milano
La Statale
Aula Magna

Milano (I)

hitects
Arch. Giovanna Masciadri, Milano (I)
MDU Architetti, Prato (I)

WINDFALL
Contemporary Crystal Lighting
www.windfall-gmbh.com

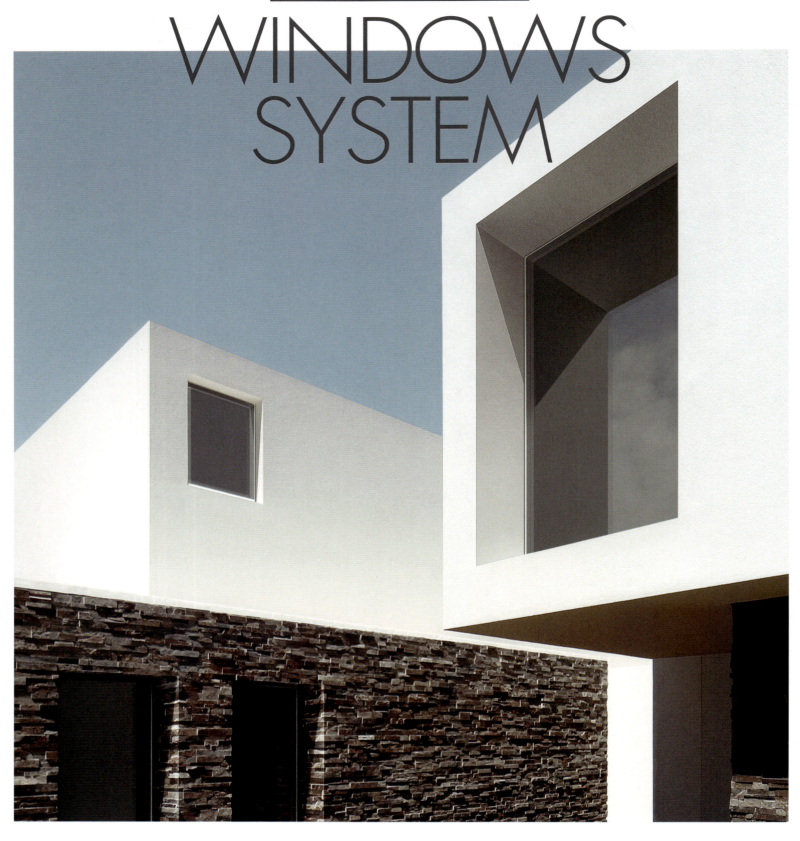

SHADE
WINDOWS
SYSTEM

Ricerca e design nel nuovo sistema finestre e porte finestre SHADE, firmato da Giuseppe Bavuso per Erco. Un progetto di stile innovativo ad alto contenuto tecnologico. Una nuova definizione di estetica ispirata alla massima essenzialità. shade.ercoitalia.it

domus

1000 ▪ Marzo 2016

Direzione Pubblicità Servizio Gratuito Lettori Casella postale 1 20089 Rozzano MI

Per ricevere ulteriori informazioni sugli inserzionisti inserire il loro numero di codice, barrare la casella desiderata e spedire la cartolina alla Editoriale Domus presso l'indirizzo indicato sopra.

Tutte le richieste saranno evase se spedite entro 8 mesi dalla data della rivista.

NUMERI DI CODICE & INSERZIONISTI

1 ABET LAMINATI S.p.A.	68 NARDI S.p.A.
2 AGAPE S.r.l.	69 OLIVARI B. S.p.A.
3 AGC FLAT GLASS ITALIA S.r.l.	70 PATEK PHILIPPE
4 AKZO NOBEL COATINGS S.p.A.	71 PEDRALI S.p.A.
5 ALESSI S.p.A.	72 PELLINI S.p.A.
6 ALFREDO SALVATORI S.r.l.	73 PRATIC F.LLI ORIOLI S.p.A.
7 ALIPARQUET	74 REGGIANI ILLUMINAZIONE S.p.A.
8 ANSELMI & C. S.r.l.	75 RIMADESIO S.p.A.
9 ANTONIO LUPI DESIGN S.p.A.	76 RUBINETTERIE ZAZZERI S.r.l.
10 ANTRAX IT S.r.l.	77 SAFI AMERICAS LLC
11 ARPER S.p.A.	78 SAINT-GOBAIN GLASS ITALIA S.p.A.
12 ARTEMIDE S.p.A.	79 SAMO S.p.A.
13 AZZURRA SANITARI IN CERAMICA S.p.A.	80 SAMSUNG ELECTRONICS ITALIA S.p.A.
14 B & B ITALIA S.p.A.	81 SAPORITI ITALIA S.p.A.
15 BARTH INNENAUSBAU S.a.s.	82 SCARABEO
16 BMW ITALIA S.p.A.	83 SECCO SISTEMI S.p.A.
17 BRIANZA PLASTICA S.p.A.	84 SERVETTO S.r.l.
18 BRIANZA TENDE S.r.l.	85 SMALVIC
19 BROSS ITALIA S.r.l.	86 SMEG S.p.A.
20 BSH HAUSGERAETE GMBH	87 STUDIOART LEATHER INTERIORS S.r.l.
21 BTICINO S.p.A.	88 TALENTI S.r.l.
22 CAIMI BREVETTI S.p.A.	89 TUBES RADIATORI S.r.l.
23 CERAMICHE MUTINA S.p.A.	90 UNIFOR S.p.A.
24 CERAMICHE REFIN S.p.A.	91 USM U. SCHARER SOHNE GMBH
25 CITTERIO S.p.A.	92 VERUM ITALY S.r.l.
26 CORAPARQUET	93 VISMARAVETRO
27 CORDIVARI S.r.l.	94 VOLVO CAR ITALIA S.p.A.
28 CP PARQUET S.r.l.	95 WHITESSENCE S.r.l. / ETHIMO
29 DADA S.p.A.	96 WINDFALL GMBH
30 DIEFFEBI S.p.A.	97 ZANOTTA S.p.A.
31 DURAVIT ITALIA S.r.l.	
32 EDILPORTALE/ARCHIPRODUCTS	
33 EDRA S.p.A.	
34 LUCEPLAN S.p.A.	
35 ERCO S.r.l.	
36 FANTONI S.p.A.	
37 FEDERLEGNO ARREDO EVENTI S.p.A.	
38 FLORIM CERAMICHE S.p.A.	
39 FLOS S.p.A.	
40 FONTANOT S.p.A.	
41 FOSCARINI S.r.l.	
42 GAROFOLI S.p.A.	
43 GAVAZZI TESSUTI TECNICI S.p.A.	
44 GIBUS S.p.A.	
45 HARLEY DAVIDSON ITALIA S.r.l.	
46 HIMOLLA	
47 ICEX - ESPANA EXPORTACION/COSENTINO	
48 ICEX - ESPANA EXPORTACION/MARSET	
49 ICEX - ESPANA EXPORTACION/NEOLITH	
50 ICEX - ESPANA EXPORTACION/ PORCELANOSA GRUPO	
51 INDA S.r.l.	
52 INGO MAURER GMBH	
53 IVM CHEMICALS S.r.l.	
54 KVADRAT A/S	
55 LA TRIENNALE DI MILANO	
56 LAMINAM S.p.A.	
57 LAMM S.r.l.	
58 LAPALMA S.r.l.	
59 LAPITEC S.p.A.	
60 LEMA S.p.A.	
61 LINEA LIGHT S.r.l.	
62 LUALDI S.p.A.	
63 LUMEN CENTER ITALIA S.r.l.	
64 LUXY S.p.A.	
65 MAPEI S.p.A.	
66 MOLTENI & C. S.p.A.	
67 MOROSO S.p.A.	

NUMERO DI CODICE INSERZIONISTA | |
- | | Documentazione
- | | Indirizzo
- | | Distribuzione
- | | Punti vendita
- | | Richiesta di contatto diretto

NUMERO DI CODICE INSERZIONISTA | |
- | | Documentazione
- | | Indirizzo
- | | Distribuzione
- | | Punti vendita
- | | Richiesta di contatto diretto

NUMERO DI CODICE INSERZIONISTA | |
- | | Documentazione
- | | Indirizzo
- | | Distribuzione
- | | Punti vendita
- | | Richiesta di contatto diretto

NUMERO DI CODICE INSERZIONISTA | |
- | | Documentazione
- | | Indirizzo
- | | Distribuzione
- | | Punti vendita
- | | Richiesta di contatto diretto

NUMERO DI CODICE INSERZIONISTA | |
- | | Documentazione
- | | Indirizzo
- | | Distribuzione
- | | Punti vendita
- | | Richiesta di contatto diretto

NUMERO DI CODICE INSERZIONISTA | |
- | | Documentazione
- | | Indirizzo
- | | Distribuzione
- | | Punti vendita
- | | Richiesta di contatto diretto

NUMERO DI CODICE INSERZIONISTA | |
- | | Documentazione
- | | Indirizzo
- | | Distribuzione
- | | Punti vendita
- | | Richiesta di contatto diretto

NUMERO DI CODICE INSERZIONISTA | |
- | | Documentazione
- | | Indirizzo
- | | Distribuzione
- | | Punti vendita
- | | Richiesta di contatto diretto

ATTIVITÀ PROFESSIONALE
- | | Architetto
- | | Arredatore
- | | Designer
- | | Ingegnere
- | | Insegnante
- | | Studente
- | | Imprenditore
- | | Altre

FASCIA DI ETÀ
- | | meno di 25 anni
- | | 25 – 34
- | | 35 – 44
- | | 45 – 54
- | | oltre 55 anni

ABBONATO
- | | Si
- | | No

NOME ⊔⊔⊔⊔⊔⊔⊔⊔⊔⊔⊔ COGNOME ⊔⊔⊔⊔⊔⊔⊔⊔⊔⊔⊔

VIA ⊔⊔⊔⊔⊔⊔⊔⊔⊔⊔⊔ NUMERO ⊔⊔⊔⊔

CAP ⊔⊔⊔⊔⊔ CITTÀ ⊔⊔⊔⊔⊔⊔⊔⊔⊔⊔⊔

PROVINCIA ⊔⊔⊔⊔⊔⊔⊔⊔⊔

TELEFONO ⊔⊔⊔⊔⊔⊔⊔ FAX ⊔⊔⊔⊔⊔⊔⊔

E-MAIL ⊔⊔⊔⊔⊔⊔⊔⊔⊔⊔⊔

English form overleaf

domus

1000 ▪ March 2016

Direzione Pubblicità Free enquiry service Casella postale 1 20089 Rozzano MI

To receive further information on advertisers insert their code number, tick the appropriate boxes and mail the form to the address above.

All requests will be fulfilled if sent within 8 months of this issue.

CODE NUMBERS & ADVERTISER

1 ABET LAMINATI S.p.A.
2 AGAPE S.r.l.
3 AGC FLAT GLASS ITALIA S.r.l.
4 AKZO NOBEL COATINGS S.p.A.
5 ALESSI S.p.A.
6 ALFREDO SALVATORI S.r.l.
7 ALIPARQUET
8 ANSELMI & C. S.r.l.
9 ANTONIO LUPI DESIGN S.p.A.
10 ANTRAX IT S.r.l.
11 ARPER S.p.A.
12 ARTEMIDE S.p.A.
13 AZZURRA SANITARI IN CERAMICA S.p.A.
14 B & B ITALIA S.p.A.
15 BARTH INNENAUSBAU S.a.s.
16 BMW ITALIA S.p.A.
17 BRIANZA PLASTICA S.p.A.
18 BRIANZA TENDE S.r.l.
19 BROSS ITALIA S.r.l.
20 BSH HAUSGERAETE GMBH
21 BTICINO S.p.A.
22 CAIMI BREVETTI S.p.A.
23 CERAMICHE MUTINA S.p.A.
24 CERAMICHE REFIN S.p.A.
25 CITTERIO S.p.A.
26 CORAPARQUET
27 CORDIVARI S.r.l.
28 CP PARQUET S.r.l.
29 DADA S.p.A.
30 DIEFFEBI S.p.A.
31 DURAVIT ITALIA S.r.l.
32 EDILPORTALE/ARCHIPRODUCTS
33 EDRA S.p.A.
34 LUCEPLAN S.p.A.
35 ERCO S.r.l.
36 FANTONI S.p.A.
37 FEDERLEGNO ARREDO EVENTI S.p.A.
38 FLORIM CERAMICHE S.p.A.
39 FLOS S.p.A.
40 FONTANOT S.p.A.
41 FOSCARINI S.r.l.
42 GAROFOLI S.p.A.
43 GAVAZZI TESSUTI TECNICI S.p.A.
44 GIBUS S.p.A.
45 HARLEY DAVIDSON ITALIA S.r.l.
46 HIMOLLA
47 ICEX - ESPANA EXPORTACION/COSENTINO
48 ICEX - ESPANA EXPORTACION/MARSET
49 ICEX - ESPANA EXPORTACION/NEOLITH
50 ICEX - ESPANA EXPORTACION/ PORCELANOSA GRUPO
51 INDA S.r.l.
52 INGO MAURER GMBH
53 IVM CHEMICALS S.r.l.
54 KVADRAT A/S
55 LA TRIENNALE DI MILANO
56 LAMINAM S.p.A.
57 LAMM S.r.l.
58 LAPALMA S.r.l.
59 LAPITEC S.p.A.
60 LEMA S.p.A.
61 LINEA LIGHT S.r.l.
62 LUALDI S.p.A.
63 LUMEN CENTER ITALIA S.r.l.
64 LUXY S.p.A.
65 MAPEI S.p.A.
66 MOLTENI & C. S.p.A.
67 MOROSO S.p.A.

68 NARDI S.p.A.
69 OLIVARI B. S.p.A.
70 PATEK PHILIPPE
71 PEDRALI S.p.A.
72 PELLINI S.p.A.
73 PRATIC FLLI ORIOLI S.p.A.
74 REGGIANI ILLUMINAZIONE S.p.A.
75 RIMADESIO S.p.A.
76 RUBINETTERIE ZAZZERI S.r.l.
77 SAFI AMERICAS LLC
78 SAINT-GOBAIN GLASS ITALIA S.p.A.
79 SAMO S.p.A.
80 SAMSUNG ELECTRONICS ITALIA S.p.A.
81 SAPORITI ITALIA S.p.A.
82 SCARABEO
83 SECCO SISTEMI S.p.A.
84 SERVETTO S.r.l.
85 SMALVIC
86 SMEG S.p.A.
87 STUDIOART LEATHER INTERIORS S.r.l.
88 TALENTI S.r.l.
89 TUBES RADIATORI S.r.l.
90 UNIFOR S.p.A.
91 USM U. SCHARER SOHNE GMBH
92 VERUM ITALY S.r.l.
93 VISMARAVETRO
94 VOLVO CAR ITALIA S.p.A.
95 WHITESSENCE S.r.l. / ETHIMO
96 WINDFALL GMBH
97 ZANOTTA S.p.A.

ADVERTISER CODE NUMBER | | | |
| | Literature
| | Address
| | Distribution
| | Selling points
| | Request for direct contact

ADVERTISER CODE NUMBER | | | |
| | Literature
| | Address
| | Distribution
| | Selling points
| | Request for direct contact

ADVERTISER CODE NUMBER | | | |
| | Literature
| | Address
| | Distribution
| | Selling points
| | Request for direct contact

ADVERTISER CODE NUMBER | | | |
| | Literature
| | Address
| | Distribution
| | Selling points
| | Request for direct contact

ADVERTISER CODE NUMBER | | | |
| | Literature
| | Address
| | Distribution
| | Selling points
| | Request for direct contact

ADVERTISER CODE NUMBER | | | |
| | Literature
| | Address
| | Distribution
| | Selling points
| | Request for direct contact

ADVERTISER CODE NUMBER | | | |
| | Literature
| | Address
| | Distribution
| | Selling points
| | Request for direct contact

ADVERTISER CODE NUMBER | | | |
| | Literature
| | Address
| | Distribution
| | Selling points
| | Request for direct contact

ADVERTISER CODE NUMBER | | | |
| | Literature
| | Address
| | Distribution
| | Selling points
| | Request for direct contact

ADVERTISER CODE NUMBER | | | |
| | Literature
| | Address
| | Distribution
| | Selling points
| | Request for direct contact

YOUR PROFESSIONAL ACTIVITY
| | Architect
| | Interior Designer
| | Designer
| | Engineer
| | Teacher
| | Student
| | Industrialist, manager
| | Other professional activity

YOUR AGE GROUP
| | Up to 25 years
| | 25 – 34
| | 35 – 44
| | 45 – 54
| | over 55 years

SUBSCRIBER
| | Yes
| | No

NAME   LASTNAME

NUMBER & STREET

TOWN   POSTAL CODE

STATE/REGION   COUNTRY

TELEPHONE   FAX

E-MAIL

Modulo in Italiano al retro della pagina

LUXY®

www.luxy.com

Salone
del Mobile
Milano

12/17 APRILE
PADIGLIONE 10
STAND C11

iSaloni

iNCOLLECTION
design Air Design

EPOCA
design Stefano Getzel

ECOBONUS
65 %

BT Group
ITALIAN OUTDOOR

R610 PERGOKLIMA

È UNA QUESTIONE
DI COMFORT DI AGILITÀ E DI TE.

Stand up for your health! USM Kitos
è il tuo tavolo da lavoro intelligente:
l'altezza facilmente regolabile senza
consumo di energia – offre comfort
al tuo lavoro quotidiano.

#usmmakeityours

USM
Sistemi di arredamento

Melopsittacus Undulatus

OLIVARI
il design preso per mano

Lama, disegnata da Gio Ponti, è una delle maniglie che da cento anni Olivari fabbrica interamente in Italia.

Moroso Spa
Cavalicco, Udine
Italy
T +39 0432 577111
www.moroso.it

Milano showroom
via Pontaccio 8/10
T +39 02 72016336

Massas sofa
by Patricia Urquiola

3 Nuns stool
by Ron Arad

Fishbone little table
by Patricia Urquiola

Net little table
by Benjamin Hubert

Carpet reloaded
for Moroso

MOROSO

salone internazionale del mobile
Milano - Rho 12/17.04.16 hall 12 stand E05 - F06

net design raffaello galiotto

YOUR OUTDOOR LIVING

bross

Per vedere l'effetto che fa

Pratic valorizza gli spazi all'aperto con progetti avanzati di comfort e bellezza.
Opera è la pergola bioclimatica che offre protezione ricreando clima e luminosità ideali.
Design italiano, emozioni uniche.

pratic.it

Pratic®
THE OPEN AIR CULTURE

NEOLÌTH

Extraordinary Surface.

Applicazioni interne e esterne: Pavimenti, Rivestimenti, Piani Cucina, Mobili, Facciate.
Resistente all'usura e ai graffi, igienico e impermeabile alle sostanze chimiche, 100% naturale.
Grandi dimensioni: 3.600 x 1.200 mm e 3.200 x 1.500 mm. Anche formati su misura.
Minimo spessore: 3, 6 e 12 mm. Diverse finiture. Più di 50 modelli disponibili.

Design, Durability, Versatility, Sustainability.

**Trovaci a
Hall 15 - C23**

INTERIORS FROM SPAIN

EUROCUCINA
12/17.04
2016

Pavimento e Rivestimento: STRATA ARGENTUM Riverwashed
Piani e Isola di cucina: ARCTIC WHITE Silk

www.neolith.com

PEDRALI®
THE ITALIAN ESSENCE

www.pedrali.it

domusweb.it

Smart City

Spazi pubblici, urbanistica e mobilità: progetti pilota e soluzioni intelligenti per la città del futuro.

Green

Progetti, processi e materiali per una migliore qualità della vita e dell'ambiente.

Scuola

Lo sguardo di Domus sul mondo dove si cresce, si sperimenta e si progetta.

domusweb.it

DISCOVER OUR THREE NEW SECTIONS

Smart City

Public space, urban planning and mobility: pilot projects and smart solutions for the city of the future.

Green

Projects, processes and materials that better the quality of our life and the environment.

School

Domus takes a look at the world where young people grow up, experiment and get creative.

Molteni & C

domus products

METTE IN LUCE LA TUA AZIENDA

THROWS THE SPOTLIGHT ON YOUR COMPANY

UN CATALOGO DIGITALE,
UNO STRUMENTO
DI LAVORO PREZIOSO,
UN LUOGO DI INCONTRO
TRA AZIENDE,
PROFESSIONISTI
E APPASSIONATI DI DESIGN.

A DIGITAL CATALOGUE,
A VALUABLE WORK TOOL,
A MEETING GROUND
FOR BUSINESSES,
PROFESSIONALS AND
DESIGN ENTHUSIASTS.

www.domusweb.it/products

buona giornata!

vismaravetro.it
le cabine doccia

vismara
vetro

Salone Internazionale del Bagno
Salone Internazionale del Mobile
Milano 12/17 aprile 2016
padiglione 22, stand C20/C24

Essence
of a surface
— Outdoor
Fluxmans
Building,
Johannesburg

Location:
Johannesburg, SA
S 26° 12' 14" E 28° 02' 50"
Surface: Collection
/ Bianco Lucidato

Laminam S.p.A
Via Ghiarola Nuova 258
41042 Fiorano Modenese
Modena /Italy
Showroom: Via Mercato 3
20121 Milano /Italy
www.laminam.it

LAMINAM

lapalma

a.d. Francesco Rota   ph. Adriano Brusaferri

KIPU
Anderssen & Voll

www.lapalma.it

RESISTENTE ALLE
ALTE TEMPERATURE

Gusto **Italiano**

Lapitec® è l'innovativa pietra sinterizzata "a tutta massa":
un materiale unico, dalle qualità eccezionali e dal forte appeal estetico. Design
e performance all'insegna del Made in Italy, garanzia di libertà e tranquillità
in ogni gesto: per una cucina bella da guardare e piacevole da vivere.

FACILE DA PULIRE
RESISTENTE ALLE MACCHIE

LAPITEC È:

- ALTAMENTE RESISTENTE AI GRAFFI
- BELLO FUORI E BELLO DENTRO, NON FOTOSTAMPATO IN SUPERFICIE
- 100% MINERALI NATURALI - NON RILASCIA SOSTANZE CHIMICHE
- FACILE DA PULIRE E NON ASSORBE
- RESISTENTE ALLE ALTE TEMPERATURE
- STABILE, NON SCOLORA CON LA LUCE
- RESISTENTE AD ACIDI E DETERGENTI
- INOSPITALE PER I BATTERI
- DISPONIBILE IN SPESSORI FINO A 3 CENTIMETRI

IN QUESTA PAGINA: **ARABESCATO MICHELANGELO - LUX**

Lapitec®
Prestigious Italian Surface

AD gruppocat.com

SAVE **THE** DATE!
VISITA LAPITEC.COM/NEWS

**Salone
del Mobile
Milano**
12/17.04
2016

SCOPRI DI PIÙ SU: **lapitec.com**

marset

Taking care of light

www.marset.com

Linea Light Group MA&DE Collection | Mr. Magoo

Your Light | Future Proof

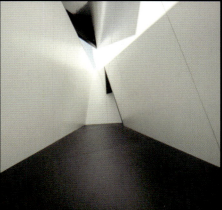

LIGHT CREATIVITY INNOVATION   ph. Simona Monfrinotti

Design Gilles Derain, Re-edition 1983/2016

OMEGA LED

Lampada da tavolo con tecnologia LED **luum** (2700K CRI>97)
ad altissima resa cromatica e spettro luminoso molto simile
a quello della luce naturale. Finiture nero o bianco opaco.

Table lamp with **luum** LED light source (2700K CRI>97) with
a very high chromatic return and a bright spectrum similar to
natural light. Matt black or matt white finishes.

l 54 p 8 h 21 cm

Visit us at
light+building
13-18.03.2016
at Frankfurt am Main
Hall 1.1 Stand F40

LUMEN
CENTER
ITALIA

4O YEARS OF LIGHT
1976 - 2016

CAPE COD

La nuova serie per il bagno di Philippe Starck. www.duravit.it

It began with a spark... it has burned for 333 years.

The difference is Gaggenau.

In 1683, from the depths of the Black Forest, a flame sprang to life and the age of the industrial craftsmanship began. From the same process that saw a forge emerge, the invention of the Badenia bicycle and the introduction of the combi-steam oven to the private kitchen, we have always imagined what could be. Then built it.

333 years of working with metal is an achievement only few can claim. It exposes a success that has crossed time, distance and cultures. Gaggenau is not just a kitchen appliance; it is the soul of a home and it is this passion that has been 333 years in the making.

For more information, please visit www.gaggenau.com.

antoniolupi

Showroom
MILANO_Porta Tenaglia

scarica la app su iTunes e Google Play **a**

MIAMI BEACH / MAY 10-13, 2016

MIAMI BEACH CONVENTION CENTER

BRINGING TOGETHER THE INTERIOR DESIGN COMMUNITY IN THE AMERICAS

WWW.MAISON-OBJET.COM

GASTON.ISOLDI@SAFISALONS.FR

SAFI AMERICAS LLC ORGANISATION, A COMPANY BELONGING TO SAFI SALONS FRANÇAIS ET INTERNATIONAUX. SAFI, A SUBSIDIARY OF ATELIERS D'ART DE FRANCE AND REED EXPOSITIONS FRANCE / DESIGN © BE-POLES - IMAGE © ADAM SHERBEL

Linea Design / WAVE / verde lucido-opaco   *design_Massimo Broglio*

coraparquet.it

Corà

DIVISIONE PARQUET

Quando il vetro
è protagonista in un paesaggio
l'architettura diventa Arte

NEW CLASSIC style

PERFETTO_furniture
GEALUNA_accessories

Comfort su misura. Taylor-made comfort.

Gli uomini non nascono tutti uguali. Per questo le sedute Himolla prevedono così tante alternative. Soddisfiamo il vostro bisogno di comfort con infinite personalizzazioni offrendo, a seconda dei modelli, differenti taglie e imbottiture; poggiapiedi, schienali e poggiatesta regolabili, basi girevoli, pellami e tessuti in centinaia di colorazioni. Autentici strumenti di benessere su misura nei quali forma e funzione viaggiano sempre perfettamente insieme. Himolla è un nuovo modo di intendere la qualità della vita fatto di ergonomia, innovazione tecnologica, design unico. Una rivoluzione morbida e silenziosa che entra nelle case e offre un'esperienza mai provata prima.

We are all individuals. This is why Himolla products offer so many alternatives. We meet your need for comfort with a large number of options for customisation: according to the different models, you can choose between different sizes and seat comforts, adjustable footrests, backrests and headrests and swivelling bases; you will also find a selection of hundreds of leather and fabric colours. Tailor-made comfort in which form and function always go hand in hand. Himolla offers a special way of interpreting quality of life, combining ergonomics, technological innovation and unique design. A soft and silent revolution that is making its way into people's homes to offer an experience never known before.

himolla.com

Il modello fotografato appartiene alla collezione Cosyform 2.0. Disponibile anche con regolazione elettrica delle funzioni comfort.
The model in the picture belongs to Cosyform 2.0 collection. Available also with electrical adjustment functions.

himolla
Quality made in Germany

Art AZZURRA

feat...

Israelhaß und Judenhaß von
„links" war und ist immer
schon hoffähig und geradezu
vorbildlich gewesen.
Dasselbe von „rechts" → unde-
nkbar! Die Person würde
sofort suspendiert!

Heil-Mitarbeiterin ist Israel-Hasserin

Berlin – **Der Israel-Hass sitzt mittlerweile sogar in unseren Ministerien. Konkret im Arbeits- und Sozialministerium unter Minister Hubertus Heil (52, SPD).**

Melanie Schweizer, „Referentin" im Arbeitsministerium, verunglimpft auf „X" (früher Twitter) Israel beinahe täglich, zum Beispiel als „rassistisches, genozidales Apartheidsystem" - was nachweislich falsch ist: In Israel haben Araber und Muslime die gleichen Rechte wie Juden.
Auch die Schoah ver-

Referentin Melanie Schweizer

FOTO: PRIVAT

harmlost sie, indem sie Gaza als „größtes Konzentrationslager der Welt" bezeichnet. Zur Erinnerung: In den Nazi-Konzentrationslagern wurden die grausamsten Verbrechen der Menschheitsgeschichte begangen, Millionen Menschen, die meisten davon Juden, ermordet.

Das Ministerium reagiert auf BILD-Anfrage bestürzt: „Diese Äußerungen teilt das Ministerium in keiner Weise." **Dort will man nun „dienstrechtliche Konsequenzen"** gegen Frau Schweizer prüfen. *mbk*

work.
gress...

URRA®
la purezza

2016 PAD 24 STAND H05

ScreenLine®
la tenda nel vetro

www.pellini.net

vetro

vetro

tenda

Concept

ScreenLine® è la soluzione schermante inserita nel doppio e triplo vetro sigillato che valorizza ogni progetto architettonico.

Vantaggi/Plus

La tenda (veneziana, plissé o rullo) non richiede manutenzione e garantisce le massime performance nella gestione della climatizzazione e del comfort luminoso degli ambienti, raggiungendo fattori solari (g) inferiori al 10%.

CAMG

Città Amministrativa di Minas Gerais
Località: Belo Horizonte – Brasile
Progetto: Architetto Oscar Niemeyer
Prodotto: tenda veneziana ScreenLine® a comando magnetico
Quantità: 21.000 pz
Anno: 2009.

BIVERSO

LA PORTA FILOMURO CHE SI APRE A SPINGERE E A TIRARE

Puoi decidere all'utimo momento come e dove montarla, con apertura a destra o sinistra, su ogni lato del muro oppure all'interno del vano muro. Reversibilità perfetta.

LAMM

Campus Université Jussieu, Paris - France

C100 conference armchair

lamm.it

SISTEMA ISOTEC
Benessere continuo.

NUOVO SPESSORE 160 mm

ISOTEC + ISOTEC PARETE

Isolamento continuo, ventilazione garantita.

Il Sistema Isotec, nelle sue varianti per il tetto e per la parete, offre una soluzione che assicura un **isolamento** esterno continuo ed un'efficace **ventilazione** di tutto l'involucro edilizio, per una **temperatura ed un benessere costanti** all'interno dell'edificio. Pensato per la massima resa in termini di isolamento termico, questo sistema risponde inoltre in maniera efficace a problematiche quali l'eliminazione dei ponti termici, velocità di posa, montaggio a secco in ogni condizione climatica e meteorologica, ottima durabilità e resa prestazionale nel tempo. Il Sistema Isotec è **garantito 10 anni**. **Sistema unico, benessere continuo.**

Committed to environmental protection

We help people to live better by providing **HIGH QUALITY WOOD COATING PRODUCTS** that give protection, beauty, resistance, endurance to the materials used in the world of living, and to make them safer and healthier. We pay extremely close attention to the environment, ecology and human health in preparing Company policies, aimed at guaranteeing the highest safety standards and complete control of wood coatings formulation, ahead of the most advanced standards in the field today.

NUOVA VOLVO XC90 CON PILOT ASSIST

INNOVATION MADE BY SWEDEN

VOLVOCARS.IT

A new perspective on tiles

Design by Edward Barber & Jay Osgerby,
Ronan & Erwan Bouroullec, Rodolfo Dordoni,
Konstantin Grcic, Raw Edges, Inga Sempé,
Patricia Urquiola, Tokujin Yoshioka.

mutina.it

THIN REVOLUTION.

BTICINO.
INNOVAZIONE E DESIGN,
DA SEMPRE CON DOMUS.

Il bagno da vivere.

mod. moon

Dieffebi. Functional design
for working and living.

dieffebi

design is

THE WORLDWIDE SOURCE FOR ARCHITECTURE AND DESIGN PRODUCTS

archiproducts®

O ci sei. O ci devi essere.

 **Salone
del Mobile
Milano**

12/17 Aprile 2016
Fiera Milano, Rho.

EuroCucina, Salone Internazionale dei Mobili per Cucina/FTK, *Technology
For the Kitchen*. Salone Internazionale del Bagno. Salone Internazionale
del Complemento d'Arredo. SaloneSatellite.

QPuadro
DESIGN _ FABRIZIO BATONI

Salone internazionale del Mobile
12/17 April 2016 - Milan Fairgrounds, Rho
Hall 24 - Stand C09

ZAZZERI
Water is life

www.zazzeri.it   -   Tel. +39 055 69.60.51

STAIRS

Bosco
Verticale
Milan_

International
Highrise Award
winner 2014

fontanot®
you ask_we create

TUBES

Rift

**Design: Ludovica+Roberto Palomba
with Matteo Fiorini**

Alta tecnologia, eleganza essenziale e componibilità
sono le caratteristiche peculiari di Rift.
Ideato per soddisfare le esigenze di personalizzazione,
Rift è costituito da due moduli in alluminio estruso
che si possono combinare tra loro
per formare composizioni scultoree in stretta relazione
con lo spazio architettonico.

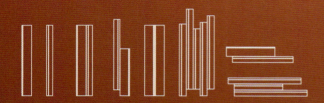

**Salone Internazionale del Bagno
Milano 12–17 Aprile 2016
Hall 24 — G21 / G25**

www.tubesradiatori.com

a cura di/guest editor
Fulvio Irace

art direction
Italo Lupi

con la collaborazione grafica di/
with graphic assistance from
Rosa Casamento (Studio Lupi)
Ivana Foti

coordinamento/coordination
Donatella Bollani
Miranda Giardino di Lollo

autori/contributors
Alejandro Aravena,
David Chipperfield, Enzo Cucchi,
Kenneth Frampton,
Hans Kollhoff, Werner Oechslin,
Eduardo Souto De Moura

collaboratori/consultants
Michele Calzavara
Wendy Wheatley

archivio *Domus*/*Domus* archive
Cristina Moro

ricerca d'archivio/archive research
Teresa Feraboli

traduttori/translators
Stefania Falone, Paolo Cecchetto,
Barbara Fisher, Michael Scuffil,
Edward Street, Rodney Stringer

fotografi/photographers
Matteo Baldini, Andrea Basile,
Gabriele Basilico, Settimio Benedusi,
Giuseppe Brancato, Marina Caneve,
Enrico Conti, Ramak Fazel,
Carlo Furieri Gilbert, Chris Hennessey,
Tommaso Sartori, Phil Sayer,
Giovanna Silva, Alberto Sinigaglia,
Delfino Sisto Legnani,
Lex Van Pieterson, Nicola Zocchi

—
Domus 1000
Marzo/March 2016

Editoriale Domus S.p.A.
Via Gianni Mazzocchi 1/3
20089 Rozzano (Milano)
T +39 02 824 721
F +39 02 575 001 32
editorialedomus@edidomus.it

Registrazione del Tribunale di Milano
n. 125 del 14/8/1948. È vietata la
riproduzione totale o parziale del contenuto
della rivista senza l'autorizzazione dell'Editore.

© 2016 Editoriale Domus S.p.A.
Rozzano (MI) Italia

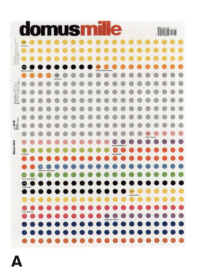

A **B** **C**

Proposte alternative per la copertina del numero 1000 di *Domus*:
Preparatory studies of alternative covers for Domus *issue 1000:*

A. Copertina doppia con pieghevole: mille, veramente mille, bolli in colori differenti che identificano i periodi di conduzione dei vari direttori
Fold-out cover: one thousand, really, one thousand dots in different colours identify each period of changing chief editorship

B. Immagine di Gio Ponti ripresa da una famosa serie di manifesti del 1988 (l'elmetto-maschera era stato disegnato da Steven Guarnaccia)
Illustration of Gio Ponti taken from a famous series of posters made in 1988 (Helmet-mask by Steven Guarnaccia)

C. Interpretazione grafica di una "finestra arredata" di casa Ponti in via Dezza, a Milano
Graphic interpretation of a "furnished window" at Ponti's house on Via Dezza in Milan

Domus	Rivista fondata nel 1928/Founded in 1928
Direttore/Editor	**Nicola Di Battista**
Collegio dei Maestri/ The College of Masters	**David Chipperfield** **Kenneth Frampton** **Hans Kollhoff** **Werner Oechslin** **Eduardo Souto de Moura**
Vicedirettore/Deputy editor	**Donatella Bollani**
Art director	**Giuseppe Basile**
Redattori/Editorial staff	**Loredana Mascheroni** (vicecaporedattore/deputy senior editor) **Rita Capezzuto** (caposervizio/supervising editor) **Elena Sommariva**
Grafici/Graphics	**Elisabetta Benaglio** **Franco Miragliotta**
Coordinamento/Coordinator	**Miranda Giardino di Lollo**
Segreteria/Administration	**Isabella Di Nunno** (assistente del direttore/assistant to the editor)
domusweb	**Simona Bordone** **Clara Lopez** **Carlotta Marelli**
Centro Studi/Study Centre	**Massimo Curzi** **Francesco Maggiore** **Spartaco Paris** **Andrea Zamboni**
Progetti speciali/Special projects	**Giulia Guzzini**
Redazione/Editorial staff	T +39 02 824 721 F +39 02 824 723 86 per sottoporre proposte e per informazioni/ to submit projects and for general enquiries redazione@domusweb.it
Sito/Website Facebook Twitter	www.domusweb.it www.facebook.com/domus @domusweb

Titolare del trattamento dei dati personali raccolti nelle banche dati di uso redazionale è Editoriale Domus S.p.A. Gli interessati potranno esercitare i diritti previsti dal D.Lgs. 196/2003 in materia di protezione dei dati personali, scrivendo a: responsabiledati@edidomus.it

Editoriale Domus	
Editore e direttore responsabile Publisher and managing editor	**Maria Giovanna Mazzocchi Bordone**
Amministratore Delegato/ Chief Executive Officer	**Sofia Bordone**
Brand manager	**Anna Amodeo**
Marketing manager	**Giorgiana Scianca**
Direttore estero/ International director	**Sofia Bordone**
Licensing & Syndication	**Carmen Figini** T +39 02 82472487 figini@edidomus.it
Ufficio Stampa/Press Office	**Elisabetta Prosdocimi** T +39 338 3548515 ufficiostampa@edidomus.it
Pubblicità/Advertising	T +39 02 82472253 F +39 02 82472385 pubblicita@edidomus.it
Direzione pubblicità/ Advertising director	**Massimo Bergia Zina**
Promozione/Promotion	**Vittorio Grappone**
Editore/Publisher	Editoriale Domus S.p.A. Via Gianni Mazzocchi, 1/3 20089 Rozzano (MI) T +39 02 824 721 F +39 02 575 001 32 editorialedomus@edidomus.it

Agenti regionali per la pubblicità nazionale

PIEMONTE/VALLE D'AOSTA: DueA Comunication S.a.s. di Aspesi Pia & C., Via S. Francesco d'Assisi 22 – 10121 Torino, T 011 399 78 51, F 011 399 78 11.
LIGURIA: COMUNICARE di Alessandro Monti, Via M.Polo, 10/6 - 16136 Genova, monticomunicare@alice.it, T. 010 218783.
VENETO, FRIULI V.G. e TRENTINO-ALTO ADIGE: Tiziana Maranzana, Corso Milano 43 – 35139 Padova, T 049 660 308.
EMILIA ROMAGNA: Massimo Verni, Via San Pier Tommaso 18/3 – 40139 Bologna, T 051 544 145.
UMBRIA: Massimo Verni, Via San Pier Tommaso 18/3 – 40139 Bologna, T 051544 145.
MARCHE: Massimo Verni, Via San Pier Tommaso 18/3 – 40139 Bologna, T 051 544 145.
LAZIO, CAMPANIA: Interspazi S.n.c., Via Lorenzo Valla 38/A – 00152 Roma, T 06 580 63 68.
PER LE RESTANTI REGIONI TELEFONARE A 02 82472372

Estratti/Reprints
Per ogni articolo è possibile richiedere la stampa di un quantitativo minimo di 1.000 estratti a/Minimum 1,000 copies of each article may be ordered from: T +39 02 82 472 253 -502 F +39 02 82 472 385 email: grappone@edidomus.it

Servizio abbonamenti/Subscriptions
Numero verde 800-001 199 da lunedì a venerdì dalle 8.45 alle 21.00, sabato dalle 8.45 alle 13.00, F +39 02 824 723 83 email: uf.abbonamenti@edidomus.it

Ufficio vendite Italia
T 02 57 316 431, F 02 57 316 421 email: uf.vendite@edidomus.it

Un numero: €10,00. Fascicoli arretrati: €15,00.

Modalità di pagamento: contrassegno (contributo spese di spedizione €1,95). Carta di credito: American Express, CartaSì, Diners, Visa. Versamento sul c/c postale n. 668202 intestato a Editoriale Domus S.p.A., Via G. Mazzocchi 1/3 – 20089 Rozzano (MI), indicando sulla causale i numeri di DOMUS desiderati. Ai sensi del D.Lgs. 196/2003 si informa che il Servizio abbonamenti e vendite è completamente gestito da MMC Service srl, Via Pietrasanta 14, Milano, che è responsabile del trattamento dei dati. Titolare del trattamento è Editoriale Domus SpA, domiciliata in Rozzano (MI), Via Gianni Mazzocchi 1/3 – 20089, T 02 824721. Gli interessati possono esercitare i diritti previsti all'articolo 7 del D.Lgs. 196/2003 in materia di protezione dei dati personali telefonando al 02 82472459. email: responsabiledati@edidomus.it.

Foreign Subscriptions dept.
T +39 02 824 725 29, email: subscriptions@edidomus.it

Foreign Sales
T +39 02 824 725 29, F +39 02 824 725 90, email: sales@edidomus.it
Back issues: €15.00 (postal charges not included). Payment method: by credit card American Express, Diners, Mastercard, Visa, bank transfer to INTESA SANPAOLO S.p.A., Via Caboto 41/43, 20094 Corsico (MI) IBAN IT26I 03069 33034 100000002749 Swift code BCITITMM

Distribuzione in edicola/Newsagent circulation
Distribuzione SO.DI.P. "Angelo Patuzzi" S.p.A., Via Bettola, 18 – 20092 Cinisello Balsamo MI – T 02.660301 – F 02.66030320

Distribuzione in libreria/Bookshop distribution
Joo Distribuzione, Via F. Argelati 35 – 20143 Milano, T +39 02 8375671, F +39 02 58112324, www.joodistribuzione.it

Distribuzione all'estero/Sole distribution agent
A.I.E. Agenzia Italia di Esportazione, Via A. Manzoni 12 – 20089 Rozzano (MI), T +39 02 5753911, F +39 02 57512606

Edizioni locali di Domus/Local editions of Domus

Mexico, Central America and the Caribbean
Grupo Cerca
De la Rotonda de Multiplaza, 800 mts Norte Oficentro Plaza Colonial, Piso 3, Of.3-2 Escazú, San José – Costa Rica
T +506 2288 0255, F +506 2228 9407 email: info@grupocerca.com
-
Boulevard Interlomas No. 5 Mezzanine 9, Centro Comercial Interlomas
San Fernando La Herradura, México City, Zip Code 52787 - Mexico

China
Ziwei Advertising
Beijing office: Suite 1202, 12/F, Block 7, Zhuyu International Commercial Center, No.9, Shouti South Road, Haidian District, Beijing 100044, China T (86-10) 6888 8588 F (86-10) 6557 5834
-
Shanghai office: C-2, 800 SHOW, No.800 Changde Road, Jing'an District, Shanghai 200040, China T (86-21) 6258 5617 F (86-21) 6258 5546

Germany
ahead media GmbH
Schlesische Straße 29-30, D -10997 Berlin
T +49 30 6113080, F +49 30 6113088 email: ahead.berlin@aheadmedia.com

India
Spenta multimedia
2nd Floor, Peninsula Spenta, Mathuradas Mill Compound, Senapati Bapat Marg, Lower Parel, Mumbai - 400013 - India T +91 22 24811010

Sri Lanka
BT Options
536 R A De Mel Mawatha (Duplication Road) Colombo 3 - Sri Lanka
T +94 11 259 7991, F +94 11 259 7990 - info@btoptions.com

Fotolito/Prepress	Editoriale Domus
Stampa/Printers	ErreStampa, Orio al Serio (BG)

domus onethousand

Mille numeri per un totale di oltre 130 mila pagine, 300 mila fotografie, 60 mila disegni e schizzi, 11 mila autori e poi: 400 mostre e fiere, 6.155 libri e pubblicazioni varie. Quanti numeri, quante cifre, quanti anni: ma, come scriveva Ponti nel 1971 licenziando il numero 501, "un solo segreto: ogni volta come se fosse la prima volta, ogni volta come se fosse l'ultima, ma con la stessa speranza, con la stessa meraviglia". Ci sono molti modi di raccontare una rivista, ma statistiche e numeri non bastano a spiegare quello che *Domus* ha rappresentato e continua a rappresentare per il mondo del progetto: dietro i numeri ci sono gli uomini, dietro le statistiche le idee. Dietro ciascuna pagina il lavoro di redattori e collaboratori a testimoniare con il loro impegno l'eccellenza e la qualità dell'informazione. E gli uomini (e le donne) di *Domus* – che ci siamo proposti di ricordare nelle pagine seguenti – sono tutti personaggi eccezionali, a partire dalla coppia inscindibile dei due padri fondatori: l'architetto Gio Ponti (che, con una breve interruzione, l'ha guidata fino alla morte nel 1979) e l'editore Gianni Mazzocchi (che ne è stato il timoniere, anch'egli fino alla sua scomparsa, nel 1984). Non ci chiederà il lettore di scrivere qui, ora, la storia di *Domus*: anche perché questo numero non è una celebrazione del passato, ma un'interrogazione sul futuro. Il passato lo rievochiamo attraverso frammenti dall'archivio; il futuro abbiamo chiesto ai vari direttori venuti dopo Ponti di farcelo intuire con le loro premonizioni.

One thousand issues: a total of over 130,000 pages, 300,000 photos, 60,000 drawings and sketches, and 11,000 authors – plus 400 shows and fairs, and 6,155 different books and publications. So many numbers, so many figures, so many years – but, as Ponti wrote in 1971 when signing off number 501, "the secret is this: each time it's as if it were the first time, each time it's as if it were the last time, but with the same hope and the same wonder." There are many ways of describing a magazine, but statistics and numbers do not express what *Domus* has represented and continues to represent for the world of design. Behind the issues, there are the people; behind the statistics, the ideas. Behind each page is the work of the editorial team and the contributors, testifying with their commitment to the excellence and the quality of the information. The men and women of *Domus* – whom we remember in the following pages – are all exceptional people, starting with the inseparable couple of the two founding fathers: the architect Gio Ponti (who, with only a brief interruption, guided the magazine until his death in 1979) and the publisher Gianni Mazzocchi (who was at the helm until his death in 1984). The reader would not ask us to lay out the history of *Domus* here and now, partly because this issue is not a celebration of the past, but a probing of the future. We are evoking the past with fragments from the archive; as for the future, we have asked the different editors-in-chief who came after Ponti to give us their premonitions and help us intuit it.

MAZZOCCHI
Gianni e Giovanna
EDITORI

GIANNI AND GIOVANNA MAZZOCCHI PUBLISHERS

Con il numero 1000, *Domus* ha raggiunto la rispettabile età di 88 anni. Benché non sia questa la sede per un elogio che potrebbe apparire dettato da amore filiale, credo si possa dire obiettivamente che la longevità di questa rivista si spiega anche, e non secondariamente, col fatto che, a un anno dalla sua fondazione da parte del direttore-editore Gio Ponti, un giovanotto arrivato da poco a Milano decise di prenderne le redini, diventandone l'editore. Benché convinto che ogni testata fosse figlia del suo direttore, mio padre, Gianni Mazzocchi, era però altrettanto convinto che il mestiere del giornalista fosse profondamente diverso da quello, strano, dell'editore: un 'animale' che vive di pensieri trasversali, un impasto di pragmatismo e di visioni. Così, anticipando non poco i tempi, *Domus* è diventata non solo la rivista di architettura, design, arte e urbanistica che tutti conosciamo, naturalmente bilingue e distribuita in 89 Paesi, ma anche un 'marchio' attorno al quale sono cresciute iniziative come Eurodomus e Centro Domus che, se da un lato

hanno ribadito la natura della rivista come una finestra su quanto di nuovo nel suo campo si faceva nel mondo, dall'altro hanno contribuito alla proiezione dell'architettura e del design italiano sulla scena internazionale. Proiezione che oggi si tende a dare per scontata ma che anche solo pochi decenni fa non lo era affatto. Quando Gianni Mazzocchi ha passato le consegne, nel 1975, ho creduto necessario trasformare quella che era stata per 48 anni, inevitabilmente, anche la *Domus* di Gio Ponti, in una rivista affidata a una successione di autori, ciascuno dei quali l'avrebbe connotata – per una stagione di pochi anni – con la propria visione, la propria sensibilità e, perché no?, con le proprie idiosincrasie. Una scelta molto impegnativa, non priva – com'è intuibile – di risvolti pratici non facili da gestire, anche perché nessuno dei direttori aveva esperienza di lavoro giornalistico. Una scelta, tuttavia, che ha mantenuto *Domus* viva, giovane, autorevole e totalmente immersa nei temi propri della rivista contribuendo così alla longevità della testata. Non più rivista d'autore,

insomma, ma rivista di autori. Così al timone di *Domus* si sono avvicendati Alessandro Mendini, Lisa Licitra Ponti, Mario Bellini, Vittorio Magnago Lampugnani, François Burkhardt, Deyan Sudjic, Stefano Boeri, Flavio Albanese, Joseph Grima e Nicola Di Battista. Sono molto felice che tutti i miei direttori, dei quali non c'è alcun bisogno di celebrare i meriti per il prestigio e la notorietà di cui godono, abbiano accettato con entusiasmo di partecipare all'esperimento di comporre ognuno una sezione del numero 1000: un numero che credo non possa non riempire d'orgoglio quanti hanno realizzato la rivista in tutti questi anni. Questo esperimento, tuttavia, non intende essere solo un pur lecito momento celebrativo, né solo uno sguardo su questi primi 88 anni di *Domus*. La perdita di centralità della carta stampata in negativo, in positivo le infinite opportunità del mondo digitale e globalizzato, le conseguenze incalcolabili, difficili da valutare, della radicale disintermediazione di tutti i sistemi dell'informazione, obbligano a concentrare gli sforzi e a orientare

la creatività in direzione del marchio – del *brand* come si preferisce dire oggi – che può offrire i punti di riferimento dei quali la rivoluzione digitale ha privato sia il mondo dell'informazione che l'universo della creatività. I nostri sforzi dovranno andare nel senso di restituire a *Domus* il suo significato originario di casa: casa del design, dell'architettura, dell'arte, dell'urbanistica e di tutte le nuove dimensioni in cui si declinano l'organizzazione dello spazio, l'invenzione della bellezza, la ricerca delle forme, lo sviluppo dei mestieri. Con una precisazione. La casa non è una fortezza, ma non è neppure uno spazio indefinito e destrutturato. Il nostro lavoro dovrà focalizzarsi sempre più sul confronto, sulla critica e sulla selezione rigorosa ed esplicita dei progetti, delle proposte, delle invenzioni. Il *brand*, che in ultima analisi non è altro che il precipitato di tutto quanto si è elaborato in passato, dovrà essere il contesto che darà un senso all'elaborazione futura, che farà da filtro e da fattore strutturante all'indifferenziato accumularsi di prodotti della creatività.

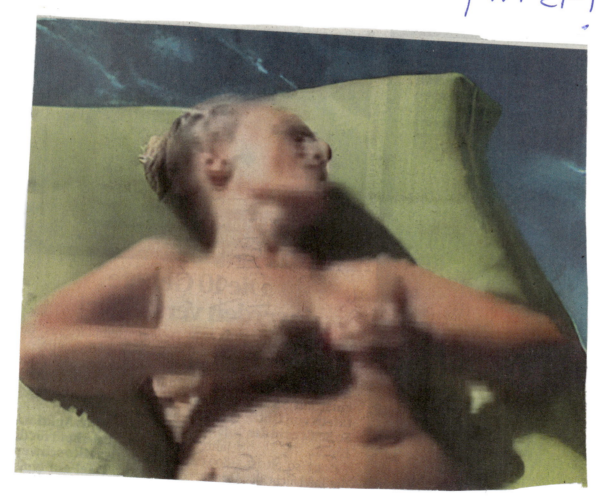

ritratto di / portrait of Gianni Mazzocchi

Naturgeile ukrainische Hobbyhure sucht deutschen Mann, der einen Busenfick mit mir macht und seinen Samen auf meine Titten und in mein Gesicht spritzt!

With issue 1000, *Domus* has reached the respectable age of 88. Although this is not the place for a paean that might seem prompted by filial love, I believe that we can say objectively that the longevity of this magazine is explained to no small extent by the fact that one year after it was founded by Gio Ponti, the editor-in-chief and publisher of the publication, a young man named Gianni Mazzocchi who had only just arrived in Milan decided to take the reins and become the magazine's publisher. Convinced that each title was the offspring of its editor-in-chief, my father Gianni Mazzocchi was equally convinced that the journalist's craft was profoundly different from the strange one of the publisher: a creature who thrived on cross-sectoral thinking, a mixture of pragmatism and visions. As a result, markedly

...*mus* became not only the magazine
...sign, art and urban planning that
...lly bilingual and distributed in 89
...a brand around which initiatives
...Centro Domus grew. While these
...gazine's nature – a window onto
...eing made around the world in the
...fields – they also contributed to
...rchitecture and design toward the
...We tend to take this projection for
...it was far from being the case just
...o. When Gianni Mazzocchi stepped
...lieved it was necessary to transform
...had inevitably also been the *Domus*
...magazine entrusted to a succession
...each of whom would bring their own
...and – why not? – idiosyncrasies to it
...a few years. It was a very demanding
...u might expect, it came with practical
...hat were not easy to manage, partly
...f the editors-in-chief had experience
...urnalism. However, it was a choice
...*omus* vital, young, authoritative and
...d in the subjects of its specialisms,
...ibuted to its longevity. It is no longer
...a single creator, but multiple creators.
...s at the helm of *Domus* we have had
...ndini, Lisa Licitra Ponti, Mario Bellini,
...go Lampugnani, François Burkhardt,
...Stefano Boeri, Flavio Albanese, Joseph
...ola Di Battista. I am very happy that all
...hief – the prestige and reputations they
...ere is no need to celebrate their virtues
...nthusiastically accepted to take part
...ent of each composing one section of
...hich I believe will fill with pride everyone
...together the magazine throughout the
...xperiment is not intended solely as a
...warranted though that is, or simply a
...ance at the first 88 years of *Domus*. The
...ity of the printed page is a minus, and the
...unities of the globalised, digital world are
...calculable consequences of the radical
...tion of all information systems are difficult
...ey force us to concentrate our efforts and
...ativity towards the brand, which can offer
...reference that the digital revolution has
...n both the world of information and the
...creativity. Our efforts will aim at restoring
...s original meaning, "house": a house of
...itecture, art and urban planning, and of all
...ensions where the organisation of space,
...of beauty, the investigation of form, and
...ment of expertise are expressed. To be
...use is neither a fortress nor an undefined, destructured space. Our work will focus ever more closely on the discussion, the analysis, and the clear, rigorous selection of designs, ideas and innovations. The brand, which in the end is simply the distillation of everything that has been developed in the past, will be the context that gives meaning to our future development. It will be the filter and tool structuring the undifferentiated accumulation of the products of creativity.

Gianni
Mazzocchi

Giovanna
Mazzocchi

Gianni
Mazzocchi

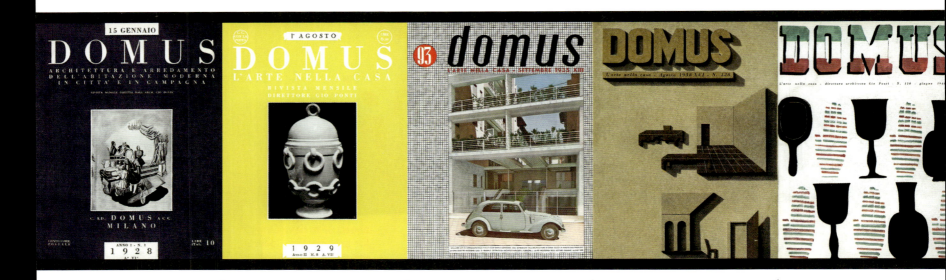

| G. Ponti | 1 - 1928 | 20 - 1929 | 93 - 1935 | 128 - 1938 | 150 - 1940 |

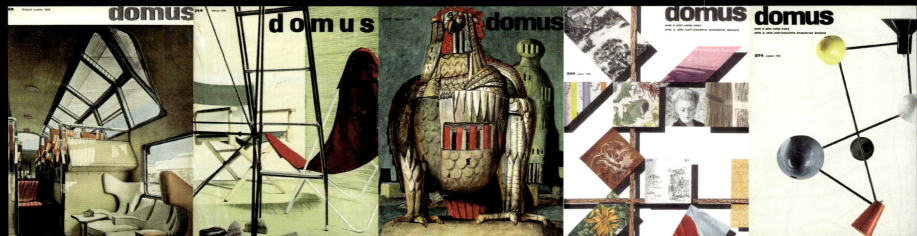

| G. Ponti | 229 - 1948 | 244 - 1950 | 247 - 1950 | 269 - 1952 | 274 - 1952 |

I DIRETTORI E LA STORIA

THE EDITORS-IN-CHIEF AND THE HISTORY

Melchiorre Bega

Massimo Bontempelli

Giuseppe Pagano

Guglielmo Ulrich

Ernesto Nathan Rogers

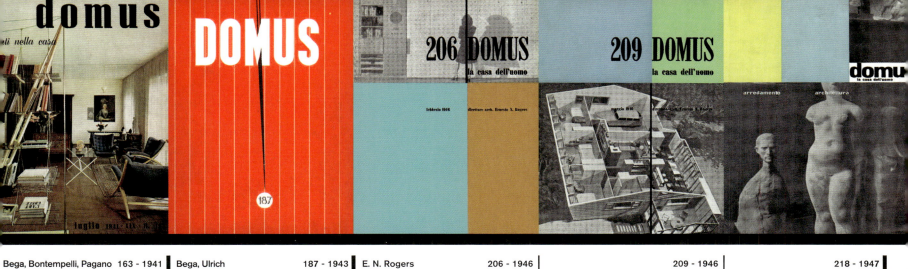

| Bega, Bontempelli, Pagano 163 - 1941 | Bega, Ulrich 187 - 1943 | E. N. Rogers 206 - 1946 | 209 - 1946 | 218 - 1947 |

| 288 - 1953 | 296 - 1954 | 300 - 1954 | 311 - 1955 | 327 - 1957 |

Dal 1928 a oggi *Domus* è stata puntualmente in edicola o sul tavolo di lettura dei suoi fedeli abbonati. Durante il primo mezzo secolo – salvo una turbolenta parentesi di sette anni (dal 1941 al 1947) – *Domus* è stata la rivista di Ponti, riflettendone le idiosincrasie e la curiosità. Nel 1940, però, si consuma la rottura con l'editore e dal 1941 a metà del 1942 gli subentra Giuseppe Pagano, direttore della sua gemella – *Casabella* – che nel 1934 Gianni Mazzocchi aveva rilevato da Arrigo Bonfiglioli. Il compito è pesante per il solo Pagano che viene affiancato dall'architetto Melchiorre Bega e dallo scrittore Massimo Bontempelli, fondatore nel 1933 con Pier Maria Bardi di *Quadrante*, rivista di punta del razionalismo intransigente. *Domus* si apre sistematicamente alla letteratura e Alberto Savinio comincia a collaborare con la *Nuova Enciclopedia*. Le difficoltà politiche di un'Italia pronta a essere investita dai venti di guerra si riflettono nell'instabilità della direzione, cui nel 1942 viene associato anche Guglielmo Ulrich. Nel 1943 Bontempelli esce di scena, seguito nel 1944 da Bega. Nel 1945 *Domus* sospende le pubblicazioni per rinascere nel 1946 sotto la guida di Ernesto Nathan Rogers. Per 19 numeri, dal gennaio 1946 al dicembre 1947, il leader dei BBPR cambia pelle alla rivista che, all'insegna del motto "La casa dell'uomo", diventa il manifesto della rinascita italiana e del risveglio di una cultura socialmente impegnata. La sua direzione apre la porta a una nuova generazione di architetti e designer (Zanuso, Mollino, Magistretti, Castiglioni, Munari), accoglie gli impulsi dell'arte impegnata (Steinberg, Shahn), fa spazio alla forza critica di Sigfried Giedion. Nel 1948 Ponti torna a *Domus* e, dalla fine degli anni Settanta, lo affiancano nuovi collaboratori come Cesare Maria Casati in veste di vicedirettore.

Domus has been a regular presence on newsstands and the desks of its loyal subscribers since 1928 and, save for a turbulent seven-year interval (1941-1947), *Domus* was Gio Ponti's magazine for the first 50 years, reflecting his idiosyncrasies and his curiosity. However, in 1940, there was a divergence with the publisher and he was succeeded, from 1941 to mid-1942, by Giuseppe Pagano, director of *Domus*'s twin *Casabella*, which Gianni Mazzocchi had acquired from Arrigo Bonfiglioli in 1934. This was a big ask for Pagano alone and he was flanked by the architect Melchiorre Bega and the writer Massimo Bontempelli who – in 1933 and with Pier Maria Bardi – had founded *Quadrante*, the leading magazine of hard-line Rationalism. *Domus* gradually opened up to literature and Alberto Savinio began contributing to its "Nuova Enciclopedia" feature. The political complications of an Italy about to be invested by the winds of war were echoed in a precarious leadership and Guglielmo Ulrich also joined in 1942. Bontempelli departed in 1943 followed by Bega in 1944. Publication of *Domus* was then suspended in 1945 but resumed in 1946 under Ernesto Nathan Rogers. For 19 issues – from January 1946 to December 1947 – the BBPR leader reinvented the magazine, which embraced the motto "The home of Man" and became a manifesto of Italy's rebirth and the reawakening of a socially active culture. The management opened its doors to a new generation of architects and designers (Zanuso, Mollino, Magistretti, Castiglioni and Munari), embraced energetic and committed artists (Steinberg and Shahn) and found room for the dynamic criticism of Sigfried Giedion. In 1948, Ponti returned to Domus. From the late 1970s, he was flanked by new team members, with Cesare Maria Casati becoming deputy editor.

Cesare Maria Casati

GIO PONTI

Il 15 gennaio 1928 uscì il primo numero di *Domus*: Ponti lo trovò 'graciletto', promettendo subito di migliorarlo. Cominciò così un'avventura che avrebbe coinciso con la fortuna della sua vita: più che un abito su misura, una seconda pelle. *Domus* fu per lui un progetto di carta che si affiancava a quelli di cemento: il suo obiettivo era promuovere una cultura dell'abitare – *Domus* come "la casa all'italiana" – che rendesse la casa più 'famigliare' e meno 'presuntosa'. Mitigò così l'astrattezza delle avanguardie e rifiutò contemporaneamente il conservatorismo classico e il peso del folklore. Non rivista di tendenza, ma rivista di battaglia per l'affermazione di una modernità che non doveva però coincidere con uno stile o con una maniera: così Ponti costruì nel tempo la reputazione di *Domus* come rivista indipendente. Inoltre, negli anni della sua affermazione all'estero, ne fece l'organo dell'orgoglio italiano e l'unica rivista veramente internazionale. Rispetto alle sue rivali, *Domus* espresse l'unità della cultura del progetto in tutte le sue manifestazioni: dall'architettura alle arti decorative, dall'arte al design.

The first issue of *Domus* was published on 15 January 1928. Ponti found it "flimsy" and immediately promised improvements. It was the beginning of an adventure that was to converge with his personal destiny, more second skin than tailor-made suit. He saw *Domus* as a paper project that sat alongside those built in concrete, and he was keen to promote a culture of habitation that would produce a more "homely" and less "pretentious" house – *Domus* as "the Italian-style house". He tempered the abstractionism of the avant-gardes while also rejecting classical and folkloristic conservatism. It was not a trendy magazine but a campaigning one, proclaiming a type of modernity that did not coincide with a style or fashion. That is how Ponti gradually built *Domus*'s reputation as an independent magazine. Then, when it became successful abroad, he turned it into an ambassador of Italian pride and the only truly international magazine. Unlike its rivals, *Domus* expressed a unified design culture in all its manifestations, from architecture to the decorative arts and from art to design.

Lisa Licitra Ponti

Enrichetta Ritter

Mario Tedeschi

Cesare Maria Casati

Marianne Lorenz

Anna Marchi

Giovanni Franchini

Anna Querci

Gianni Ratto

Maria Grazia Mazzocchi

Ugo La Pietra

Pierre Restany

Tomaso Buzzi

Agnoldomenico Pica

Lina Bo Bardi

Carlo Pagani

Carmela Haerdtl

Gillo Dorfles

Tommaso Trini

Joseph Rykwert

Bernard Rudofsky

Germano Celant

Gregory Battcock

Ettore Sottsass Jr

Perché la musica suoni giusta ogni direttore ha bisogno di un'orchestra ben affiatata: di presenze costanti e affidabili nel meccanismo redazionale, di talentuosi collaboratori scovati con un formidabile senso di scouting. I redattori tengono la rotta, i collaboratori dall'estero mandano reportage o suggerimenti: surriscaldano la temperatura della rivista che presto diventa la finestra tra l'Italia e il mondo. *À la Domus* diventa un'espressione che definisce un modo di guardare, sostenuto da una 'rete' flessibile di curiosità per il nuovo dovunque si manifesti.

If the music is to sound right, the conductor must have a cohesive orchestra. For *Domus*, this meant continuous and reliable core members for the editorial staff, and gifted contributors that were scouted with great appropriateness. The editors remained close to the helm and the contributors sent reports and suggestions from abroad, electrifying the magazine to the extent that it soon became a window between Italy and the world. The expression *à la Domus* came to signify a way of looking at things based on a supple network of curiosity for the new wherever it happened to arise.

LISA

DAL '73

"Mia figlia Lisa è tanto me stesso in *Domus* che un accordo programmatico con essa è ciò che giova di più". Lo scrive Ponti all'amico Gigi Radice (3 gennaio 1950) e niente di meglio può aiutare a comprendere il ruolo svolto da Lisa Ponti nella *Domus* rinata dalle ceneri di guerra. Forte dell'esperienza a *Stile*, in cui aveva seguito il padre dal 1941 al 1947, Lisa non è stata solo la confidente e complice del direttore, ma il suo (delicato) braccio armato e poi, nel pieno fiorire degli anni Cinquanta, la custode indipendente di pagine aperte agli artisti senza l'intermediazione dei critici, con un significativo slittamento/ spostamento dall'interno della rivista all'emblema di copertina. All'insegna del grido di guerra "W *Domus*", Lisa ha conquistato alla rivista territori inesplorati su cui ha piantato, sino agli anni Novanta, le bandiere dell'Arte con la naturalezza dell'artista e l'autorevolezza di una navigata redattrice.

"My daughter Lisa is so like me at *Domus* that programmatic agreement with her is what is most beneficial." Ponti wrote this to his friend Gigi Radice on 3 January 1950, and nothing could better convey Lisa Ponti's role in a *Domus* that was rising from the ashes of war. Having gained experience at *Stile*, where she had followed her father from 1941 to 1947, Lisa was not only the editor-in-chief's confidante and right hand, she was his (gentle) henchwoman and later, at the height of the 1950s, an independent overseer of pages offered to artists without the need for critics acting as go-betweens. This led to a significant shift/ move from the inside pages to being the emblematic cover feature. Driven by the war cry "viva *Domus*", Lisa conquered unexplored terrains where until the 1990s she planted the standards of art with the spontaneity of an artist and the authority of a veteran editor.

«Ciao, cara Lisa, gli acrobati ci insegnano che tutto è immaginabile e possibile, al dilà dei limiti, ma con lietezza, forza, coraggio, e giovinezza, immaginazione, bontà. Tuo Padre. Giugno 1973».

UNA LETTERA

Gianni Mazzocchi — Lisa Ponti — Gio Ponti — Pierre Restany — Lisa Ponti — Marianne Lorenz

ACHILLE CASTIGLIONI ADALBERTO LIBERA ADRIANO OLIVETTI AGNOLDOMENICO PICA

ALBERTO ROSSELLI ALEXANDER CALDER ALEXANDER GIRARD ALVAR AALTO

ANDY WARHOL ANDREA PALLADIO ANGELO MANGIAROTTI ARTURO MARTINI

BERNARD RUDOFSKY BRUNO MUNARI BURLE MARX CARLO CARDAZZO

CARLO DE CARLI CARLO MOLLINO CARLO SCARPA CARMELA PRATI-HAERDTL

CESARE CASATI CESARE CASATI CESARE CASSINA CHARLES EAMES

CHARLES-EDOUARD LE CORBUSIER CHRISTO CINI BOERI COSTANTINO NIVOLA

EDOARDO PERSICO EERO SAARINEN EMILIO LANCIA EMILIO VEDOVA

ENRICHETTA RITTER ERNESTO NATHAN ROGERS ETTORINO SOTTSASS / FAUSTO MELOTTI

FRANCO ALBINI FRANCO TOSELLI GEORGE NELSON GIANFRANCO FRATTINI

GIANNI MAZZOCHI GIANNI RATTO GIGI CACCIA DOMINIONI GIGI CHESSA

GILLO DORFLES GIO PONTI GIOVANNI GARIBOLDI GIOVANNI MICHELUCCI

GIUSEPPE PAGANO GIUSEPPE TERRAGNI GREGORY BATTCOCK GUIDO DONEGANI

GUIDO LE NOCI GUSTAVO PULITZER-FINALI HANS HOLLEIN ICO PARISI

IGNAZIO GARDELLA / ILEANA SONNABEND IRENE BRIN JOE COLOMBO

JOSE' ANTONIO CODERCA JOSEPH RYKWERT KENZO TANGE LAPO BINAZZI

LEO CASTELLI LINA BO-BARDI LUCIO FONTANA LUIGI MORETTI

MARCELLO NIZZOLI MARCO ZANUSO MARIANNE LORENZ MARIO TEDESCHI

MARIO SIRONI MASSIMO CAMPIGLI NANDA VIGO OSCAR NIEMEYER

PABLO PICASSO PAOLO VENINI PIERLUIGI NERVI PIERO FORNASETTI

PIERO MANZONI PIERO PORTALUPPI PIERRE RESTANY PIETRO MARIA BARDI

RALPH ERSKINE RAY EAMES RENZO PIANO RICHARD NEUTRA

ROBERTO MENGHI ROY LICHTENSTEIN RUT BRYK SANDRO MENDINI

SAUL STEINBERG TAPIO WIRKKALA TIMO SARPANEVA TOMMASO TRINI

UGO OJETTI VICO MAGISTRETTI VINCENZO AGNETTI VITTORIANO VIGANÒ

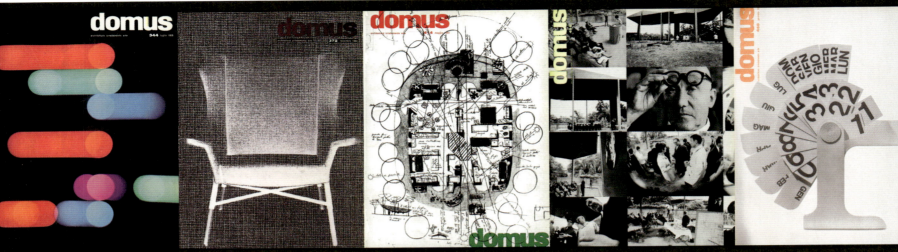

CARA DOMUS…

DEAR DOMUS…

CARLO MOLLINO
DOTTORE ARCHITETTO

Studio:
Via Cordero di Pamparato, 9
Telefono 70.028 . TORINO

TORINO

Caro Nino,
Grazie degli auguri che contraccambio affettuosamente. Non ve offristi altro pensiero in questo momento in quiete, che un "vorone", remoti Nino dove per segreta virtù di levitazione Ponti e Mollino si sono recati per dialogare in grande pace / Ti abbraccio   *Mollino*

P.S. Lisetta ha molte cose da chiederti per mio incarico; non ti ho scritto direttamente per non seccarti;

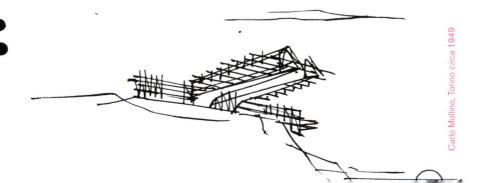

Carlo Mollino, Torino *circa* 1949

Il fax arrivò a *Domus* negli anni Ottanta. Per lungo tempo, dunque, il mezzo prevalente di corrispondenza fu la lettera, preceduta talvolta da una telefonata. Purtroppo tutta la corrispondenza tra il 1928 e la fine della guerra mondiale è andata persa o distrutta; ciò nonostante, dal 1949 al 1970 circa 60 mila lettere si sono accumulate in 21 faldoni: uno straordinario patrimonio umano e professionale che documenta i rapporti dei redattori con gli autori, gli architetti, gli artisti e i lettori. Nei primi due decenni, la presenza di Ponti è forte ed esclusiva e il tono delle sue parole ne riflette la generosa predisposizione verso il mondo dei suoi amati interlocutori: "Lisa, non è affettuosa questa?", dalla postilla in margine a una missiva di Sottsass jr (8 febbraio 1952), "Che dio mi dia la grazia di essere un po' riavvicinato da tutti prima di morire. Tuo papà". Oppure, in risposta a Ico e Luisa Parisi: "Caro Ico e Luisa, tutto è perdonato a chi è molto amato". Una corrispondenza fluviale, come si addice a una rivista sempre più internazionale, divenuta crocevia d'informazioni e di scambi tra culture lontane: le lettere arrivano sulla scrivania di Ponti che le postilla o le correda di brevi note di risposta scritte a mano e siglate dall'immancabile 'P'. Per vent'anni la lettera dattiloscritta o scritta a mano, d'affari o d'artista, è la regola primaria della comunicazione. Scrive Tapio Wirkkala, cospargendo le parole di ghirlande di cuoricini. Scrive il poeta Eugenio Montale, con l'imbarazzo di chi non sa se essere artista o cronista. Scrivono Marcel Breuer e Le Corbusier, il giovane Renzo Piano e il giovane maestro Marco Zanuso, l'austriaco Hans Hollein da New York e Zvi Hecker da Tel Aviv, un esordiente Joseph Rykwert (allora *librarian* al Royal College of Art di Londra) che dall'Olanda segnala come *hot stuff* il padiglione Sonsbeek di Aldo van Eyck ad Arnhem. E quando la posta non è abbastanza veloce, ecco l'avveniristico Italcable. Il 25 marzo 1966 lo usa Ponti per gli 80 anni di Mies: "Al grande maestro le più vive felicitazioni".

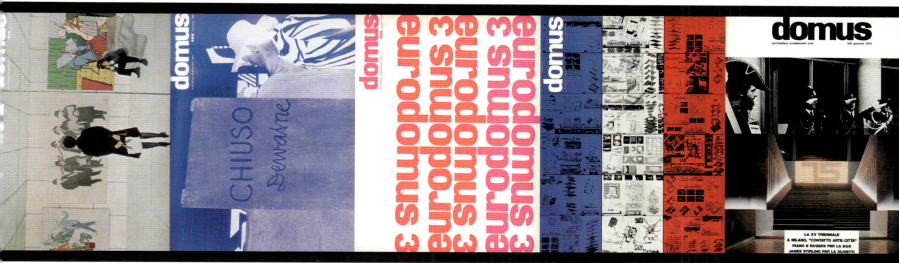

463 - 1968 | 466 - 1968 | 486 - 1970 | 503 - 1971 | 530 - 1974

Voilà donc la raison de cette lettre: je vous demande,
cher Monsieur et Ami, de permettre à cette entreprise d'atteindre
son but : franchir l'étape des machines à imprimer. L'éditeur at-
tend de mon intervention un certain nombre de souscriptions récol-
tées dans le monde entier auprès de mes amis. Par vous, je m'adres-
se à vos propres amis pensant que vous les convaincrez vous-même.

Le POEME de l'ANGLE DROIT exige de moi cet ultime rôle
d'apparence bien déplaisante : réclamer un service.

Merci d'avance,

et croyez, cher Monsieur et Ami, à mon fidèle attache-

Le Corbusier, Parigi 18 aprile / April 1954

Caro Moretti,

dagli amici ti salvi Iddio.....
I tuoi collaboratori per aiutarti, non
hanno trovato di meglio che cercando ma=
teriale, dire (ho la testimonianza) la
nostra formula è "guerra a Ponti".

Questa non è certo la tua formula, ed io
poi non ho fatto, non faccio, non farò mai
guerra a nessuno nemmeno guerra di difesa.
Cerco soltanto di far bene il mio lavoro e
i tuoi collaboratori dovrebbero cercare di
far bene il loro, senza altra formula che
questa.

Siccome la tua rivista è già veramente bel=
lissima, e non avete che continuare così, la
guerra sono superflue.
Quando avrò il piacere di vederti, come tu
mi avevi gentilmente promesso?

Con care cose,

Gio Ponti a / to Luigi Moretti, Milano 2 marzo / March 1951

architetto ettore sottsass jr. 7 via bernardino luini milano tel. 894262

Arch. GIO PONTI
Editoriale DOMUS
Via Monte di pietà 15
MILANO

Caro Gio Ponti

sono stato molto contento di leggere le tue parole gentili
per quel lavoro che hai visto all'I.N.A. e naturalmente sono
anche contento che sia pubblicato sulla tua rivista.
Ho già detto alla signorina che mi ha risposto al telefono
che quel progetto non è mai stato pubblicato ne' era troppo
impegnato, e le ho anche detto che Spazio mi sta pubblicando
un progetto a colori che è tutt'altra cosa - ma ad ogni modo
preferisco che tu lo sappia. Se credi che sia il caso potrei
farti vedere come la cosa è stata risolta per Spazio perchè
è venuta molto bene. Ad ogni modo mi piacerebbe molto poter
parlare un poco con te per l'articolo e tutte le altre faccende
ma anche indipendentemente da tutto questo per fare 4 chiacchiere.
Io adesso dovrò restare a Torino per qualche giorno, forse fino
alla fine di questo mese, ma se tu mi scrivi come possiamo fare
per incontrarci o per lo meno quando ti posso telefonare da qui
trovandoti allora lo farò.
E per ora molte grazie ancora e arrivederci presto

Torino 8 febbraio 1952
per favore indirizzare : corso vinzaglio 12 bis Presso PIVANO

Ettore Sottsass jr, Torino 8 febbraio / February 1952

Would there be a possibility that Domus could sacrifice a couple of pages for the works of the pupils
of <u>Taideteollisuusoppilaitos</u>. I'm collecting picture material of the works. Maybe there will be
something of interest in the bunch. Anyway I think
so. - What do you say about the idea ?

I'm sending a picture of Sami so Matti and Salvato-
re will recognise him. Doesn't he look like an
Italian boy ?

Much love from all of us,

Tapio

Lettera di / *Letter from* Tapio Wirkkala, Helsinki 19 marzo / *March* 1954

Most of the photos we took were of Moscow, the streets,
the parks, the people, the churches, the circus, etc. We
were very much impressed by Moscow. It has the world's
best ice cream, and the toy stores sell no war toys --
not even soldiers.

Charles Eames
CE/nk
enclosures

Lettera di / *Letter from* Charles Eames, Venice (California), 18 settembre / *September* 1959

The fax machine arrived at *Domus* in the 1980s, but for many years, letters were the prevalent means of communication, occasionally preceded by a telephone call. Regrettably, all correspondence dating from 1928 to the end of World War II was lost or destroyed but approximately 60,000 letters were stored in 21 binders between 1949 and 1970 – a superb personal and professional legacy detailing relations between the editors and writers, architects, artists and readers. For the first two decades, Ponti was a strong and exclusive presence, and the tone of his words reflected his generous disposition towards the world of his much-loved interlocutors: "Lisa, isn't this affectionate?" reads a note added to a letter from Sottsass Jr (8 February 1952), "May God grant me a bit of reconciliation with everyone before I die. Your papa." In response to Ico and Luisa Parisi: "Dear Ico and Luisa, all is forgiven to those who are loved dearly." A river of correspondence ensued as was fitting for an increasingly international magazine that had become a crossroads of information and exchange between distant cultures. Letters landed on Ponti's desk and he added his comments or brief replies, handwritten and always initialled with a "P". For 20 years, letters were the primary means of communication, hand- and typewritten, business and art-related letters. Tapio Wirkkala accompanied his words with a string of hearts. The poet Eugenio Montale wrote with the discomfort of not knowing whether to be an artist or a correspondent. Marcel Breuer and Le Corbusier wrote, as did a young Renzo Piano and the young maestro Marco Zanuso. Austria's Hans Hollein wrote from New York and Zvi Hecker from Tel Aviv; and a novice Joseph Rykwert (then a librarian at the Royal College of Art in London) wrote from Holland reporting that Aldo van Eyck's Sonsbeek Pavilion in Arnhem was "hot stuff". When the post proved too slow, they sent telegrams via the futuristic Italcable company and, on 25 March 1966, Ponti used it for Mies's 80th birthday: "To the great maestro, our warmest congratulations."

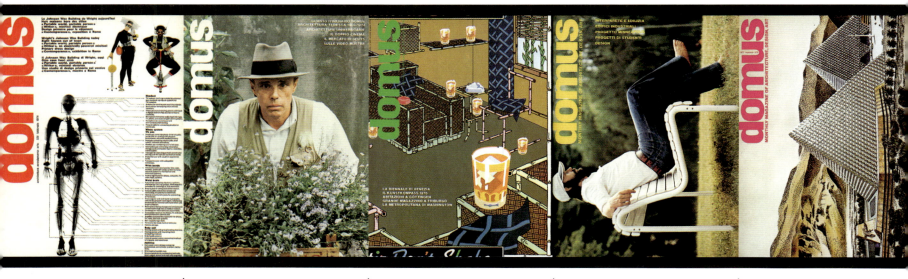

IL NUOVO
Corriere della Sera

Illustre Dott.Ponti,

Le sono molto grato per la Sua lettera del 29 ottobre. DOMUS ha
già ospitato una mia poesia e altre potrà averne se lo vorrà...e
se mi verrà fatto di scriverne. Ma penso che Lei chieda soprattutto
una collaborazione prosastica, che farebbe tanto piacere anche a me.
L'ostacolo è dato dal fatto che questo schiacciasassi del 'Corriere'
mi prende tutto il tempo e mi trova sempre parzialmente inadempiente ai
miei impegni contrattuali. Tuttavia, se Lei avesse un tema di Suo gradi-
mento da propormi io potrei tentare l'impresa. Le sono, fra l'altro, de-
bitore di molte parole gentili, e non da oggi soltanto. Cosa un po'rara
nell'ambiente giornalistico, in cui io sono sempre un pesce fuor d'acqua

    Voglia credermi sempre Suo   *dev.=*

              Eugenio Montale

e ricordarmi alla Sua gentilissima figlia, che ho avuto il piacere di
conoscere.

[annotazione manoscritta di Gio Ponti:]

Illustre Montale
Domus vuole avere due poesie e
Suoi scritti, poi dice poi. Ma chiede
un tema? Il pensiero di Montale su
argomenti come quelli di "un uomo un secolo".
Darò loro il massimo rilievo per l'onore
grandissimo che Domus ne avrebbe.
Con i più suoi saluti

Lettera di / *Letter from* Eugenio Montale, 1 novembre / *November* 1951

| 579 - 1978 | 593 - 1979 | A. Mendini | 599 - 1979 | 602 - 1980 | 607 - 1980 |

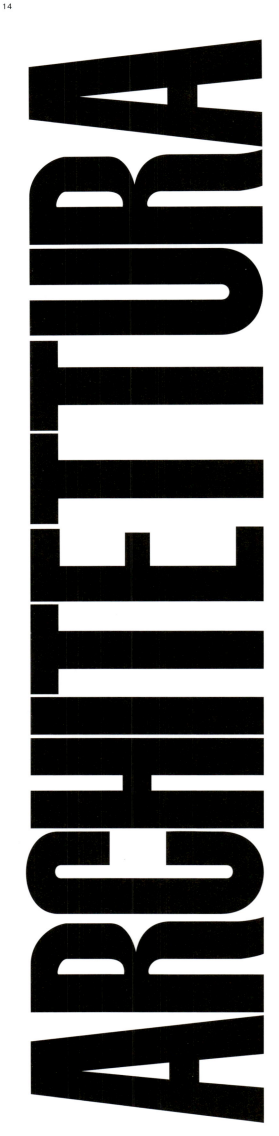

Adalberto Libera, edificio per abitazioni / apartment block Lido di Ostia (**D.**86/1935)

Il 15 gennaio 1928 uscì il primo numero di *Domus*, rivista di "architettura e arredamento dell'abitazione moderna in città e in campagna". Il *target* era la nuova borghesia da conquistare alla modernità; la formula a metà strada tra la rivista d'architettura e un giornale per l'aggiornamento del gusto dell'abitare. Non a caso il primo editoriale firmato dal direttore si chiamava *La casa all'italiana*. Mentre in Italia l'avanguardia razionalista premeva per una visione esclusiva dell'architettura: *Domus* sostenne sin dall'inizio una linea inclusiva, pubblicando Portaluppi e Terragni, Albini e Mollino, ma sempre con l'idea che bisognasse promuovere la qualità e l'autentica innovazione dovunque e comunque questa si presentasse. Le ultime eco del Novecentismo italiano si intrecciavano alla nascente poetica dell'angolo retto che soffiava dall'Europa, consolidando in breve un'impronta assai particolare che negli anni a venire si sviluppò nella formula che ha caratterizzato *Domus* come rivista anti-ideologica, indifferente a ogni accusa di eclettismo

Giuseppe Terragni, progetto di casa sul lago (**D.**196/1944)
Project for a lakeside house

Franco Albini e / *and* Giovanni Romano,
Sala dell'Oreficeria antica / *room for the display of ancient goldwork,*
VI Triennale di Milano 1936 (**D.**103/1936)

The first issue of *Domus* came out on 15 January 1928. Introducing itself as a journal of "architecture and furniture for modern town and country homes", its target was the new middle class, to be won over to modernity. And its formula was halfway between an architecture magazine and a journal for updating the taste of home living. Not by chance, its first editorial was titled *The Italian-style house*. While in Italy the rationalist avant-garde was pushing for an exclusive vision of architecture, *Domus* right from the beginning chose an inclusive outlook. It published the work of Portaluppi and Terragni, Albini and Mollino with the idea that quality and genuine innovation should be promoted wherever and however they might occur. The dying echoes of the italian Novecento movement interwove with the nascent poetry of the perpendicular angle that began in Europe, quickly consolidating in a distinctive imprint. In the years to come this grew into the formula that characterised *Domus* as an anti-ideological publication indifferent to any accusations of eclecticism.

ARCHITECTURE

Carlo Mollino, camera da letto per una cascina in risaia / bedroom for a farm surrounded by rice paddies (D.181/1943)

Mollino

16

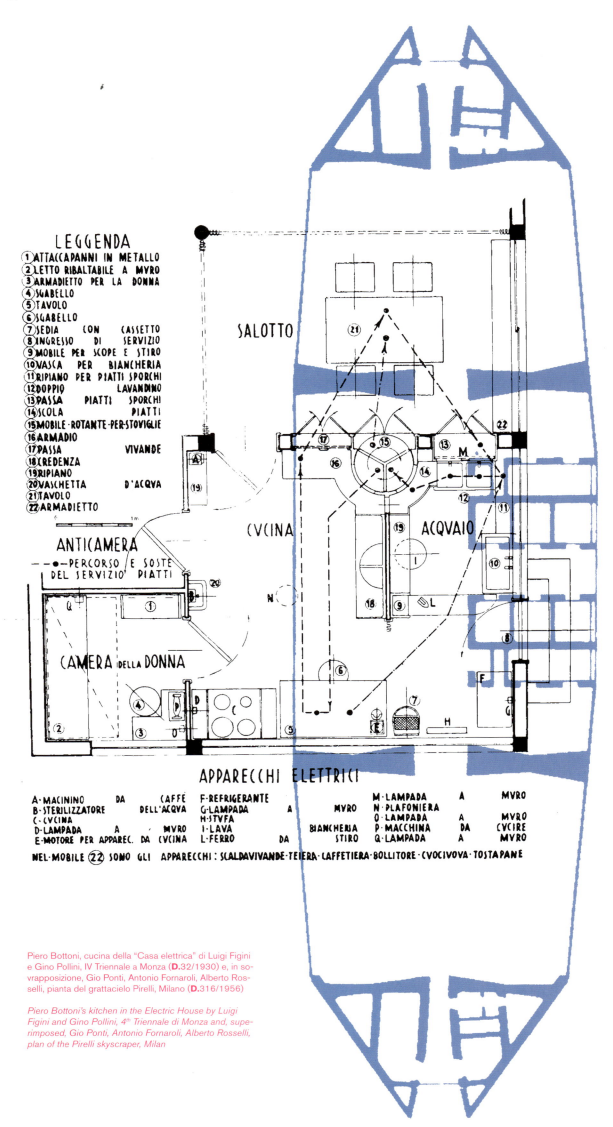

LEGGENDA
1 ATTACCAPANNI IN METALLO
2 LETTO RIBALTABILE A MVRO
3 ARMADIETTO PER LA DONNA
4 SGABELLO
5 TAVOLO
6 SGABELLO
7 SEDIA CON CASSETTO
8 INGRESSO DI SERVIZIO
9 MOBILE PER SCOPE E STIRO
10 VASCA PER BIANCHERIA
11 RIPIANO PER PIATTI SPORCHI
12 DOPPIO LAVANDINO
13 PASSA PIATTI SPORCHI
14 SCOLA PIATTI
15 MOBILE ROTANTE PER STOVIGLIE
16 ARMADIO
17 PASSA VIVANDE
18 CREDENZA
19 RIPIANO
20 VASCHETTA D'ACQVA
21 TAVOLO
22 ARMADIETTO

SALOTTO

ANTICAMERA
— • PERCORSO E SOSTE
DEL SERVIZIO PIATTI

CVCINA   ACQVAIO

CAMERA DELLA DONNA

APPARECCHI ELETTRICI

A MACININO DA CAFFÉ   F REFRIGERANTE   M LAMPADA A MVRO
B STERILIZZATORE DELL'ACQVA   G LAMPADA A MVRO   N PLAFONIERA
C CVCINA   H STVFA   O LAMPADA A MVRO
D LAMPADA A MVRO   I LAVA BIANCHERIA   P MACCHINA DA CVCIRE
E MOTORE PER APPAREC. DA CVCINA   L FERRO DA STIRO   Q LAMPADA A MVRO

NEL MOBILE 22 SONO GLI APPARECCHI: SCALDAVIVANDE TEIERA CAFFETTIERA BOLLITORE CVOCIVOVA TOSTAPANE

Piero Bottoni, cucina della "Casa elettrica" di Luigi Figini e Gino Pollini, IV Triennale a Monza (D.32/1930) e, in so-vrapposizione, Gio Ponti, Antonio Fornaroli, Alberto Rosselli, pianta del grattacielo Pirelli, Milano (D.316/1956)

Piero Bottoni's kitchen in the Electric House by Luigi Figini and Gino Pollini, 4th Triennale di Monza and, superimposed, Gio Ponti, Antonio Fornaroli, Alberto Rosselli, plan of the Pirelli skyscraper, Milan

domus 1000 Marzo / March 2016

La revisione del Razionalismo trovò sponda nella rivendicazione dei diritti della fantasia e dell'espressione individuale, con un approccio che poneva in primo piano la cultura del progetto in tutte le sue manifestazioni, dall'arte al design all'architettura. Non configurò però una posizione autarchica, ma al contrario una maggiore attenzione al panorama internazionale: Le Corbusier fu tra i primi a essere riconosciuto nel valore della sua proposta, mentre Hoffmann e Neutra potevano coesistere con Nervi e Rudofsky, senza obblighi di coerenza a una precisa tendenza. Il che ha fatto di *Domus* una delle più preziose banche dati per l'analisi della cultura dell'abitare, di cui ha sempre saputo cogliere gli stimoli più innovativi senza pregiudizi. Si può parlare dunque di un approccio umanistico e non tecnico che, pur nelle personali declinazioni dei vari direttori, fu sempre confermato: anche quando gli scenari drammatici tra l'approssimarsi della guerra e la ricostruzione aprirono ai temi della standardizzazione, della casa per tutti, dell'urbanistica sociale. Negli anni del boom economico *Domus* trovò la sua stagione d'oro, registrando con generosità l'esplosione creativa che avrebbe mutato il ruolo del Paese, rappresentandolo come avamposto nel rinnovamento dell'architettura, della museologia, del design.

The revision of rationalism found support in the demand for the rights of imagination and individual expression, with an approach that spotlighted the culture of art, design and architecture in all their manifestations. It did not adopt an autarchic stance; on the contrary, it was attentive to the international panorama. In fact, Le Corbusier was among the first to be recognised for the value of his work, while Hoffmann and Neutra were on the same plane as Nervi and Rudofsky. There was no obligation to abide by any precise tendency. Thus *Domus* became one of the most precious data banks for the analysis of the culture of living, whose most innovative stimuli it always managed to seize without prejudice. The magazine's approach, therefore, was more humanistic than technical. Even in the personal views of its various editors this was always maintained — including when the dramatic circumstances between the approaching war and postwar reconstruction paved the way towards standardisation, housing for all, and social planning. During the Italian economic boom *Domus* found its heyday, generously recording the creative explosion that would change the nation's role and spearheading it in the renewal of architecture, museology and design.

Carlo Scarpa, collocazione provvisoria di / temporary location of Cangrande della Scala durante il restauro di / during the restoration of Castelvecchio, Verona (D.369/1960)

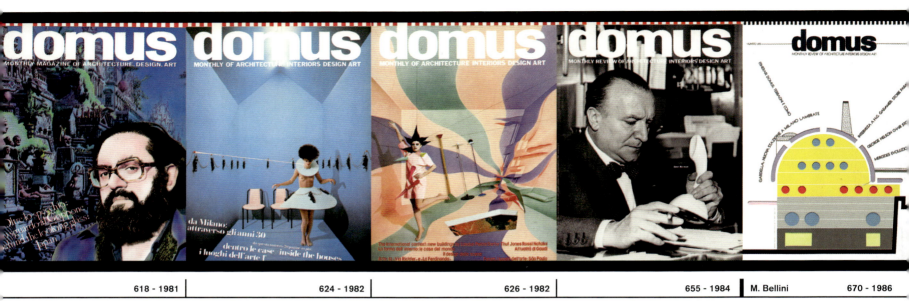

| 618 - 1981 | 624 - 1982 | 626 - 1982 | 655 - 1984 | M. Bellini | 670 - 1986 |

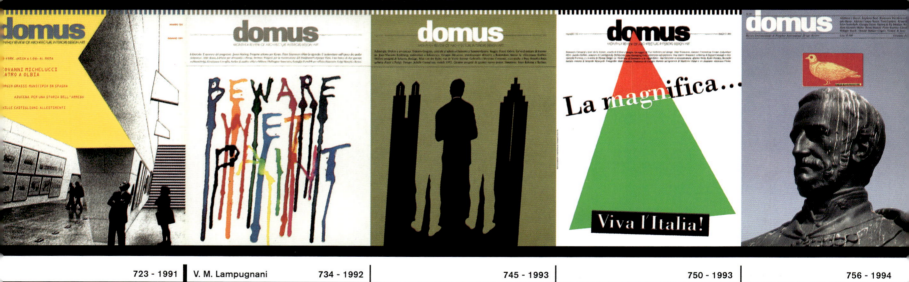

| 723 - 1991 | V. M. Lampugnani | 734 - 1992 | 745 - 1993 | 750 - 1993 | 756 - 1994 |

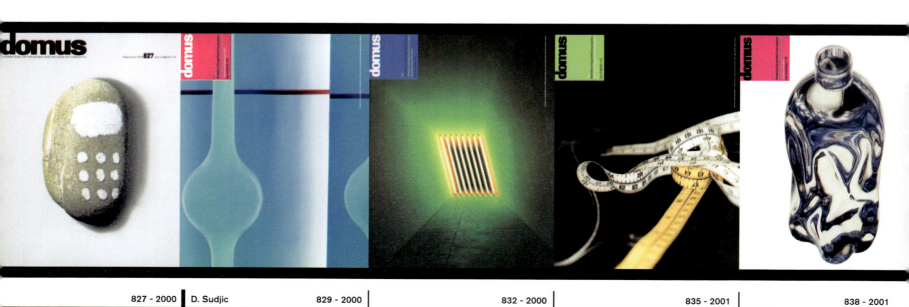

| 827 - 2000 | D. Sudjic | 829 - 2000 | 832 - 2000 | 835 - 2001 | 838 - 2001 |

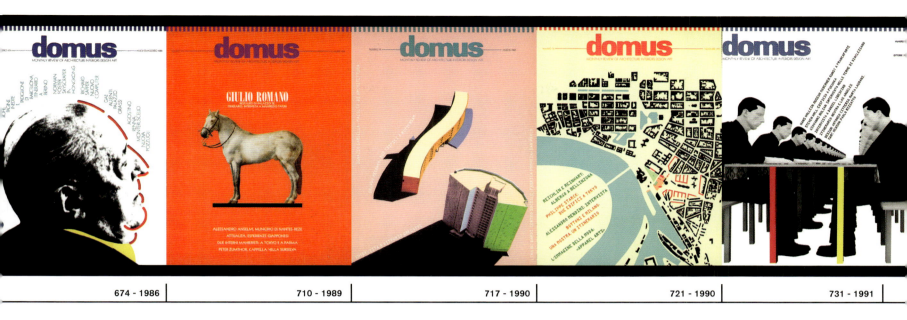

| 674 - 1986 | 710 - 1989 | 717 - 1990 | 721 - 1990 | 731 - 1991 |

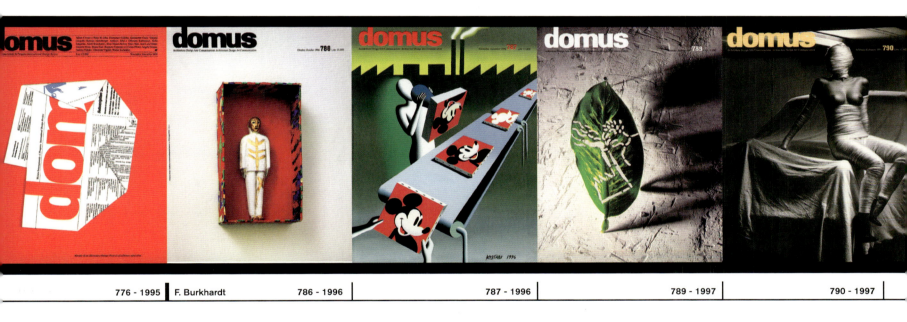

| 776 - 1995 | F. Burkhardt | 786 - 1996 | 787 - 1996 | 789 - 1997 | 790 - 1997 |

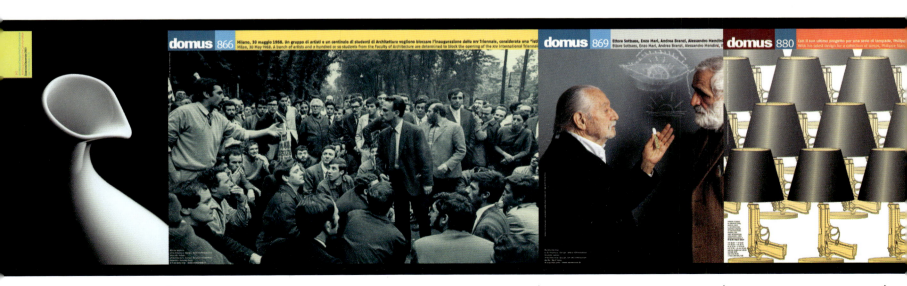

| 843 - 2001 | S. Boeri | 866 - 2004 | 869 - 2004 | 880 - 2005 |

Domus ha costantemente sostenuto un punto di vista che si può così riassumere: curiosità vigile per il nuovo e valorizzazione delle differenze. Ha registrato i cambiamenti non quando erano visibili a tutti, ma quando erano intuibili soltanto a occhi senza pregiudizi. Le sue pagine sono piene di "opere prime", di segnalazioni di voci emergenti, di scommesse vinte sulla loro validità nel tempo, come la casa a Riva San Vitale dell'esordiente Mario Botta, pubblicata nel 1975. Ma è il "caso Piano" il test più significativo di questa vocazione al *talent scouting*: dal marzo 1967 all'ottobre 1977, Renzo Piano – un *absolute beginner* oltre che un quasi perfetto sconosciuto nel suo Paese, l'Italia – ha goduto della generosa ospitalità di *Domus* che, con ben 13 articoli, ne ha incoraggiato prima gli esperimenti sulle strutture leggere e poi sostenuto a spada tratta l'esito del concorso che l'ha lanciato con Rogers sulla scena internazionale: il Centre Pompidou. Una *machine à penser*, come la definiva nell'ottobre 1977 Arturo Carlo Quintavalle in un lucido saggio – *Chi contesta Beaubourg?* – dove se ne evidenziava, al di là dell'architettura, la rivoluzione museologica che faceva improvvisamente apparire sorpassato anche il Guggenheim di New York.

Renzo Piano and Richard Rogers, disegni di presentazione del progetto per il concorso del Centre Pompidou a Parigi / presentation drawings of the competition entry for the Centre Pompidou competition, Paris

Disegni di / drawings by Gordon Cullen and Jaqueline de Chabaneix du Chambon

Domus steadfastly maintained a point of view that can be summed up as attentive curiosity for the new and the appreciation of differences. It reported changes not when they were visible to all, but when they could be intuited only by unbiased eyes. Its pages were full of "first works", the announcement of emerging voices, many of which were ratified with the passing of time, such as the house at Riva San Vitale by a debuting Mario Botta, published in 1975.

But the most significant test of this vocation to find new talent is the example of Renzo Piano. From March 1967 to October 1977, Piano, who was then an absolute beginner and almost unknown in his native country of Italy, received the generous hospitality of *Domus*. In no fewer than 13 articles, the magazine encouraged his experiments in lightweight structures, and then wholeheartedly backed the result of the competition that brought him and Rogers into the international limelight. Their Centre Pompidou was a *machine à penser*, as Arturo Quintavalle described it in October 1977 in a lucid article titled *Who questions Beaubourg?* Aside from the architecture itself, it emphasised the museological revolution that had suddenly made even the Guggenheim in New York look surpassed.

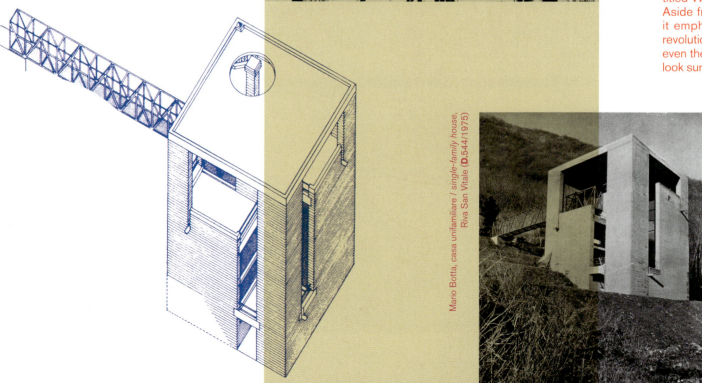

Mario Botta, casa unifamiliare / single-family house, Riva San Vitale (**D.**544/1975)

...besonn..., bin ich ein

...rtliches Glied der

Gesellschaft !

Renzo Piano e / and Richard Rogers, Centre Pompidou, Parigi (D.566/1977)

Vittoriano Viganò, colorificio Attiva / *Attiva paint factory*, Novi Ligure (**D**.483/1970)

Louis Kahn, Kimbell Art Museum, Fort Worth (Texas) (**D**.561/1976)

Oscar Niemeyer, Palacio Planalto, Brasilia (**D**.434/1966)

I Settanta sono per *Domus* gli anni della piena internazionalità: la redazione milanese è il transito obbligato tra il mondo e l'Italia, mentre sulle pagine della rivista si attua un perfetto scambio tra la diffusione del progetto italiano all'estero e l'importazione critica di tutti quei fermenti che agitano la scena globale. Costante attenzione è dedicata ai temi della tecnologia e delle infrastrutture di servizio a larga scala. Ma, oltre al realismo ingegneristico, notevole spazio è concesso alle visioni futuribili dove lo strutturalismo tecnologico diventa strumento per l'elaborazione di mega utopie – per esempio l'*evolving city* di Paul Rudolph – in risposta alla crisi energetica e ambientale di fine decennio.

When in the 1970s *Domus* fully attained its international status, its editorial office in Milan came to be regarded as the crossroads between the world and Italy. Meanwhile the pages of the magazine represented a perfect exchange between the spread of Italian architecture and design abroad, and a critical import of all the excitement of the global scene. Constant attention was devoted to the topics of technology and large-scale infrastructure. But in addition to the realism of engineering, considerable space was allocated to visions of the future. Technological structuralism became a means of developing mega utopias – for example with Paul Rudolph's *Evolving City* – in response to the energy crisis and environmental pollution at the end of the decade.

Paul Rudolph, progetto per / proposal for the Lower Manhattan Expressway (D.558/1976)

		898 - 2006		900 - 2007	F. Albanese	908 - 2007		913 - 2008

938 - 2010		939 - 2010	J. Grima	956 - 2012		960 - 2012		961 - 2012

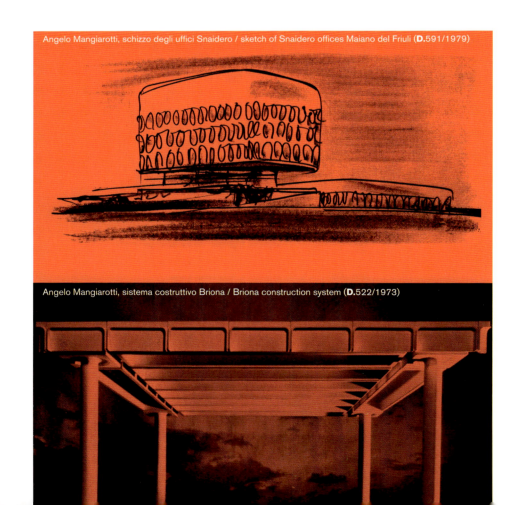

Angelo Mangiarotti, schizzo degli uffici Snaidero / sketch of Snaidero offices Maiano del Friuli (D.591/1979)

Angelo Mangiarotti, sistema costruttivo Briona / Briona construction system (D.522/1973)

La lista degli autori presentati nel decennio è sterminata e copre sia i rappresentanti delle neoavanguardie (dagli Archigram agli Archizoom) sia i capofila del professionismo internazionale e le maggiori agenzie dell'imprenditoria architettonica. In *Domus* trovano entusiastica ospitalità le innovazioni tecnologiche e costruttive di cui è riconosciuto il valore architettonico e non solo ingegneristico, come nel caso di Marco Zanuso e di Bruno Morassutti, oltre che di Angelo Mangiarotti cui è dedicato, nell'esposizione celebrativa dei 50 anni al Palazzo delle Stelline di Milano (1979), lo spazio d'onore di una mostra personale in quanto significativo protagonista della stagione italiana, accanto a Nervi e Scarpa. Se Nervi indica il superamento della struttura trilitica, Mangiarotti – accompagnato da un breve saggio di Giulia Veronesi – testimonia come la prefabbricazione e l'industrializzazione dell'edilizia non siano vincolanti per la libera inventiva dell'architetto, quando si verifica la benefica coincidenza tra padronanza tecnica e fantasia compositiva.

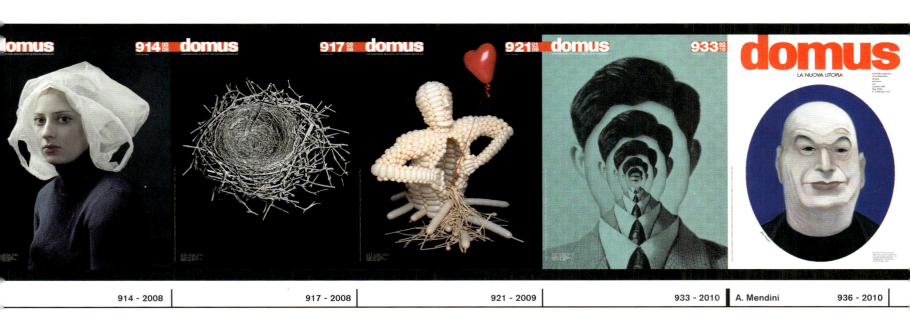

| 914 - 2008 | 917 - 2008 | 921 - 2009 | 933 - 2010 | A. Mendini | 936 - 2010 |

| 970 - 2013 | N. Di Battista | 973 - 2013 | 978 - 2014 | 980 - 2014 | 990 - 2015 |

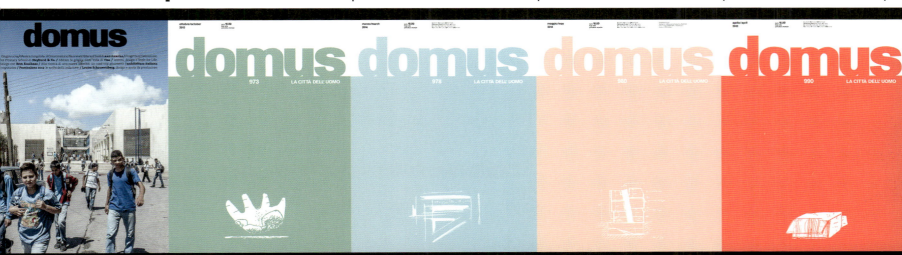

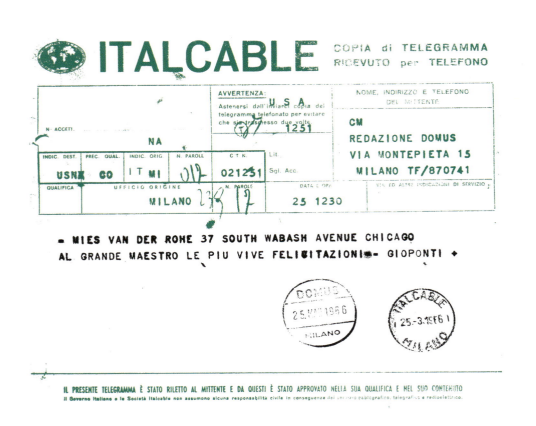

Telegramma per / *telegram to* Ludwig Mies van der Rohe, Milano 25 marzo / *March* 1966

The list of names published in that decade is endless, and includes the representatives of the neo-avant-gardes from Archigram to Archizoom, as well as the leading international professionals and most prominent architectural entrepreneurs. *Domus* enthusiastically hosted those technological and constructive innovations whose architectural and engineering value could be appreciated, as in the case of Marco Zanuso, Bruno Morassutti and Angelo Mangiarotti, to whom was dedicated, at the exhibition celebrating the 1950s at the Palazzo delle Stelline in Milan (1979), a solo space in his honour as a protagonist of that Italian season, alongside Nervi and Scarpa. Nervi stood for the superseding of the trilithic structure, while Mangiarotti – accompanied by a brief essay by Giulia Veronesi – testified to how the prefabrication and industrialisation of construction need not restrain the architect's free inventiveness when a benign coincidence occurs between having both command of technology and compositional imagination.

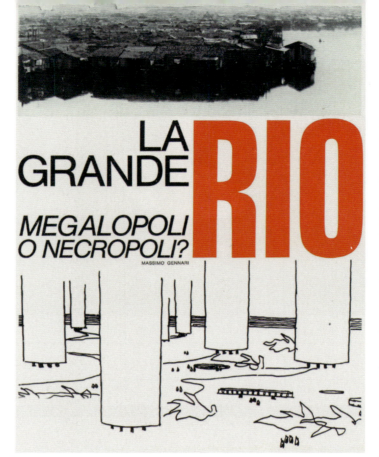

La riflessione sociale sulle conseguenze della megalopoli, la crisi energetica e il ripensamento del ruolo dell'architettura, l'eredità dei maestri nelle mani dei giovani successori, l'organizzarsi della risposta orientale all'universalismo americano… Sono davvero tanti i temi che si affacciano – anzi quasi si incalzano – con regolare sequenza. Vi si riflettono certo gli orientamenti delle nuove presenze (prima tra tutte Cesare Maria Casati), che nel frattempo hanno cambiato la composizione della redazione con energie fresche e interessi diversi, rispetto ai quali si registra il progressivo allentamento della presa di Ponti sulla rivista. D'altra parte tutto il decennio è ricco di fermenti e di contrasti: lacerato tra l'euforia degli ultimi scampoli di utopie libertarie e l'incombente profilarsi di una cupa previsione sul tramonto dell'idea di sviluppo costante che aveva sostenuto le ambizioni e le rivendicazioni dell'architettura moderna. *Domus* si conferma come un osservatorio nervoso, a volte persino strabico: lungo le sue pagine si profila il film delle convulse cronache degli anni Settanta, con fotogrammi che registrano tutto senza censure o scarti preventivi. Allora sembrò un segno di indifferenza, oggi lo si può valutare come una testimonianza preziosa di frammenti di storia altrimenti dimenticati.

Social reflection on the consequences of the megalopolis; the energy crisis and the reconsideration of architecture's role; the legacy of the maestri in the hands of its young successors; and the organised Oriental answer to American universalism – all were some of the many subjects raised and regularly discussed. Certainly they reflected the orientations of new editorial team members (above all Cesare Casati), who in the meantime had injected fresh energy and diverse interests into the office, after which Ponti gradually loosened his grip on the magazine. For that matter the whole decade was rich in ferment and contrasts. It was torn between the euphoria of the last samples of libertarian utopias and the bleak prospect of a waning idea of constant development that had kindled the ambitions and claims of modern architecture. *Domus* established itself as a lively, sometimes even squint-eyed observatory. Filmed on its pages were the convulsive 1970s, with photograms that recorded everything without censorship or pre-planned exclusion. At the time, it seemed to indicate indifference, but today it can be recognised as a precious account of fragments of history otherwise forgotten.

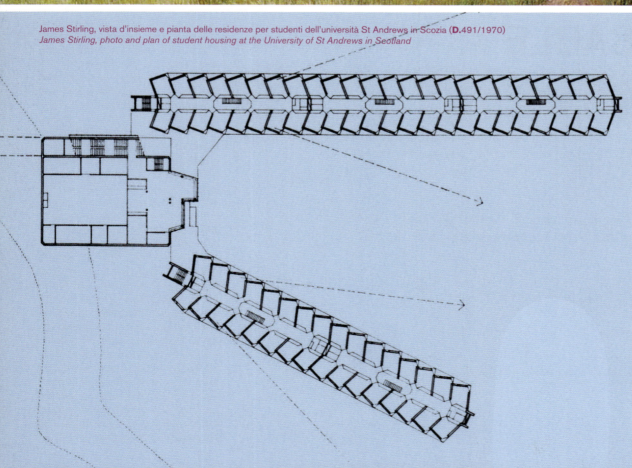

EXHIBITION

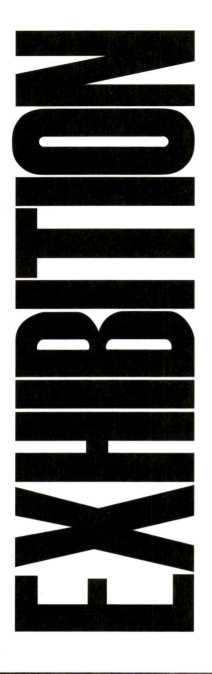

Per la storia dell'arte dell'allestimento e del progetto dell'*interior landscape*, *Domus* è un'autentica miniera: la particolare attenzione che Ponti aveva sempre dedicato all' "ambientazione" degli spazi abitati è infatti diventata nel tempo una strutturale attitudine di tutte le redazioni che si sono avvicendate negli anni. Interni domestici e spazi pubblici, allestimenti effimeri e installazioni museografiche hanno goduto di una copertura insolita per una rivista d'architettura, soprattutto quando se ne coglieva il valore innovativo e documentario. Nello sfogliare l'immensa banca dati archiviata in quasi un secolo, colpisce la capacità di cogliere temi e luoghi che più significativamente hanno segnato l'immaginario collettivo e hanno caratterizzato modi e riti dei mutevoli costumi. Nella documentazione d'archivio come nelle selezioni delle pagine qui pubblicate, è possibile rileggere le mutevoli aspirazioni – di architetti, artisti e designer – a prefigurare gli scenari della comunicazione in relazione ai diversi paradigmi della percezione e alle opportunità fornite dai nuovi media.

Domus has been a mine of information on the art of interior and exhibition design. Ponti's insistently strong focus on the settings created for inhabited spaces evolved into a structural approach adopted by all the editorial staff that have succeeded one another over the years. Domestic interiors, public spaces, temporary exhibition designs and museum installations all enjoyed coverage that was uncommon in an architecture magazine, especially when staff perceived their innovative and documentary importance. A glance through the vast data bank built up over nearly 100 years reveals a striking ability to identify the subjects and places that have most struck the collective imagination and characterised the ways and rites of shifting lifestyles. The archive's documentation and the selections published here make it possible to reread the changing aspirations of architects, artists and designers. They prefigured communication scenarios in relation to the different paradigms of perception and the opportunities provided by the new media.

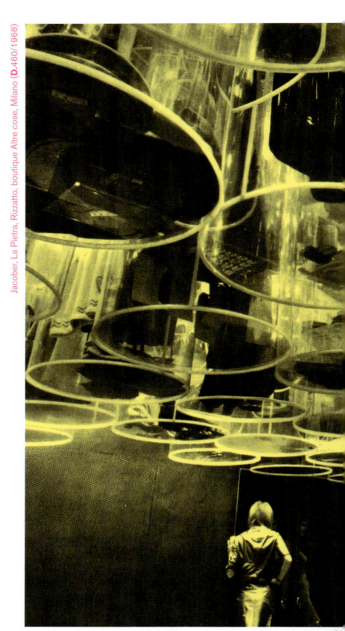

Jacober, La Pietra, Rizzatto, boutique Altre cose, Milano (**D.**460/1968)

Guido Canali, Scuderie della Pilotta, Parma (**D.**429/1965)

Pietro Derossi, Giorgio Ceretti, L'altro mondo club, Rimini (**D.**458/1968)

Achille and Pier Giacomo Castiglioni con / with Max Huber e / and Luciano Damiani, mostra / exhibition "Vie d'Acqua", Palazzo Reale, Milano (D.423/1965)

DOMUS PLUS

La vita di *Domus* non coincide solo con le pagine della rivista: anzi, si è sviluppata nelle tante iniziative, celebrative o di riflessione sull'attualità, che ne hanno accompagnato la presenza nella vita culturale internazionale. Nel 1973, in occasione della grande mostra per festeggiare i 45 anni della rivista, al Musée des Arts Décoratifs di Parigi, Ponti aveva definito questa attitudine come "la simultanea presenza del passato, del presente, del futuro": una dichiarazione che ha corrisposto all'impegno con cui i vari direttori che gli sono via via succeduti ne hanno sviluppato le implicazioni, ciascuno a suo modo ma in uno spirito di sostanziale continuità. Dal primo "Omaggio a Domus" nel 1965, presso il Club 44 di La Chaux-de-Fonds, alle spettacolari rassegne al Palais du Louvre di Parigi nel 1973 ("1928/1973 Domus: 45 ans d'architecture, design, art") e al Palazzo delle Stelline di Milano nel 1979 ("28/78 Architettura. Cinquant'anni di architettura italiana dal 1928 al 1978"), fino alla selezionata mostra all'Urban Center di New York nel 1984 ("Domus 1928-1984: From the Sources of Modern

to Neomodern Resources"), per il ricevimento dell'"Architectural League Commendation for Excellence", *Domus* si è raccontata molte volte e ogni volta con accenti diversi che riflettevano gli interessi e le speranze della contemporaneità. Ma non solo alle mostre si è affidata la sua ostinazione a essere "assolutamente moderna": gli 'speciali', i libri e i dossier, i quaderni di *Domus*, gli allegati, gli 'extra', gli album, i report, i viaggi, gli itinerari, hanno accompagnato le edizioni straniere (la prima, *Domus* Russia, nel 1989) in una straordinaria opera di diffusione della cultura del progetto.

Domus did not live in its magazine pages alone. It evolved through many celebratory initiatives and events of contemporary commentary that accompanied its presence on the international cultural scene. In 1973, during a major exhibition held to celebrate the magazine's 45th birthday at the Musée des Arts Décoratifs in Paris, Ponti described this approach as "the simultaneous presence of past, present and future". The declaration was embraced by all the editors-in-chief who followed, with each

developing the inferences in their own way but in a spirit of substantial continuity. From the first "Omaggio a Domus" in 1965 at Club 44 in La Chaux-de-Fonds to the spectacular exhibitions at the Palais du Louvre in Paris in 1973 ("1928/1973 Domus: 45 ans d'architecture, design, art") and Palazzo delle Stelline in Milan in 1979 ("28/78 Architettura. Cinquant'anni di architettura italiana dal 1928 al 1978") and then the choice exhibition at New York's Urban Center in 1984 ("Domus 1928-1984: From the Sources of Modern to Neo-Modern Resources") held in acknowledgement of the magazine receiving the Architectural League Commendation for Excellence, *Domus* has presented itself many times, each one with a different focus that mirrored the interests and aspirations of the times. It entrusted its commitment to being *absolument moderne* to speak with Rimbaud, not only to exhibitions, but special editions, books, dossiers, *Domus Quaderni*, supplements, *Extras*, albums, reports, journeys and itineraries, all of which were joined by foreign editions (the first being *Domus* Russia in 1989), in its extraordinary effort to spread design culture.

EXTRA DOMUS

De Pas, D'Urbino, Lomazzi, Cupola Zanotta, 2° Eurodomus, Torino 1968

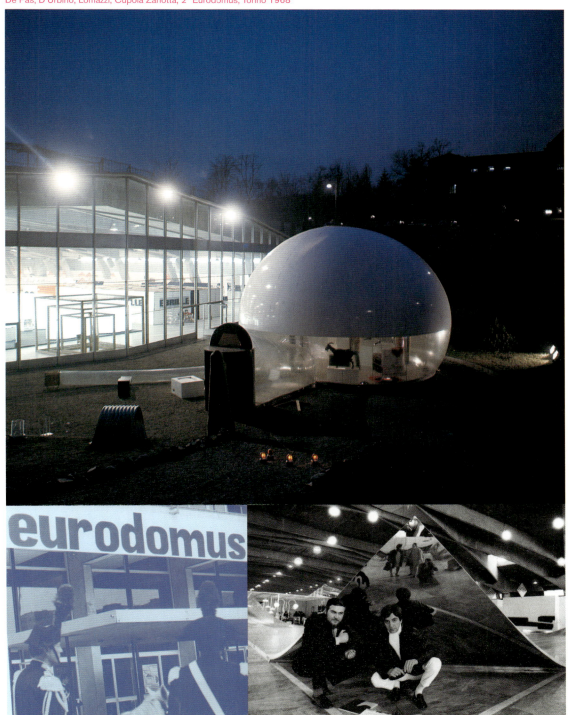

1° Eurodomus, Genova 1966

Abet Laminati. 2° Eurodomus, Torino 1968

Con l'obiettivo di creare "un mercato comune delle idee", il 30 aprile 1966 si apriva a Genova la prima Eurodomus: un'innovativa proposta per rendere più comunicante il mondo della produzione e del progetto con quello della società. Non tanto una mostra mercato, ma il tentativo generoso di sperimentare nuovi format di divulgazione della cultura dell'abitare: vere e proprie mostre itineranti (dopo Genova, seguirono Torino, Zurigo, Rotterdam, Milano, Londra e poi Parigi con l'esposizione "Domus Formes Italiennes" alle Galeries Lafayette) dove le più qualificate espressioni della cultura industriale del progetto domestico si misuravano e si mescolavano con le sperimentazioni più ardite, come nel caso dell'edizione del 1968 nel parco del Valentino a Torino. Poi, nel 1982, la fondazione della scuola post-universitaria Domus Academy dà avvio a un innovativo progetto d'estensione della rivista, dal puro ambito dell'informazione a quello dell'alta formazione, iniziando un processo sperimentale dinamico e capace di tradursi presto in uno spazio autonomo e di lunga durata. Domus produce cultura, sostiene la ricerca e la commistione tra i linguaggi e, quando nel 1998 vuole festeggiare i suoi 70 anni, si affida all'estro combinatorio di Bob Wilson, producendo uno spettacolo multimediale di grandissima eco internazionale: "70 Angels on the Façade – Domus 1928-1998".

In an endeavour to create "a common market of ideas", the first Eurodomus opened in Genoa on 30 April 1966. It was an innovative way to boost communication between the production world of design and society - not so much a trade fair as an enthusiastic attempt to experiment with new formats that would spread the culture of habitation. At these itinerant exhibitions (Genoa was followed by Turin, Zurich, Rotterdam, Milan, London and then Paris with the "Domus Formes Italiennes" exhibition at Galeries Lafayette), the highest expressions of the industrial domestic design culture mixed and competed with bold experimentation, as in the case of the 1968 event at the Parco del Valentino in Turin. In 1982, the founding of the postgraduate Domus Academy was an innovative project that brought the magazine out of the sphere of information alone to that of advanced education, in a dynamic experimental process that soon evolved into an independent and enduring institution. Domus produced culture, endorsed research and mixed visual languages, so in 1998, in celebration of its 70th anniversary, the combinatorial talent of Bob Wilson was called upon to produce a multimedia spectacle of huge international resonance entitled "70 Angels on the Façade – Domus 1928-1998".

Maria Grazia Mazzocchi. Ho conosciuto Pierre Restany nella redazione di *Domus* nel 1973. Sul lavoro era serissimo. Non ricordo che i suoi pezzi siano mai arrivati in ritardo, né che avessero bisogno di correzioni o di tagli: scritti in perfetto italiano, a penna, in uno stampatello chiarissimo. Nati da profonda riflessione, sintetizzavano le sue ricerche e le sue esperienze: ogni volta una sorpresa appassionante per tutti i suoi, molti, lettori. Come l'idea di analizzare le più importanti strutture museali, prendendone in considerazione una al mese e spiegandola in poche pagine: piccoli capolavori di sintesi. Con lui abbiamo realizzato, divertendoci moltissimo, le *strip* con fotografie e fumetti sugli incontri che aveva con i personaggi più interessanti del momento. Cittadino del mondo, con due punti fissi a Parigi e a Milano, Pierre Restany ha viaggiato a lungo in India e, nel 1978, ha trascorso diverse settimane in Amazzonia, risalendo il Rio Negro e facendo esperienza di una natura incontaminata e selvaggia. Da questo percorso iniziatico nasce il *Manifesto del Rio Negro del Naturalismo Integrale*. Nulla, infatti, era mai abbastanza per lui: nella sua visione totalizzante dell'esistenza, egli era sempre alla ricerca di qualcosa che lo portasse 'oltre' il presente e, con Yves Klein, aveva potuto conoscere il più profondo significato della vita e dell'arte facendo esperienza di quell'estasi che univa sensibilità e corporeità.

M. G. M. I met Pierre Restany in the editorial office of *Domus* in 1973. He was extremely precise when working. I do not remember any of his articles arriving late, nor did they ever require corrections or cuts. They were written in perfect Italian, in ink and clearly printed by hand. These products of profound reflection were succinct accounts of his research and experiences, and an engrossing revelation for his many readers every time. Take the idea of analysing major museums, choosing one each month and illustrating it in a few pages – they were mini-masterpieces of synthesis. We had great fun with him when we produced a photographic cartoon strip on his encounters with the most fascinating personalities of the moment. As a citizen of the world, Pierre Restany had two fixed points of reference in Paris and Milan. He travelled extensively in India and, in 1978, spent several weeks in the Amazon, journeying up the Rio Negro and experiencing its uncontaminated and untamed nature. This initiation process spawned the *Manifeste du Rio Negro du Naturalisme Intégral*. He was never fulfilled his totalising vision of existence always saw him searching for something that would take him beyond the present. With Yves Klein, he learnt the most profound meaning of life and art, experiencing an ecstasy that combined sensitivity and substance.

RESTANYSTORY - INCONTRO CON SATHYA SAI BABA

D.609/1980

PIERRE RESTANY

ARTE

Max Bill, Continuità, Expo Züka, Zurigo / Zurich (**D.**225/1947)

A poco più di un anno di vita (con il numero 20 del 1929), Domus assume un nuovo sottotitolo: *L'arte nella casa.* Coerente alla visione pontiana della "casa all'italiana", l'arte entra a piene mani e senza aggettivi nelle pagine della rivista: prende la forma di colorate ceramiche e vetri soffiati, di quadri, disegni, affreschi. Tra il 1928 e il 1940 i riflettori sono puntati sull'arte italiana (Morandi e Carrà, De Chirico, Fontana e Campigli in particolare); ma non esclusivamente: è del 1934 il reportage sull'atelier parigino di Léger. L'impronta è così forte da sopravvivere alla direzione di Ponti. Quando Bontempelli, Pagano e Bega firmeranno il numero 157 del 1941, la sua presenza diventa programmatica: "Noi non diciamo più 'L'arte nella casa' ma 'Le arti nella casa' (…) Questo plurale vuol significare che noi ci siamo uniti in questa nuova direzione per dare, nella rinnovata veste di Domus, esempi più estesi e più completi di convivenza tra le diverse arti contemporanee". Accanto agli artisti entrano a pieno titolo i critici d'arte. Argan inaugura una rubrica – *Museo* – che rilegge con occhio contemporaneo i capolavori del passato. Anche quando Rogers, nel 1946, sottotitolerà la rivista *La casa dell'uomo*, l'arte non solo non arretrerà, ma si farà più internazionale (come dimostra l'attenzione all'opera di Bruno Munari, di Costantino Nivola, di Max Bill e di Henry Moore) e aperta all'inquietudine dell'età postbellica, come nel saggio di Gillo Dorfles *L'attualità del barocco.*

When still in its second year, *Domus* issue 20, 1929 introduced a new subtitle: *L'arte nella casa.* (Art at home). Coherent with Ponti's vision of the "Italian-style house", art moved decisively into the magazine's pages, in the shape of coloured ceramics and blown glass, paintings, drawings and frescoes. Between 1928 and 1940 the focus was on Italian art (Morandi, Carrà, De Chirico, Fontana and Campigli in particular); but not exclusively: in 1934 Domus featured a reportage on Léger's studio in Paris. The imprint was so marked as to survive Ponti's chief editorship. When Bontempelli, Pagano and Bega edited issue 157 in 1941, its presence became emblematic. "We are not talking about 'Art at home' anymore, but about 'The arts at home' (…). And this plural means that we have joined forces under this new editorship, with our renewed *Domus* format, to publish wider and fuller examples of coexistence among the different contemporary arts." Alongside artists, art critics, too, were fully instated: Argan inaugurated the *Museo* feature to examine through contemporary eyes the masterpieces of the past. Even when Rogers subtitled the magazine *La casa dell'uomo* (Man's home) in 1946, art did not recede but indeed grew increasingly international (as demonstrated by a focus on the work of Bruno Munari, Costantino Nivola, Max Bill and Henry Moore) and open to the restlessness of the postwar age, as seen in the essay by Gillo Dorfles, *L'attualità del barocco.*

le 30 novembre 1965
NEW YORK

Très chère Madame,

J'espère que vous avez reçu les photos des mes derniers travaux.

Je vous envoie deux photos – projets pour la couverture : un de dessin "ORANGE STORE FRONT (PROJECT) et deuxième : "STORE FRONT (PART FROM 4 STORE FRONT'S CORNER) 267,5 x 242,5 x 49,5 cm. centimeters L. La photo - diapositive en couleurs de L. deuxième STORE FRONT est très réussi - c'est une très belle photo.

Ugo Mulas fait cette semaine les photos en noir et blanc il sera de retour très bientôt à Milano. et vous aurez les photos rapidement.

Pour le texte je pense que sera très bien le texte du jeune critique américain DAVID BOURDON (il a écrit déjà pour mon livre chez l'Edition Apollinaire un texte + très intéressant)

Mon exposition sera très bientôt. Je travaille pour finir beaucoup des choses.

Nous serons début du Mai 1966 en Europe pour quelques mois - et aussi pour une grande exposition que je vais avoir au Stedelijk Museum à Eindhoven à Hollande.

En attendant quelques mot de vous, je vous envoie mes amitiés les plus sincères

Christo

Lettera di / *from* Christo, New York 30 novembre / *November* 1965

Christo, la statua di / *statue of* Vittorio Emanuele II "impacchettata" in / *wrapped up on* piazza del Duomo, Milano (**D.**493/1970)

Photo Ugo Mulas - Eredi Ugo Mulas

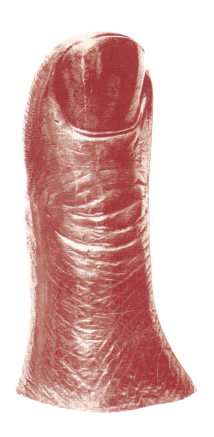

César Baldaccini, il "grande pollice" / *Le Grand Pouce*, mostra / *exhibition* "The Poetic Image", Hanover Gallery, Hanover Square, London, 1966

Bruno Munari, *Concavo e Convesso* (**D.**225/1947)

La ripresa degli anni Cinquanta segna un interesse crescente verso l'America, puntualizzato da Dorfles nel saggio *La pittura moderna negli Stati Uniti* (1954). *Domus* si apre all'Action Painting, ai primi segnali della Pop Art e, nel 1963, con il saggio/reportage *Le raz de marée réaliste aux USA* di un giovane Pierre Restany, compie il giro di boa portandosi al largo dell'Oceano Atlantico, alla conquista dei nuovi centri di diffusione e di elaborazione del pensiero creativo. Allievo di Argan, Restany stabilisce la figura del nuovo critico: colui che esplora "l'altra faccia dell'arte" (come avrebbe poi recitato il titolo del libro che Restany pubblicò con l'Editoriale Domus nel 1979), quella che si fa critica attiva della società, atto propositivo di contestazione culturale. Restany apre le porte ad Arman, Christo, César, Klein ma anche agli italiani Rotella e Manzoni, mentre *Domus* si attesta sempre più come punto focale di transito tra Europa e America, diventando la vetrina internazionale dove si misura la temperatura delle avanguardie e transitano i flussi della sperimentazione. Il "maremoto realista" si apre all'attività critica, ma anche alle analisi delle infrastrutture culturali, dalla museologia alla crisi dei mercati fino all'evoluzione dei vecchi linguaggi nella loro ibridazione con i media nascenti: l'artista, e poi critico d'arte, Gregory Battcock se ne fa portavoce e avvia alle pagine di *Domus* Warhol e Oppenheim, intervista Dalí, costruisce un ponte tra SoHo e Milano. Alla fine del decennio, due esordienti – Tommaso Trini e Germano Celant – gettano le basi per la costruzione del mito e dell'identità della nuova arte italiana: l'Arte Povera di Merz, Pascali e Pistoletto.

The upturn of the 1950s stimulated a growing interest in America, pinpointed by Dorfles in his essay *La pittura moderna negli Stati Uniti* (1954). *Domus* opened up to action painting and the early signs of pop art. In 1963, the essay/reportage *Le raz de marée réaliste aux USA* by the young Pierre Restany marked a turning point by crossing the Atlantic Ocean to seek new centres for the dissemination and development of creative thought. As a pupil of Argan, Restany forged the figure of the new art critic, one who explored "the other face of art" (see the book by the same title that Restany published with Editoriale Domus in 1979). This type of critic was an active scrutineer of society who constructively embraced cultural protest. Restany opened the door to Arman, Christo, César and Klein but also to the Italians Rotella and Manzoni. Meanwhile, *Domus* was increasingly a focal point of transit between Europe and America, an international window where you could gauge the intensity of the avant-gardes and see experimental streams passing through. The "landslide" of realism was open to critical reviews and the analysis of cultural infrastructure, from museology to the market crisis and the evolution of old visual languages as they crossbred with nascent media. The artist (and subsequently art critic) Gregory Battcock became a spokesperson of this new condition Europe–America, and steered Warhol and Oppenheim towards *Domus*. He interviewed Dalí and built a bridge between SoHo and Milan. As the decade ended, two emerging critics, Tommaso Trini and Germano Celant, cast the foundations for the legend and identity of new Italian art: Arte Povera as practised by Merz, Pascali and Pistoletto.

Michelangelo Pistoletto, velina su acciaio inox e "rosa bruciata" alla Galleria del Naviglio, Milano (**D.**449/1967) *Michelangelo Pistoletto, tissue paper on stainless steel and "burnt rose" at Galleria del Naviglio, Milan*

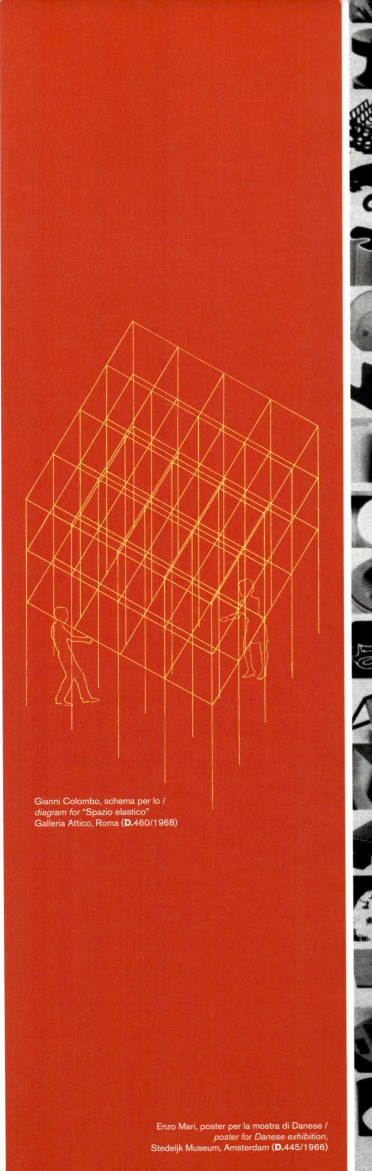

Gianni Colombo, schema per lo /
diagram for "Spazio elastico"
Galleria Attico, Roma (**D.**460/1968)

Enzo Mari, poster per la mostra di Danese /
poster for Danese exhibition,
Stedelijk Museum, Amsterdam (**D.**445/1966)

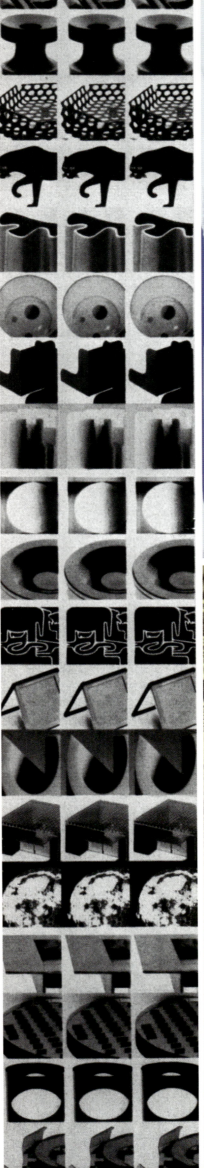

Modello di / *Dress by* Germana Marucelli. Stoffe / *Fabrics disegno di* / *design by* Getulio Alviani

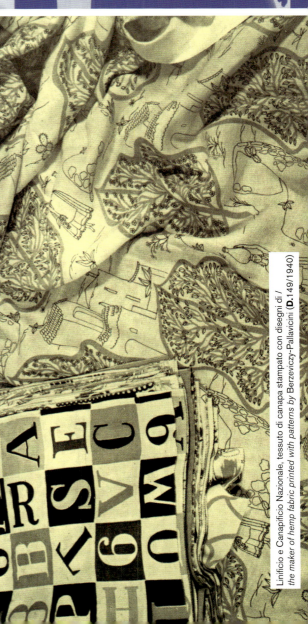

Linificio e Canapificio Nazionale, tessuto di canapa stampato con disegni di /
the maker of hemp fabric printed with patterns by Berzeviczy-Pallavicini (**D.**149/1940)

1.000	NUMERI ISSUES
88	ANNI DALLA FONDAZIONE YEARS OF DOMUS MAGAZINE
139.860	PAGINE EDITATE EDITED PAGES
270.440	FOTOGRAFIE PHOTOGRAPHS
59.940	DISEGNI E SCHIZZI DRAWINGS AND SKETCHES
11.990	AUTORI AUTHORS
89.910	PRODOTTI PUBBLICATI PUBLISHED PRODUCTS
6.993	EDIFICI BUILDINGS
3.996	INTERNI INTERIORS
1.498	PIANIFICAZIONI TERRITORIALI TERRITORIAL PLANS
12.400	OPERE D'ARTE WORKS OF ART
4.995	ALLESTIMENTI EXHIBITIONS
6.155	RECENSIONI REVIEWS
115	SUPPLEMENTI SUPPLEMENTS
47	LIBRI BOOKS

The success of *Domus* is tied to a formula that reflects the creative vision of each editor-in-chief and to the decision to put quality above fidelity to an unwavering opinion. This has allowed the magazine to be open to innovation, to record changes in the cultural seasons, and interpret them in an idiosyncratic manner. As a result, each issue of *Domus* immediately comes across as something different. Attaining issue 1000 means celebrating the importance of this diversity by offering readers a window that reinterprets the past and points towards the future. Each of the nine editors-in-chief of the post-Ponti era has been asked to construct a sample for a possible *Domus* 1001, indicating the viewpoints and engagement that an architecture, art and design magazine should have in the era of digital communication.

Il successo di *Domus* è legato alla specificità di una formula che corrisponde alla visione d'autore di ciascun direttore e alla scelta di privilegiare la qualità rispetto alla fedeltà a una immutabile opinione. Questo le ha permesso di avere occhi aperti sul nuovo, di registrare i cambiamenti delle stagioni culturali, di interpretarli in una maniera idiosincratica cui dobbiamo il fatto che ogni numero di *Domus* è apparso subito come qualcosa di diverso. Il traguardo del numero 1000 vuole celebrare l'importanza di questa diversità, proponendo ai lettori nel mondo una finestra che da una parte rilegge il passato, dall'altra si affaccia al futuro. È stato infatti chiesto a ciascuno dei nove direttori dell'era post-Ponti di costruire un saggio di una possibile *Domus* 1001, indicando le prospettive e l'impegno che una rivista d'architettura, d'arte e di design dovrebbe svolgere nell'era della comunicazione digitale.

V. M. Lampugnani

S. Boeri

N. Di Battista

M. Bellini

D. Sudjic

J. Grima

A. Mendini

F. Burkhardt

F. Albanese

A
ARCHITETTURA

LO SPAZIO NON È MAI STATO COSÌ APERTO

Custodire le aperture è il segreto dell'architettura.
Le superfici Floor gres rappresentano le possibilità
dell'immaginazione sulla realtà dei materiali:
gres porcellanati declinati in toni neutri e grafiche
armoniose, si manifestano in dimensioni straordinarie.
Per spazi senza confini.

FLORIM OVERSIZE
magnum®

160x320 120x240 80x240 26,5x240 160x160 120x120

collezione: industrial

FLOOR GRES

MADE IN FLORIM

www.florim.it

ALESSANDRO MENDINI

1979·1985
2010·2011

Art direction 1979/1985 **Ettore Sottsass Jr. con/with Alchimia**
Art direction 2010/2011 e/and Domus 1000 **Giuseppe Basile**

Alessandro Mendini (1931) è architetto. Ha diretto le riviste *Casabella* (1970-76), *Modo* (1977-79) e *Domus* (1979-85 e 2010-11). Sul suo lavoro e su quello compiuto con i suoi gruppi sono uscite monografie in diverse lingue. Realizza oggetti, mobili, ambienti, pitture, architetture. Gli è stato attribuito tre volte il "Compasso d'Oro" per il design e l'onorificenza dell'Architectural League di New York; è "Chevalier des Arts et des Lettres" in Francia. Ha ricevuto lauree *honoris causa* a Milano, Parigi, Breslavia in Polonia e Seoul in Corea del Sud. Nel 2014, il Chicago Athenaeum gli ha assegnato l'"European Prize for Architecture"; nel 2015 ha ricevuto il premio "Mestres" del FAD di Barcellona. Suoi lavori si trovano in vari musei e collezioni private. Nel 1989, insieme con il fratello Francesco, ha aperto lo studio di progettazione Atelier Mendini a Milano, con cui ha realizzato diversi progetti in Europa, Stati Uniti, Giappone.

Alessandro Mendini (1931) is an architect. He was the editor-in-chief of the magazines *Casabella* (1970-76), *Modo* (1977-79) and *Domus* (1979-85 and 2010-11). His projects done alone and with his groups have been the subject of monographs published in a number of languages. Mendini designs objects, furniture, installations, paintings and buildings. He is the recipient of three Compasso d'Oro awards and has received recognition from the Architectural League in New York. In France, he carries the title of Chevalier des Arts et des Lettres. He has received honorary degrees from universities in Milan, Paris, Wroclaw (Poland), and Seoul (South Korea). Mendini received the 2014 European Prize for Architecture from the Chicago Athenaeum; and in 2015, he received the Mestres award from the Foment de les Arts i del Disseny in Barcelona. His work is found in museums and private collections. In 1989, he and his brother Francesco opened the design office Atelier Mendini in Milan, with which he has created projects in Europe, the United States and Japan.

domus

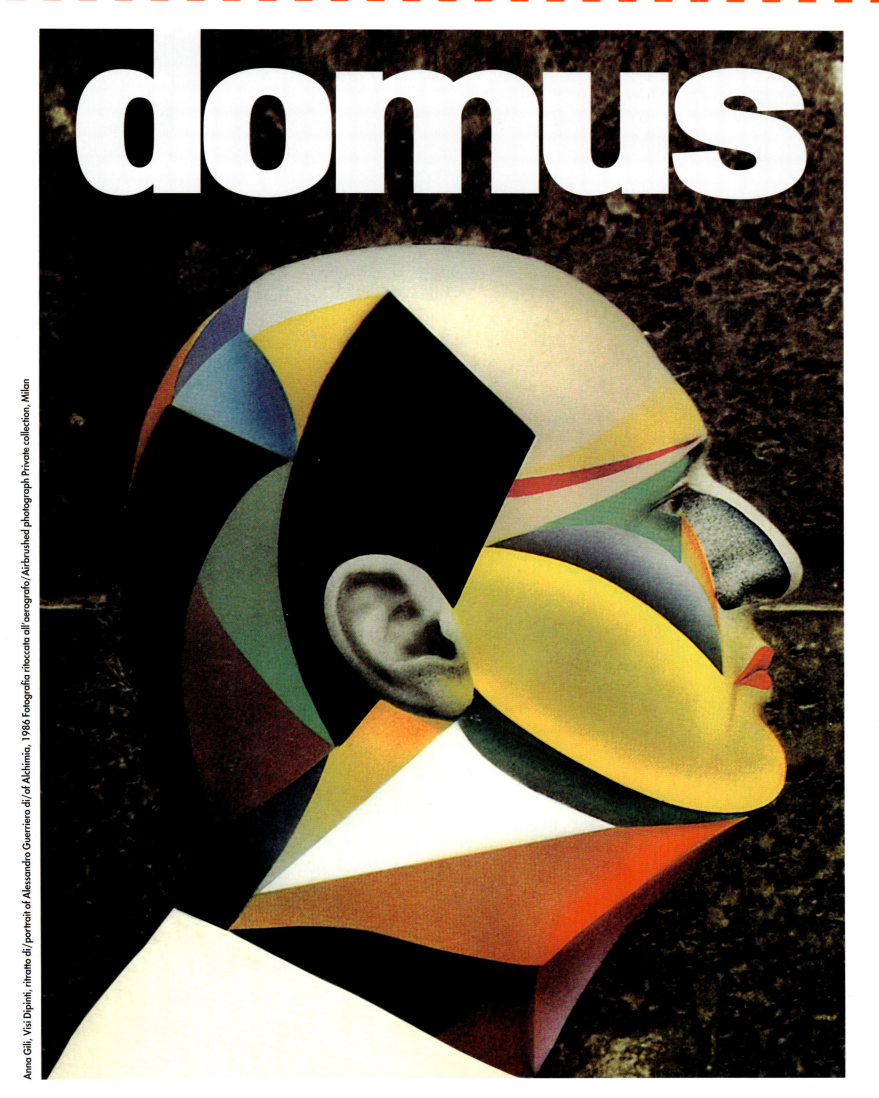

Anna Gili, Visi Dipinti, ritratto di/portrait of Alessandro Guerriero di/of Alchimia, 1986 Fotografia ritoccata all'aerografo/Airbrushed photograph Private collection, Milan

PAINTED PEOPLE

Tomaso Buzzi, La Scarzuola: mura verso est/East-facing walls, Montegabbione - Terni, 1958 - 1978

THEATRUM MUNDI

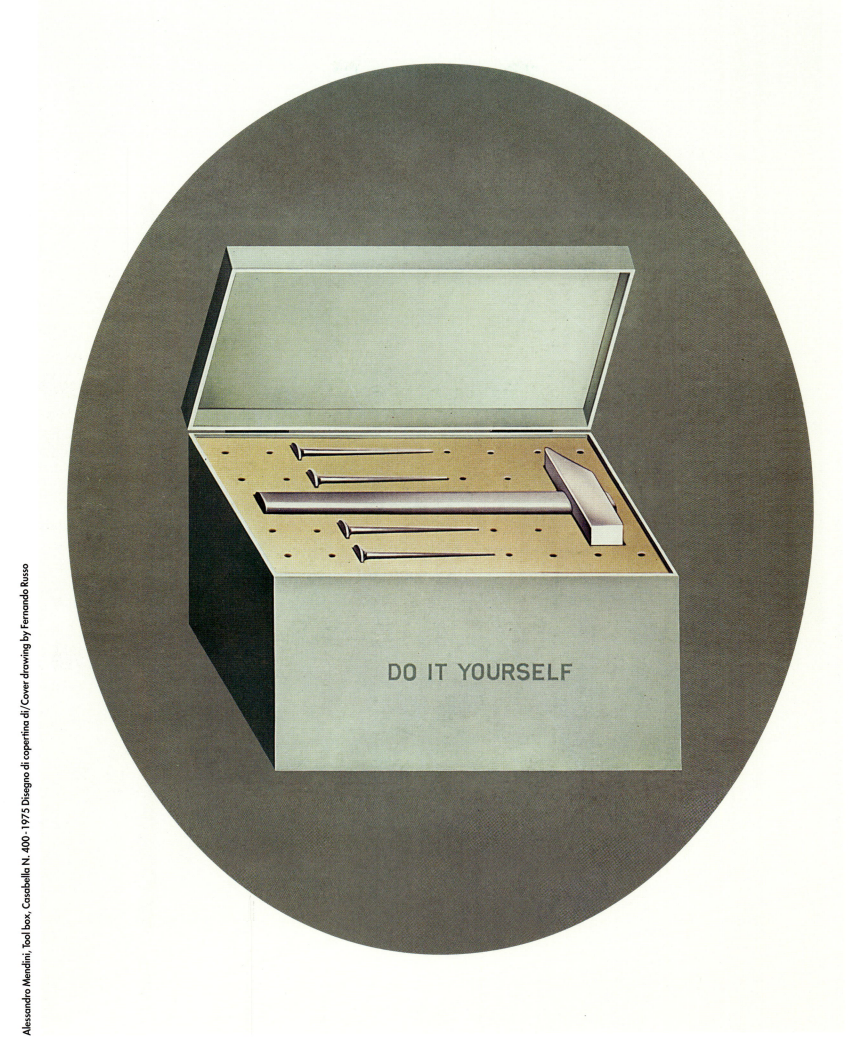

Alessandro Mendini, Tool box, Casabella N. 400 - 1975 Disegno di copertina di/Cover drawing by Fernando Russo

DO IT YOURSELF

WHAT A WONDERFUL WORLD

Riccardo Dalisi, Nave-latta, 1996 Oggetto eseguito da un barbone/Object made by a bum Courtesy of Riccardo Dalisi, Naples

CLOCHARD

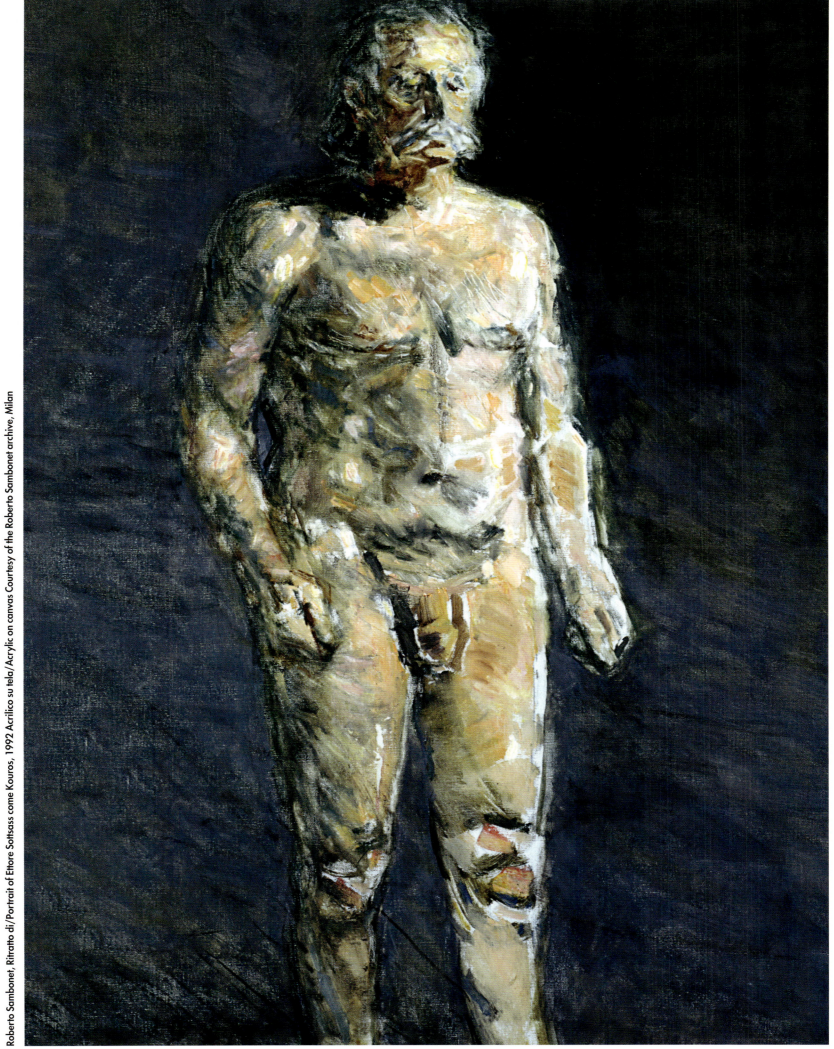

Roberto Sambonet, Ritratto di/Portrait of Ettore Sottsass come Kouros, 1992 Acrilico su tela/Acrylic on canvas Courtesy of the Roberto Sambonet archive, Milan

A MAN

Maurizio Cattelan, L.O.V.E., Piazza degli Affari, Milan 2010 Photograph by Gabriele Basilico

L.O.V.E.

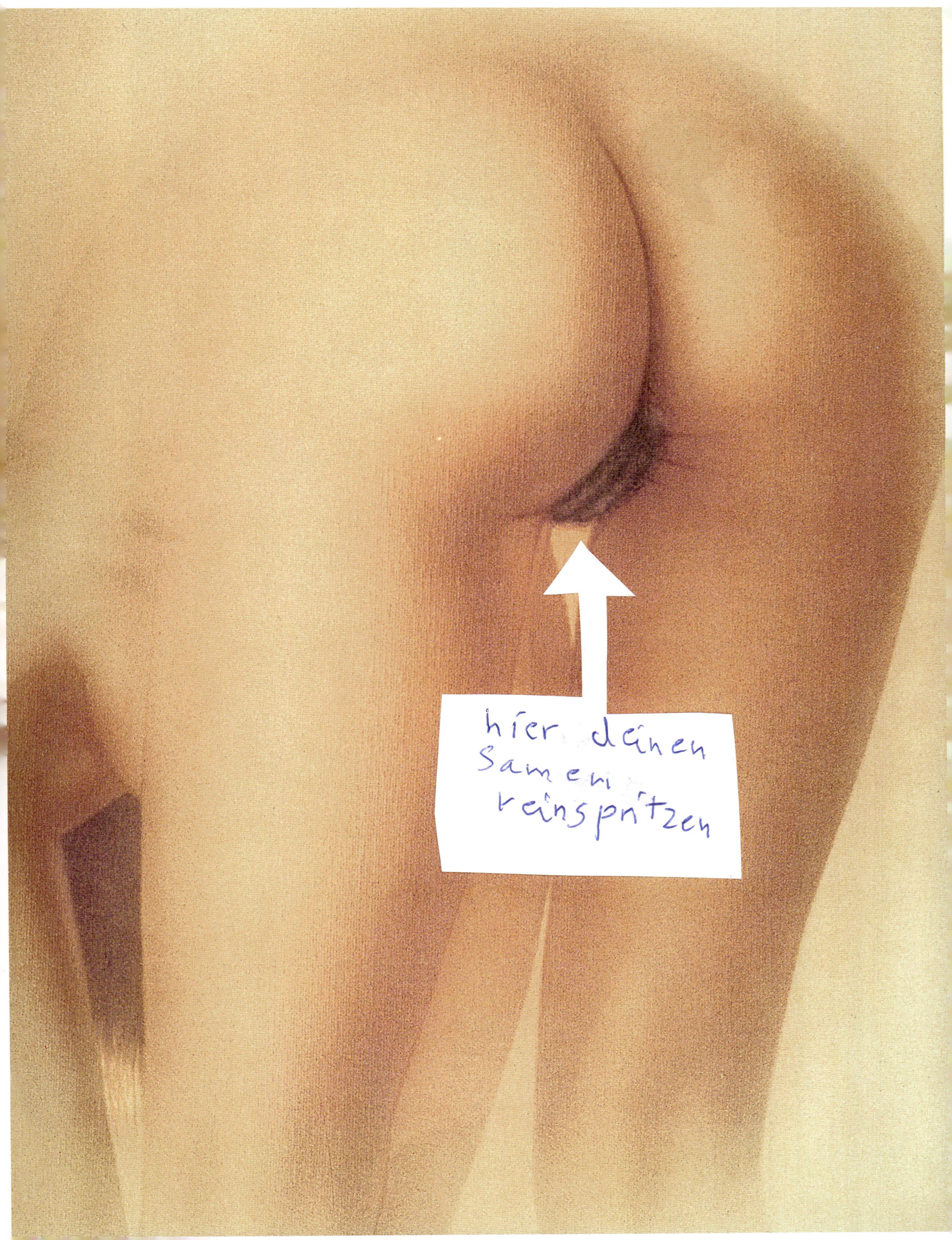
hier deinen
samen
reinspritzen

GRAZIE ARCHITETTURA BELLA

Moritz Waldemeyer, Stivali dorati Doc Martens con inserti LED e applicazioni laser / Dr. Martens boots in gold with LED inserts and laser applications. Video We are Golden by Mika

MECHATRONIC

multipliceo office collection
kx seating system
fantoni campus, project Gino Valle

www.fantoni.it / t +39 0432 9761

MARIO BELLINI

1986
1991

Art direction 1986/1991 **Italo Lupi**
Art direction Domus 1000 **Leonardo Sonnoli**

Mario Bellini (1935) è architetto e designer. Premiato otto volte con il "Compasso d'Oro", ha 25 opere nella collezione permanente del MoMA di New York, che gli ha dedicato una retrospettiva nel 1987. Direttore di *Domus* dal 1986 al 1992, ha progettato numerose mostre d'arte e d'architettura in Italia e all'estero, l'ultima a Palazzo Reale di Milano a celebrare i capolavori di Giotto (2015). Dal 1980 si dedica prevalentemente all'architettura. Tra i progetti realizzati: il Quartiere Portello di Fiera Milano, il Centro Espositivo e Congressuale di Villa Erba a Cernobbio (Como), il Tokyo Design Center in Giappone, il quartier generale di Natuzzi negli Stati Uniti, la National Gallery of Victoria a Melbourne, la sede della Deutsche Bank a Francoforte, il Museo di Storia della Città di Bologna, il Dipartimento delle Arti Islamiche al Louvre di Parigi e il nuovo Centro Congressi di Milano. Diversi sono i progetti in corso – nuovo Museo del Foro (Antiquarium) di Roma, Air terminal internazionale di Roma-Fiumicino (2014-2016), Parco Scientifico e Tecnologico di Genova, Generali Academy di Trieste (2015-2016) – e i progetti in fase di studio, tra cui la nuova Eco-City di Zhejiang in Cina (2013-2018) e un grande complesso multifunzionale in Qatar (2014-2022). Nel 2015, la Triennale di Milano gli ha assegnato la Medaglia d'Oro alla carriera e gli dedicherà una mostra retrospettiva nel 2016.

Mario Bellini (1935) is an architect and designer. He has received 8 Compasso d'Oro awards, and has 25 projects in the permanent collection of the MoMA in New York, where a retrospective of his work was held in 1987. He was the editor-in-chief of *Domus* magazine from 1986 to 1992, and has designed numerous exhibitions of art and architecture in Italy and abroad, the latest of which was on the masterpieces of Giotto, held at the Palazzo Reale in Milan in 2015. Since 1980 he has been prevalently focused on architecture. Projects include the Portello district in Milan's Fiera area, the Centro Espositivo e Congressuale di Villa Erba in Cernobbio (Como), the Tokyo Design Center in Japan, the Natuzzi headquarters in USA, the National Gallery of Victoria in Melbourne, the Deutsche Bank headquarters in Frankfurt, the Museo di Storia della Città di Bologna, the Department of Islamic Art at the Louvre in Paris, and the new Congress Centre of Milan. Projects under construction include the Museo del Foro (Antiquarium) in Rome, the international terminal at Fiumicino airport in Rome (2015-2016), the scientific and technological park in Genoa, and the Generali Academy in Trieste (2015-2016). Projects in the design phase include the new Eco-City in Zhejiang, China (2013- 2018) and a large mixed-use complex in Qatar (2014-2022). In 2015, Bellini was awarded the Gold Medal for career achievement by the Triennale di Milano, where a retrospective of his work will be held in 2016.

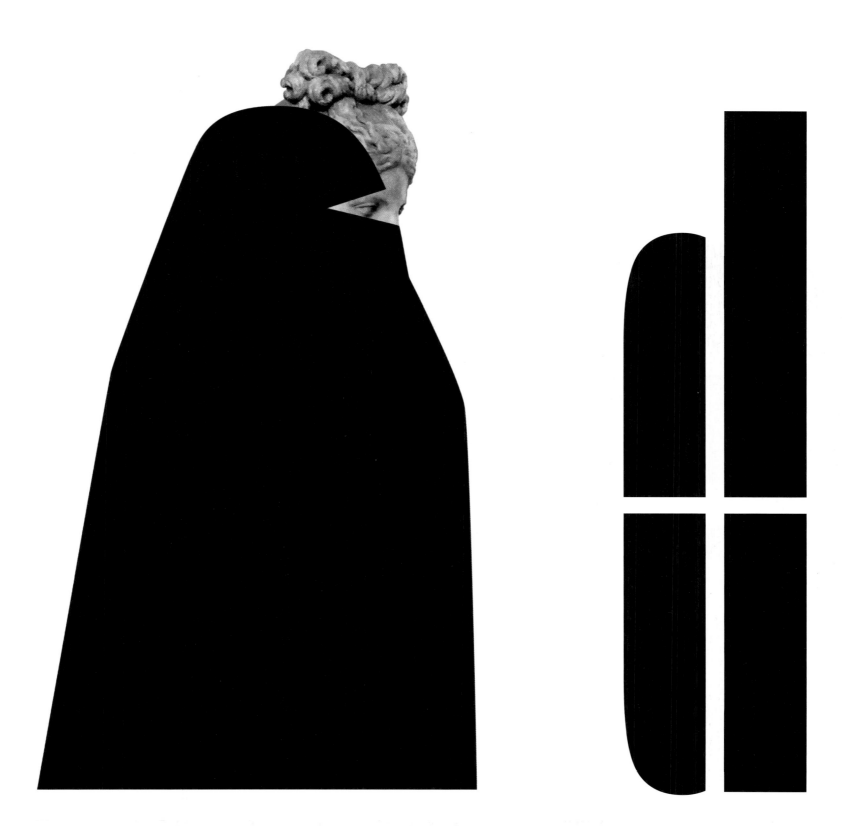

6

Lo studiolo di San Girolamo di Antonello da Messina può essere preso come chiave di lettura per comprendere meglio casa e uffici di oggi?
/
Can the Saint Jerome in His Study by Antonello da Messina be taken as an interpretation by which to better understand the house and the office of today?

7

Chi ha progettato la sedia-trono di Tutankhamon? Da dove ci viene la sua architettura strutturale e perché è ancora tanto simile a una nostra sedia?
/
Who designed the throne of Tutankhamon? Where does its structural architecture come from and why is it still so similar to our chairs today?

2

Qual è il rapporto tra architettura e città se è vero che non basta assemblare una grande quantità di edifici - anche se ben distribuiti funzionalmente - per ottenere un tessuto urbano significante e come tale riconoscibile dai suoi cittadini?
/
What is the relation between architecture and city if it is true that it is not enough to assemble a large quantity of buildings even if they are distributed in a functional way? How can we obtain a meaningful urban fabric that is recognised as such by its citizens?

4

Perché gli edifici e gli arredi domestici hanno una lunga permanenza nel tempo e le macchine, in senso lato, diventano subito obsolete?
/
Why do buildings and domestic furniture have long continuity over time, and machines become obsolete immediately?

1

Il modello urbano delle piccole città storiche italiane potrà servire ancora da bussola per i progettisti delle megalopoli dove spesso si rischia di non rispettare la qualità della vita?
/
Can the urban model of small, historic Italian cities still be used as a compass to guide designers of megalopolises, where often the quality of life is less respected?

5

Perché gran parte di ciò che concerne la dimensione abitativo/domestica resiste così tenacemente all'industrializzazione, alla produzione in grande serie di pochi modelli omologati secondo criteri prevalentemente "funzionali"?

/
Why does much of what belongs to the realm of domestic living resist industrialisation so tenaciously? Why does it resist being serially produced in a few models that were homologated according to prevalently "functional" criteria?

3

Che differenza c'è tra il Partenone e un grattacielo, se consideriamo che sotto la "pelle" ("carrozzeria") di quest'ultimo ci sono strutture e impianti estranei alla sintassi della sua immagine visibile ("architettura metaforica")?
/
What difference is there between the Parthenon and a skyscraper, if we consider that under the "skin" of the latter there are structures and utility lines that are extraneous to the syntax of its visible image ("metaphorical architecture")?

LE PAROLE SARANNO ANCORA MATERIALE DA COSTRUZIONE

WORDS WILL STILL BE BUILDING MATERIAL

"Anche le parole sono materiale da costruzione" scrivevo esattamente 30 anni fa, era il marzo 1986, nel mio primo editoriale da direttore di *Domus*. È trascorso tanto tempo ma oggi non posso far altro che ripartire da allora anche se in realtà nelle pagine che seguono troverete due *Domus*: una è quella delle **parole** che ho scelto estrapolandole dai miei editoriali, fra quelli che riletti ora ripropongono questioni ancora attuali; l'altra è quella delle **immagini** che raccontano il contemporaneo, a cominciare dalla *cover*, per proseguire con quattro progetti di fotografi che nel 1986 erano appena nati e che qui indagano l'oggi. Generando ulteriori interrogativi.

Un **doppio binario** tra parole e immagini, archetipi e prototipi, due filoni che sempre più contraddistinguono la vita di tutti noi: permanenza dei valori fondamentali dell'abitare ed evoluzione inarrestabile ed esponenziale di ciò che gravita attorno a quel mondo che un tempo si definiva il "mondo delle macchine" e che ora è l'*Information Technology*.

Il mio tempo è "orizzontale" e non "verticale" e così ancora cerco ed esploro, trovo e scopro, così come la *Domus* che amo, che pone all'attenzione e sottopone alla riflessione, offrendo dubbi, più che certezze. Compito che spetta sempre più agli architetti anche quando si trovano davanti a uno spazio bianco e cercano di riempirne il vuoto (o recuperarne il pieno...), ma anche quando agli stessi viene chiesto di riempire lo spazio bianco di una pagina, come in questo caso.

Le pagine di *Domus* hanno da sempre nel loro Dna una qualità unica, come ha ben detto Gio Ponti, uno dei miei professori al Politecnico di Milano: *Domus* resta giovane nel tempo perché ha "capacità di ascolto e di distacco". Ecco, allora, nella pagina accanto, sette interrogativi (ancora irrisolti) in cerca di nuovo ascolto.

●

"Words, too, are building material" I wrote exactly 30 years ago in March 1986, in my first editorial as the editor-in-chief of *Domus*. Much time has passed, but little has changed, and today I cannot but repeat those words, although in reality, in the pages that follow you will find two kinds of *Domus*. One features the **words** that I chose by extracting them from my editorials, which if reread now, contain questions that are still current. The other features **pictures** that recount contemporary times, starting from the cover and continuing with five projects by photographers who in 1986 were just born and who here explore today's world in their very own way, generating more questions.

It is a **double track** of words and pictures, archetypes and prototypes, two threads that in my opinion increasingly characterise our lives. There is a permanence of the fundamental values of habitation and an unstoppable, exponential evolution of everything that gravitates around the world that used to be defined as a "world of machinery" and that is now information technology.

The kind of *Domus* I love is a magazine that seeks and explores, finds and discovers, offers for consideration, submits to reflection, and presents more doubts than certainties. More and more, this is the task of architects, not only when they find themselves in front of a white space and attempt to fill its void, but also when they are asked to fill the white sheet of a page, as in this case.

Since the beginning, the pages of *Domus* have a unique quality in their DNA. Gio Ponti, one of my professors at the Milan Polytechnic, said it well: *Domus* stays young throughout time because it has "the capacity of listening and detachment". The facing page features seven unresolved queries in search of new listeners.

PS:
«La casa dell'uomo è incrinata (...) da ogni parte entrano le voci del vento e n'escono pianti di donne e di bimbi» scriveva nel 1946 Ernesto Nathan Rogers nel suo primo editoriale negli anni della ricostruzione. Valgono ancora oggi in anni di tanta distruzione.
/
"The house of man has cracked (...). From all sides, the voices of the wind go in and the cries of women and children come out", writes Ernesto Nathan Rogers in 1946 in his first editorial during the years of postwar reconstruction. His words are still valid today, in these years that will be remembered for their widespread destruction.

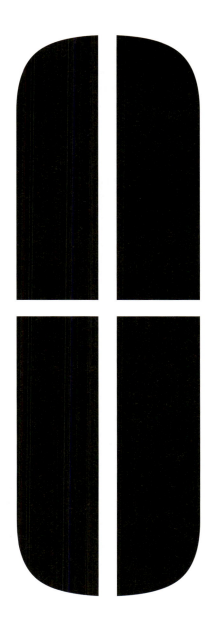

Giovanna Silva
Narratives

Una riflessione sugli
archetipi architettonici
fondativi delle nostre civiltà
che stanno scomparendo
dal nostro immaginario.
Dall'alto a sinistra in senso
orario: Palmira (Siria);
Giza (Egitto); Aleppo (Siria),
Baalbek (Libano).
/
An exploration of the primary
architectural archetypes
of our civilisation that are
disappearing from the
collective consciousness.
Clockwise from top left:
Palmyra, Syria; Giza, Egypt;
Aleppo, Syria; and, last two
photos, Baalbek, Lebanon.

DOMUS N.709 - OTTOBRE 1989
PROTOTIPO & TIPO - LA FATICA DI SISIFO

(...) Ci si interroga talvolta sulla straordinaria bellezza di oggetti, di utensili, di mobili o di edifici che appartengono a famiglie omogenee, ad aree geografiche definite, a periodi determinati. Siano questi le falci riscoperte da Enzo Mari, gli arredi e le suppellettili degli Shakers, il tempio classico o le abitazioni tradizionali di una comunità montana, essi non hanno necessariamente un padre riconoscibile, mentre per ciascuno è riconoscibile l'appartenenza a insiemi e tipi consolidati in un tempo e in un luogo.

La loro "perfezione", coerenza, equilibrio e appropriatezza, la loro efficacia ed economia funzionali ed espressive sono il frutto evoluto di sperimentazioni interattive e di lunghe verifiche sul campo che trascendono la durata e l'ambito di atti progettuali singoli e individuali. (...)

DOMUS N.679 - GENNAIO 1987
LA CARROZZERIA DELL'ARCHITETTURA

(...) «In fondo ogni meccanismo per diventare "macchina" ha bisogno di una carrozzeria, cioè di un "mobile" in cui esprimersi, attraverso il quale organizzarsi per divenire comprensibile ed entrare in rapporto con noi e il nostro paesaggio domestico».

Questa riflessione, che ho già avuto occasione di fare, era tesa a riportare anche la macchina nell'alveo della cultura dell'abitare. Ribaltata, essa potrebbe, è vero, servire da spunto per riconoscere l'ineluttabile diversità della macchina: il "meccanismo" come peccato originario e la "carrozzeria" come maschera patetica di una civiltà, quella industriale, che ancora non avrebbe trovato una forma propria e autentica d'espressione.

(...) Ma mentre tavoli e sedie hanno sostanzialmente mantenuto nei millenni la loro identità (appena scalfita dai requisiti della produzione industriale e ancor meno dal mutare dei modi di vita), l'architettura, intrinsecamente più complessa, non soltanto ha subito già, a partire da quella romana, una profonda evoluzione e diversificazione tipologica, ma deve accogliere e assorbire i più recenti, continui aggiornamenti prestazionali resi possibili e necessari dal progredire delle tecniche e delle scienze. (...)

DOMUS N.705 - MAGGIO 1989
L'ULTIMA AVANGUARDIA

(...) Le città: ecco il terreno ben delimitato ove si gioca oggi la vera battaglia dell'architettura. Le forze e il dinamismo che modellano le città hanno posto fuori gioco tutti quei progetti, quelle soluzioni che la modernità aveva inventato per controllarle.

Abbiamo creduto di poter dominare le città, è evidente che in realtà esse non si son nemmeno accorte di noi, unico loro obiettivo essendo l'adattarsi alla riorganizzazione spaziale che le nuove tecnologie richiedevano. Insomma sembra che noi si abbia, in un certo senso, sbagliato battaglia: il progresso non è una condizione stabile, è un'accelerazione la cui potenza è tale da non poter contro di essa combattere (d'altronde è necessario combattere?). (...)

DOMUS N.709 - OCTOBER 1989
PROTOTYPE AND TYPE - A SISYPHEAN TASK

(...) Sometimes one wonders about the striking beauty of objects, tools, furniture or buildings belonging to homogeneous families, to well-defined geographic areas or to specific periods. Whether they are scythes rediscovered by Enzo Mari, Shaker furniture and household goods, the classic temple, or a mountain community's traditional houses, they do not necessarily have a recognizable father. What you can recognize in each of them is that they belong to groups and types which became consolidated in a particular time and place.

Their "perfection", coherence, balance and appropriateness, their efficacy and functional and expressive economy are the mature products of interactive experiments and long periods of field testing. One characteristic of these trials is that they transcend the duration and scope of individual design acts. (...)

DOMUS N.679 - GENNAIO 1987
THE BODYWORK OF ARCHITECTURE

(...) «To become a "machine" basically every mechanism needs a body, that is, the outer "furniture" with which to express and organize itself so that it can be comprehensible to us and enter into a relationship with us and our domestic landscape».

The point of this reflection, which I have already had occasion to dwell upon, was to steer the machine too, back into the culture of living. Reconsidered, it might, it is true, serve as a reference point for recognizing the ineluctable difference of the machine: its "mechanism" as original sin, and its "bodywork" as the pathetic mask of a civilisation, the industrial one, that has still apparently not found its own authentic form of expression. Whereas however, tables and chairs have substantially kept their identity over the millennia (hardly touched by the requisites of industrial production and still less by the changing of life styles), architecture is intrinsically more complex. Not only has it already, since the Romans, undergone a profound evolution and typological diversification, but it also has welcomed and absorbed the most recent and continually updated improvements in performance made possible and necessary by the progress of technology and science. (...)

DOMUS N.705 - MAY 1989
THE LAST AVANT-GARDE

(...) Cities are where the true battle for architecture is being waged today. The forces and the dynamism that shape them have ousted all the projects and all the solutions invented by modernity to control them. We thought we could dominate them, and it is clear today that in reality they have not even concerned themselves about us, their sole objective being to adapt to the spatial reorganization demanded by new technologies. In fact, we really seem to have been fighting the wrong battle. For progress is not a stable state: it is an acceleration so powerful that we cannot struggle (if indeed struggle we must?) against it. (...)

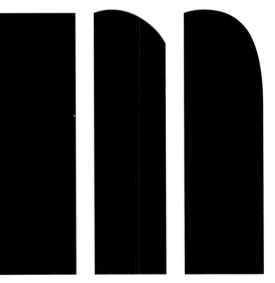
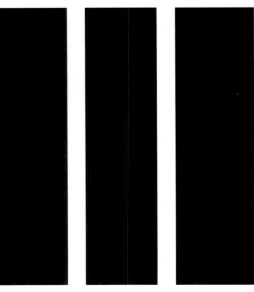

Marina Caneve
1km

Viaggio all'interno de La Caravelle
(Villeneuve-la-Garenne, Île-de-
France), complesso di edifici di
un chilometro lineare, costruito
come rifugio ma divenuto enclave.
Il progetto affronta il passaggio a
uno stato di apertura, dalla scala del
masterplan a quella domestica.

/
A trip inside La Caravelle
(Villeneuve-la-Garenne, Île-de-
France) a building complex one
kilometre long, constructed as
a shelter but converted into an
enclave. Here, the landscape is
seen in an open state, from the
breadth of the masterplan to the
domestic scale.

DOMUS N.601 - FEBBRAIO 1987
TRAFFICO URBANO E FORMA URBIS
(...) È meglio non circolare in un quartiere o in un intero centro storico, piuttosto che sfregiarli con transenne, ammucchiate di paracarri, catene, serpentoni o segnaletiche vistose. È meglio non circolare oppure sopportare una maggiore saturazione, piuttosto che percorrere brani di città (di solito sono le parti più belle quelle più "difficili") secondo una logica incongruente con il loro disegno. (...)

DOMUS N.681 - MARZO 1987
PROGETTO, DISEGNO, SEGNO, INDIZIO
(...) Proprio nello spazio tra disegno pittorico e disegno di progetto si celano alcuni tra i più inquietanti interrogativi legati all'architettura e alla sua rappresentazione. Anche tralasciando i casi straordinari di artisti come Bramante, Raffaello e Michelangelo, è interessante osservare come il segno del disegno d'architettura sia un indizio rivelatore dei potenziale artistico di quest'ultima. Tutti i maggiori architetti, infatti, compresi quelli dell'ultimo secolo (forse con la sola eccezione di Loos e Gropius, i cui casi meriterebbero un'analisi specifica) hanno mostrato o mostrano un significativo talento per il disegno. (...)

DOMUS N.692 - MARZO 1988
HORROR VACUI
(...) Le prestazioni di un'automobile di oggi non sono certo paragonabili con quelle delle carrozze a motore dell'inizio del secolo, ma esse ne hanno almeno conservato l'impatto fisico e ambientale, mentre si dovrebbe arrivare al tappeto volante delle Mille e una notte per configurare un salto evolutivo analogo a quello che c'è stato tra una sferragliante macchina da calcolo di trent'anni fa e questa "carta da calcolo".
(...) L'architettura del resto, se anche non rischia ancora di perdere la sua fisicità meccanica, ha da tempo (molti decenni e, per certi versi, molti secoli) perso la sua pienezza materico-costruttiva per divenire, come ho già affermato, un organismo complesso di meccanismi, vuoti e rivestimenti (pelle o "carrozzeria") che hanno posto a progettisti e critici problemi per molti versi analoghi a quelli appena accennati (vantaggi e rischi compresi), senza per ciò stesso implicare la propria decadenza o l'incapacità a rappresentare il nostro tempo. (...)

DOMUS N.682 - APRILE 1987
LA DURATA DEL PROGETTO
(...) Soltanto gli arredi domestici e le architetture hanno quella incredibile capacità di durare e reincarnarsi più volte, queste ultime persino sopportando le più laceranti trasformazioni e cambiamenti di destinazione anche radicali. La durata di ogni singolo atto progettuale può consumarsi e misurarsi solo nel confronto con la sua specifica e più ampia profondità storica e nella sua capacità di trasmetterne e rinnovarne l'eredità. (...)

DOMUS N.601 - FEBRUARY 1987
URBAN TRAFFIC AND FORMA URBIS
(...) It is better to have no traffic at all in a quarter or in a whole historic centre, than to disfigure it with grilles, kerbstones, chains, dividing lines or glaring signs. It is better not to circulate at all, or to put up with a different kind of saturation, than to drive around bits of cities (usually the nicest parts are the most "difficult") according to a logic which is incongruent with their design and corresponding "meanings". (...)

DOMUS N.681 - MARCH 1987
PROJECT, DRAWING, SIGN, CLUE
(...) Hidden between pictorial drawing and project drawing are some of the most disquieting questions that arise from architecture and its representation. Even neglecting extraordinary cases of artists like Bramante, Raphael and Michelangelo, it is interesting to observe how architectural drawing is a revealing clue to the artistic potential of its proposed architecture. All the greatest architects, in fact, including those of the past century (perhaps with the sole exception of Loos and Gropius, whose cases would deserve specific analysis), showed or show a significant talent for drawing. (...)

DOMUS N.692 - MARCH 1988
HORROR VACUI
(...) The performance of a car today is certainly not comparable to that of the motor-carriages of the beginning of the century. But it does at least still have the physical and environmental impact of those early vehicles; whereas it would take the magic carpet of A Thousand and One Nights to configure an evolutionary leap forward similar to the one that has been achieved between the clanking calculating machine of thirty years ago and this new "calculating card".
(...) Architecture in any case, whilst it may not yet risk losing its mechanical physicality, has for some time now (many decades and, in some ways, centuries) lost its textural and constructional fullness to become, as I have stated before, a complex body of mechanisms, hollows and claddings (skin or "bodywork") that have posed problems to designers and critics in many ways similar to those just mentioned (including advantages and risks), without thereby implying their decadence or incapacity to represent our time. (...)

DOMUS N.682 - APRIL 1987
THE DURATION OF THE PROJECT
(...) Only domestic furniture and architecture have that incredible capacity to last and to be reincarnated at intervals, the latter supporting even the most drastic transformations and radical changes in use. The duration of every single act of design can be fulfilled and measured only in comparison to its specific and widest historical depth, and in its capacity to pass down and to renew the inheritance of that depth. (...)

Delfino Sisto Legnani
Materials

Attraverso diverse tecniche
e scale fotografiche si indagano
gli aspetti meno noti di alcuni
materiali (texture, luoghi di
produzione, stoccaggio e
smaltimento). L'esito della ricerca
è una coesistenza di immagini
di still-life e di paesaggio.
/
Different techniques and
photographic scales explore
lesser-known aspects of textures,
factories, warehousing and
waste disposal, resulting in a
combination of still-lifes and
landscapes.

DOMUS N.686 - SETTEMBRE 1987
IL DISEGNO COME SPETTACOLO

(...) Naturalmente nessuno vieta che ci si possa sedere su una scultura né che un designer faccia l'artista ottenendo di mettere in "produzione" un'opera-sedile. Ma anche se tentare di mettere confini a cosa è arte si è dimostrato rischioso, come ci hanno insegnato le esperienze dell'arte povera, della land art o della body art, è ancora più rischioso spingere "la resistenza allo scopo". Nel disegno di una sedia, ad esempio, oltre i limiti di rottura, precipitando nel terreno vago della "ricerca linguistica" o nella retorica autobiografica. In un'epoca in cui si parla ormai troppo di "design" e giocando disinvoltamente su tutti i fronti aperti da un termine così equivoco (recentemente un'intervistatrice mi chiedeva come si distingue una caffettiera "di design" da una normale), vale ancora la pena di ricordare che questo termine non ha nessun significato se isolato dal suo contesto naturale: la complessiva cultura del produrre, del fabbricare, dell'usare e dell'abitare. (...).

DOMUS N.677 - NOVEMBRE 1986
AUTOMOBILI E IMMOBILI

(...) Ci deve essere qualcosa proprio connesso con la cultura dell'abitare, che si rifiuta all'industrializzazione totale e alla logica della macchina. Con la cultura dell'abitare, ma anche con la cultura del corpo: e non è certamente una questione di tempo, perché i millenni non sono mancati e nemmeno mancherebbero i mezzi.

L'abbigliamento è stato parzialmente industrializzato, ma a dispetto dei film di fantascienza, non lo sarà mai del tutto: vi si oppongono valori semantici, valori simbolici codificati in secoli e secoli. E poi ancora oggi (verrebbe voglia di dire, ormai) come per le case, come per i mobili, farsi un vestito su misura continua paradossalmente a non costare di più che acquistare un capo prêt-à-porter dal prestigioso disegno, ma sicuramente di minore qualità intrinseca. Come per i mobili, perché anch'essi, e non soltanto quelli fissi, sono solo parzialmente industrializzati. (...)

DOMUS N.708 - SETTEMBRE 1989
WOVON MAN NICHT SPRECHEN KANN, DARÜBER MUSS MAN SCHWEIGEN

(...) Parliamo ancora di sedie, quindi, e proponiamoci questa volta di ristabilire un lessico critico specifico, legato a questo particolare arredo e fondato dunque sulla sua profonda e ricca cultura d'uso e di costruzione, piuttosto che su astratte e generiche considerazioni etico-funzionali. Proviamo ad usare, a proposito della sedia, parole all'antica come bellezza, comodità, durabilità, leggerezza, appropriatezza, carattere, rappresentatività, valore ecc., ad analizzarne il significato e a confrontarle con la terminologia convenzionale del mondo del "design".

(...) A ogni sedia, ma soprattutto a una bella sedia si richiede di essere anche comoda, ovviamente. E così è sempre stato sin dai primissimi esemplari della storia: la sedia del figlio del faraone Amenophis III è un capo d'opera straordinario non solo per la bellezza e la genialità strutturale ma anche per la maturità delle soluzioni anatomiche. (...)

DOMUS N. 686 - SEPTEMBER 1987
DESIGN AS ENTERTAINMENT

(...) Naturally there is nothing to stop us from sitting on a sculpture or a designer acting the artist by getting a chair-work into "production". But, although attempting to put borders on what constitutes art has proved risky, as the experiences of Arte Povera, land art and body art have taught us, it is still more risky to push "resistance to purpose" (in the design of a chair for example) beyond its breaking point, precipitating into the wasteland of "linguistic research" or autobiographical rhetoric.

At a time when too much is talked about "design", deftly playing on all the fronts opened by such an equivocal term (a woman interviewer recently asked me how one distinguishes a "design" coffee pot from a normal one), it is still worthwhile recalling that this term has no meaning whatever if isolated from its natural context: the comprehensive culture of producing, manufacturing, using and living. (...)

DOMUS N. 677 - NOVEMBER 1986
CARS AND BUILDINGS

(...) There must be something with the culture of living that refuses the total industrialization and logic of the machine. With the culture of living, but also with that of the body: and it is certainly not a question of time, because the millennia are not lacking; nor would the means be either. Clothing has been partly industrialized. But despite the science-fiction movies, it will never be completely. For its industrialization is contrasted by semantic and symbolic values coded throughout the centuries. And in any case today (one might also say, by now), as with houses and furniture, having clothes made to measure still paradoxically does not cost more than the purchase of a ready-made garment with a prestigious design but certainly of inferior intrinsic quality. The same goes for furniture, because it too, and not only fixed furniture, is only partly industrialized. (...)

DOMUS N.708 - SEPTEMBER 1989
WOVON MAN NICHT SPRECHEN KANN, DARÜBER MUSS MAN SCHWEIGEN

(...) Again speaking, therefore, of chairs, let us try this time to re-establish a specific critical lexicon with reference to this particular item of furniture. It is thus founded on its profound and rich culture of use and manufacture, rather than on abstract or vaguely ethico-functional considerations. We shall try to use – apropos the chair – such old-fashioned words as beauty, comfort, durability, lightness, appropriateness, character, representativeness, value, etc. to analyse their meaning and to compare them with the conventional terminology of the "design" world. Every chair, but especially every beautiful chair, is obviously also expected to be comfortable. That is the way it's been since the very first models in history: the chair which the son of pharaoh Amenhotep III sat on is an extraordinary masterpiece not only for its beauty and structural brilliance, but also for the maturity of its anatomical solutions. (...)

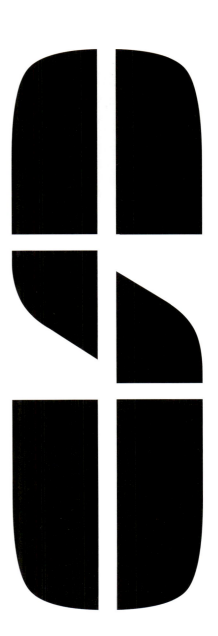

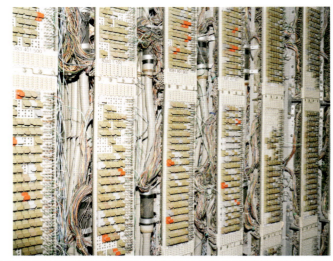

Alberto Sinigaglia
Material Network

Alcune delle immagini realizzate
all'interno dell'edificio della
Verizon, a New York, uno dei più
importanti internet hub del mondo.
Le fotografie rivelano la sterminata
infrastruttura che porta ogni
giorno la rete nelle nostre case.
/
Inside the Verizon building in
New York City, one of the most
important Internet hubs in the
world, where an endless piece
of infrastructure brings the Web
to our homes every day.

DOMUS N.697 - SETTEMBRE 1988
DISEGNO INDUSTRIALE E DISEGNO DEI MOBILI

(...) Come viaggiatori abbiamo accettato di sacrificare il fascino delle vecchie carrozze prima e delle vecchie auto poi, perdendone la ricchezza dei materiali, dei decori, delle tipologie d'uso, per godere dei vantaggi in termini di costo, diffusione e prestazioni, portati dall'estrema industrializzazione, ma come abitanti abbiamo opposto una maggiore resistenza: non abbiamo voluto rinunciare alla nobiltà dei materiali naturali e tradizionali della casa; non abbiamo voluto rinunciare all'infinita articolazione dei tipi e delle varianti di disegno e decorazione; siamo rimasti relativamente indifferenti alla tentazione di nuove prestazioni e alla logica del "progresso" in generale.

(...) Bisogna decidersi, di fronte a questa breve analisi della storia recente del mobile, se ha senso o che senso ha parlare di "design" (nel senso di disegno industriale o quantomeno di una speciale nuova disciplina della progettazione) com'è d'uso fare per denotare questo intero settore, o se non è infinitamente più semplice e più chiaro usare l'espressione "disegno dei mobili". (...)

DOMUS N.725 - MARZO 1991
GUARDARE LE FOTOGRAFIE

(...) La fotografia come mezzo di registrazione e comunicazione dell'architettura è universalmente accettata e considerata insostituibile in questa società satura dai mass media. (...) Solo apparentemente "obbiettivo", l'obbiettivo fotografico si presta a indagare, a esplicare, a proporre interpretazioni e letture (legate al contesto culturale del loro tempo) come è sempre stato per il disegno, il più antico e naturale mezzo di codificazione e rappresentazione architettonica, al quale va inoltre riconosciuto il privilegio di conservare e restituire le uniche possibili tracce significative di autograficità in questo campo. Ma solo con la fotografia è stato ed è possibile testimoniare dell'avvenuta costruzione di un edificio, del suo passaggio quindi dallo stadio di progetto disegnato a quello di struttura fisica esistente in un determinato luogo, degli eventuali scostamenti o evoluzioni dalle previsioni progettuali, delle trasformazioni che inevitabilmente essa e il suo stesso contesto avranno subìto nel tempo. (...)

DOMUS N.697 - SEPTEMBER 1988
INDUSTRIAL DESIGN AND FURNITURE DESIGN

(...) As travellers, we agreed first to sacrifice the charm of old carriages and, later, of vintage automobiles. We were prepared to do without the richness of their materials, decor and typologies of use in order to reap the advantages of cost, circulation and performance offered by full industrialization. But as inhabitants, we have put up heavier resistance: we have not wanted to give up the high quality of natural and traditional materials for the home; we have not wanted to forgot the infinite complexity of types and variants of design and decoration; and we have remained relatively indifferent to the temptation of new performances or to the logic of "progress" in general.

(...) We must decide, in the light of this brief analysis of the recent history of furniture, whether there is any sense in talking about "design" (meaning industrial design or at any rate a special new discipline of design), as is customary when denoting this whole sector, or whether it is not infinitely simpler and clearer to use the expression "furniture design". (...)

DOMUS N.725 - MARCH 1991
LOOKING AT PHOTOGRAPHS

(...) Photography as a medium for recording and communicating architecture is universally accepted and considered unrivalled in this society saturated by mass media. (...) Only seemingly "objective" , the photographic lens is good for surveying, explaining and proposing interpretations and readings (connected to the cultural context of their time). But then so has drawing always lent itself admirably to this purpose. Drawing is the oldest and most natural medium of architectural codification and representation. Furthermore it must be recognized as having the privilege of preserving and rendering the only possible meaningful traces of autography in this field. But only with photography has it been possible to witness the completed construction of a building and its passage, therefore, from the drawn project stage to that of an existent physical structure in a given place: to testify to eventual departures from or changes in the original design forecasts; and to record the transformations which it and even its context will have inevitably undergone in the course of time. (...)

Queste pagine del numero 1000 di *Domus* sono state dirette da Mario Bellini e disegnate da Leonardo Sonnoli. Photo editor Giovanna Silva.

I progetti fotografici sono di Marina Caneve, Giovanna Silva, Alberto Sinigaglia, Delfino Sisto Legnani.

Uno speciale ringraziamento a Elena Marco e Francesco Maggiore. Grazie anche a Cristina Moro (archivio Domus) e a Max Adriante (archivio Mario Bellini Architects).

Nella copertina un'interpretazione della "messa in scatola" della *Venere Capitolina* (copia romana di una Venus Pudica greca del II secolo a.C. esposta nei Musei Capitolini di Roma) avvenuta in occasione della visita ufficiale in Italia del Presidente dell'Iran Hassan Rouhani, nel gennaio del 2016.

/

These pages of *Domus* issue 1000 were edited by Mario Bellini and designed by Leonardo Sonnoli. Photo editor Giovanna Silva.

Photographic projects by Marina Caneve, Giovanna Silva, Alberto Sinigaglia and Delfino Sisto Legnani.

Special thanks to Elena Marco and Francesco Maggiore. Thanks to Cristina Moro (*Domus* archive) and Max Adriante (Mario Bellini Architects archive).

The cover by Leonardo Sonnoli is an interpretation of the covering of the *Capitoline Venus*, a Roman copy of a Greek Venus Pudica from the second century B.C. on display at the Capitoline Museums in Rome. The statue was hidden from sight by a box during an official visit to Italy by President Hassan Rouhani of Iran in January 2016.

VITTORIO MAGNAGO LAMPUGNANI 1992 1996

Art direction 1992/1996 **Alan Fletcher**
Art direction Domus 1000 **Studio Cerri & Associati**

Vittorio Magnago Lampugnani (1951) ha studiato architettura a Roma e a Stoccarda, dove è stato assistente scientifico dal 1974 al 1980 e ha conseguito il dottorato nel 1977. Consulente dell'Internationale Bauausstellung Berlin (1980-1984) e direttore del Deutsches Architekturmuseum di Francoforte (1990-1994), è stato direttore di *Domus* dal 1991 al 1995. Dal 1994 è professore di Storia del progetto urbano all'ETH di Zurigo; dal 2010 dirige l'Istituto di Storia e teoria dell'architettura (GTA). Nel 1980 ha aperto uno studio di architettura a Berlino e, in seguito, a Milano e a Zurigo. Tra i progetti più importanti: il palazzo per uffici nel Block 109 a Berlino (1992-1996); il complesso residenziale a Maria Lankovitz presso Graz (1995-1999); l'Audi Forum a Ingolstadt (1999-2000); il master plan del Campus Novartis a Basilea (dal 2001); la stazione della metropolitana di Mergellina a Napoli (2004-2011); il riassetto delle banchine del Danubio a Regensburg (dal 2004); il piano generale per il quartiere Richti a Wallisellen (2007-2013). Tra le numerose mostre e pubblicazioni: *L'avventura delle idee nell'architettura, 1750-1980*, Electa, Milano 1985; *Rinascimento. Da Brunelleschi a Michelangelo: la rappresentazione dell'architettura* (con Henry Millon), Bompiani, Milano 1994; *Modernità e durata*, Skira, Milano 1999; *Dizionario Skira dell'architettura del Novecento*, Skira, Milano 2000; *Stadtbau als Handwerk/Urban Design as Craft*, GTA Verlag, Zurigo 2011.

Vittorio Magnago Lampugnani (1951) studied architecture in Rome and Stuttgart, where he was an academic assistant (1974-1980) and received his doctorate degree in 1977. He was a consultant to the Internationale Bauausstellung Berlin (1980-1984), the director of the Deutsches Architekturmuseum in Frankfurt (1990-1994), and the editor-in-chief of Domus (1991-1995). Since 1994 he has been a professor of history of urban design at the Swiss Federal Institute of Technology (ETH) in Zurich; since 2010 he has been heading the Institute for the History and the Theory of Architecture (GTA) at the ETH. In 1980 he opened an architecture office in Berlin and later in Milan and Zurich. Projects include an office building in Block 109, Berlin (1991-1996); a residential complex in Maria Lankowitz near Graz, Austria (1995-1999); the Audi Forum in Ingolstadt (1999-2000); the master plan of the Novartis Campus, Basel (since 2001); the Mergellina subway station in Naples (2004-2011); the reshaping of the banks of the Danube river, Regensburg (since 2004); and the master plan of the Richti Quartier, Wallisellen (2007-2013). Numerous publications and exhibitions include Architecture and City Planning in the 20th Century, Van Nostrand Reinhold, New York 1985; Encyclopedia of 20th Century Architecture, Harry N. Abrams, New York 1986; Museums for a New Millennium: Concept, Projects, Buildings (with Angeli Sachs), Prestel, New York and London 1999; Novartis Campus. A Contemporary Work Environment, Hatje Cantz Verlag, Ostfildern 2009; Urban Design as Craft, GTA Verlag, Zurich 2011.

Rarely has prognostication about the future come true, and when it did, it brought no good to

Raramente le previsioni sul futuro si sono avverate, e quando è accaduto non ha portato bene ai

the prophets. Cassandra, the most beautiful daughter of Priam and Hecuba, on whom Apollo

profeti. A Cassandra, la figlia più bella di Priamo ed Ecuba, cui Apollo aveva conferito il dono della

had bestowed the gift of prophecy, was never believed by anyone. After the fall of Troy, which

preveggenza, non credette mai nessuno: dopo la conquista di Troia, che aveva limpidamente pre-

she had limpidly foreseen, she ended up as Agamemnon's spoils of the war, and after she had

visto, finì come bottino di guerra di Agamennone e, dopo aver invano provato più volte a metterlo

repeatedly tried in vain to warn him, she and he were murdered by Clytemnestra. Laocoon, al-

in guardia, fu uccisa con lui da Clitennestra. Laocoonte, che pur senza la dote soprannaturale di

though without Cassandra's supernatural talent, had recognised the danger represented by the

Cassandra aveva riconosciuto il pericolo costituito dal cavallo che i greci avevano lasciato ai troiani,

wooden horse that the Greeks had left for the Trojans. He and his sons were killed by two giant serpents

fu ucciso con i figli da due giganteschi serpenti mandati da Poseidone cui il suo sacerdote si accingeva a

sent by Poseidon, to whom his priest was preparing to offer a sacrifice. Tiresias, the most reliable and

offrire un sacrificio. Tiresia, il più affidabile ed efficace profeta dell'antica mitologia greca – aveva previsto

efficient prophet of ancient Greek mythology – who predicted the death of Narcissus, revealed to the

la morte di Narciso, mostrato ai re tebani il loro destino e perfino dal regno dei morti aiutato Ulisse – era

Theban kings their fate, and helped Odysseus even from the realm of the dead – was blind. So it is

cieco. Non è dunque il caso di azzardare congetture sul costruire del futuro. Meglio piuttosto avanzare

not advisable to make conjectures on what building will be like in the future. It might be better to offer

proposte di architettura (e di urbanistica, e di progettazione d'interni, e di disegno artigianale e industriale)

proposals for architecture (and urban planning, interior design, craft design and industrial design) that

che partano dal presupposto per cui il futuro non può essere previsto ma, nonostante ciò o forse proprio

are based on the fact that the future cannot be predicted and that nonetheless, or maybe precisely for

per questo, possano essere a esso congeniali. Cosa si può suggerire a chi voglia costruire in tempi incerti?

this reason, could be suited to it. What can be suggested to those who wish to build in uncertain times?

734 → 778

Five Proposals for Building in Uncertain Times. The first proposal: construct buildings that can be used well and comfortably. This might seem obvious. Vitruvius, the most important architect and theoretician of architecture whose work has been handed down to us from Roman antiquity, listed in his triad of architectural virtues *utilitas* (usefulness) in between *firmitas* (solidity) and *venustas* (beauty). Francis Bacon, a philosopher and statesman during the English Enlightenment, believed that houses were built to be lived in, not looked at, meaning that practicality has precedence over beauty, unless one could unite the two. Gottfried Semper, possibly the greatest 19th-century precursor of modernism and the founder of the school of architecture at the Eidgenössisches Polytechnikum in Zurich in 1858, went by the motto *sola artis domina necessitas*: (functional) necessity is the only mistress of art. ■ In recent decades, architectural culture, seduced by the intellectual experiments of philosophy, literature and the visual arts, has distanced itself from all of this. The self-evident truth that a building must be functional is now presumed to be a banality – not just banished from discourse, but positively ignored. Attention to the good utility of architecture is regarded as boring or conservative – the true avant-garde architect does not take it into consideration. In reality, the true avant-garde architect takes it into the highest consideration. Utility, and only utility, is the basis of his work, after which it is processed technically and aesthetically. ■ In his lectures on the theory of film montage, delivered in 1932 and 1933 at the All-Union State Institute of Cinematography in Moscow, the director Sergei Mikhailovich Eisenstein, certainly no conservative, warned that the compositional rules of a work had to be derived from the laws of reality, for otherwise one would fall into artificiality, stylisation and formalism. Reality in architecture is nothing other than the task it has to fulfil and the reason for which it was created. ■ This duty is not just material. It is not enough for a house to function; it must also be emotionally captivating to the people living in it. To be more precise, it must fulfil their emotional needs. To paraphrase the writer, painter and composer Alberto Savinio, it must protect not only people's physical happiness, but also and especially their mental happiness. ■ The second proposal for building in uncertain times: build with parsimony. At first sight, this exhortation may seem even more trivial and superfluous than the first; for, apart from singular and extravagant cases of intense

It would be so much better, in my opinion, for the architect to fail in the ornaments of the columns, the measurements or facades (which all who make a profession out of building study most) than in those fine rules of nature that concern the comfort, use and benefit of the inhabitants, and not the decoration, beauty or enrichment of dwellings, which are done only for the contentment of the eyes, without bringing any fruit to the health and life of men. Don't you see, I pray you, that having not well appointed, arranged and furnished a dwelling makes the inhabitants sad, sickly, unpleasant and pursued by all sorts of disgrace and inconveniences of which most often we cannot tell the reason, let alone know from whence they come. So it is never wrong to say that it is allowed for many to give fine ornaments to a dwelling, but to know how to well outfit and arrange comfortably is the work and industry of few architects.

Sarebbe molto meglio che l'architetto sbagliasse negli ornamenti delle colonne, nelle misure e nelle facciate (a cui soprattutto si dedicano coloro che s'occupano d'Architettura) piuttosto che in quelle regole fondamentali della natura, che riguardano la comodità, l'uso e il vantaggio degli abitanti; la decorazione, la bellezza, l'arricchimento degli alloggi servono solo per soddisfare gli occhi, ma non apportano alcun utile alla salute e alla vita umana. Non capite che un errore nella distribuzione e nella funzionalità pratica di un alloggio rende gli abitanti tristi, malaticci, infelici (…). Non è mai sbagliato dire che è dato ai più fornire begli ornamenti per un alloggio: d'altronde il saper ben distribuire e disporre comodamente, è opera e capacità di pochi Architetti.

(Philibert de l'Orme, Le Premier Tome de l'Architecture, 1567)

Cinque proposte per il costruire in tempi incerti.
La prima proposta: costruire edifici che si possano usare bene e comodamente.
Può sembrare un'ovvietà. Già Vitruvio, il più importante architetto e teorico dell'architettura tramandatoci dell'antichità romana, inserì nella sua triade delle virtù architettoniche l'*utilitas* tra la *firmitas* e la *venustas*, ossia tra la solidità e la bellezza. Francis Bacon, filosofo e statista dell'illuminismo inglese, riteneva che le case si costruiscono per abitarci e non per ammirarle e che, di conseguenza, la funzionalità debba avere la precedenza sulla bellezza, a meno che non si possano contemperare entrambe. Per Gottfried Semper, forse il più grande precursore del moderno nell'Ottocento e fondatore, nel 1858, della Scuola di Architettura del Politecnico federale di Zurigo, la *necessitas*, la necessità funzionale, era da considerarsi *sola artis domina*, l'unica signora dell'arte.

Negli ultimi decenni la cultura architettonica, sedotta dagli esperimenti intellettuali della filosofia, della letteratura e delle arti figurative, ha preso le distanze da tutto questo. Il fatto naturale ed evidente che un edificio debba essere funzionale è diventato una (presunta) banalità, della quale non soltanto non si parla, ma che addirittura s'ignora.

If nature had been comfortable, mankind would never have invented architecture.
Se la natura avesse offerto qualche comodità, l'uomo non avrebbe mai inventato l'architettura.

(Oscar Wilde, *The Decay of Lying*, 1889)

L'attenzione per la buona fruibilità dell'architettura è considerata noiosa o per lo meno conservatrice: il vero architetto d'avanguardia non ne tiene conto. In realtà il vero architetto d'avanguardia ne tiene conto e come: parte sempre, e *soltanto*, dall'utilizzabilità, per poi elaborarla tecnicamente ed esteticamente.

Il regista Sergej Michajlovič Ejzenštejn, che conservatore non era di certo, ricordava nelle sue lezioni sulla teoria del montaggio cinematografico tenute tra il 1932 e il 1933 presso l'Istituto Statale di Cinematografia (GIK) di Mosca, che le regole compositive di un'opera d'arte si debbono estrarre dalle leggi della realtà, altrimenti si incappa nell'artificiosità, nella stilizzazione e nel formalismo. In architettura la realtà altro non è se non il compito che le spetta e per il quale è stata creata.

Tale compito non è soltanto materiale. Non è sufficiente che una casa funzioni, deve anche coinvolgere emotivamente chi la abita. Più precisamente: deve soddisfare i suoi bisogni emotivi. Deve, per dirla con lo scrittore, pittore e compositore Alberto Savinio, custodire e proteggere non soltanto la felicità del corpo, ma anche e forse soprattutto la felicità mentale dell'uomo.

Utility is the great idol of the age, to which all powers must do service and all talents swear allegiance.

L'utile è il grande idolo dei nostri tempi, al quale ogni potere dev'essere asservito e a cui ogni talento promette fedeltà.

(Friederich Schiller, *Über die ästhetische Erziehung des Menschen*, 1795)

→

Giotto (Giotto di Bondone 1266-1337), *Legend of St. Francis: The Exorcism of the Demons at Arezzo*, fresco, detail, Basilica of San Francesco, Assisi. Photo credit: © 2016 Foto Scala, Florence

Giotto (Giotto di Bondone, 1266-1337), *Storie di San Francesco: la cacciata dei diavoli da Arezzo*, affresco, particolare, Basilica superiore di San Francesco, Assisi. Credito fotografico: © 2016 Foto Scala, Firenze

EXPEDIENCY AND IMMORALITY CANNOT COEXIST IN ONE AND THE SAME OBJECT.
IN UNA STESSA COSA NON POSSONO ANDAR UNITE L'UTILITÀ E LA TURPITUDINE.

(Marco Tullio Cicerone, *De Officiis*. 44 a.C.)

exhibitionism, no client has ever set out to build by dint of spending lots of money. The fact that this has nonetheless been happening in recent decades is a consequence of architecture's perilous marriage with the visual arts. ■ Adolf Loos drew a sharp line between art and architecture: only tombs and monuments could cross it – no other type of building. Modernism as oriented toward artistic craftsmanship, postmodernism and deconstructivism have blurred the boundaries and demanded the status of artwork even for the most banal family home: from the Schröderhuis (1924) by Gerrit Thomas Rietveld in Utrecht, The Netherlands, to the Winton Guest House (1983-87) by Frank O. Gehry in Wayzata, Minnesota. When a house is no longer a house but a sculpture, utility criteria and economic parameters fly out the window. A business plan with conventional benchmarks would look petty here. In uncertain times, the sensible use of funds becomes paramount, also when building. What is necessary and substantial is likely to guarantee stability and durability even in unfavourable circumstances that we cannot foresee; the same can hardly be said for whimsy and extravagance. The additional expense involved in the latter could easily turn out to be a bad investment. ■ Parsimony is not only required in construction, but above all in running costs. Only a building that requires the minimum of means to run and maintain it is a truly economical building. And only such a building is sustainable. It is less of a drain on the client's purse, and at the same time, less of a drain on the environment. It consumes little energy, emits little carbon dioxide, and does not pollute the air, soil or water.

■ The exhortation to build economically should not be misunderstood as an invitation to build cheaply. Hence the third proposal for building in uncertain times is: build to last. ■ The *firmitas* that Vitruvius peremptorily demanded of architecture is far more than the condition of solid stability that characterises every good building. It is the tool that guarantees that all the materials and all the structures used in the construction process last as long as possible. This means that the cost of these materials and structures can be written off over a longer period, even when times are hard. In good times, the depreciation of a building can be calculated and conducted reliably by building with little invested capital and amortising the cost price rapidly. In uncertain times (and in volatile financial circumstances) this is not possible and also very risky. While even a well-constructed, solid building is in any case subject to

Moreover in the forming of these Members too, we ought to imitate the Modesty of Nature; because in this, as well as in other Cases, the World never commends a Moderation, so much as it blames an extravagant Intemperance in Building. Let the Members therefore be modestly proportioned, and necessary for your Uses. For all Building in general, if you consider it well, owes its Birth to Necessity, was nursed by Convenience, and embellished by Use; Pleasure was the last Thing consulted in it, which is never truly obtained by Things that are immoderate.

Nel conformare le membra, la semplicità della natura è l'esempio da seguire. In questo campo, come in tutti gli altri del resto, non meno di quanto è lodevole la sobrietà, è riprovevole la smania smodata di costruire. La membratura sia dunque di proporzioni moderate, e non esorbiti dalle precise funzioni che le sono assegnate. Giacché, a ben osservare, ogni forma architettonica trovò origine dalla necessità, si sviluppò in funzione della praticità, fu abbellita dall'uso; infine fu tenuto conto del piacere; ma il piacere medesimo rifugge sempre da ogni eccesso.

(Leon Battista Alberti,
De re aedificatoria, *1450*)

The difference between a good and a bad architect today is that the latter succumbs to every temptation while the right architect resists it.
La differenza tra un buon architetto e uno cattivo consiste oggi in questo: quello cattivo cede a ogni tentazione, mentre l'altro le resiste.

(Ludwig Wittgenstein, *Vermischte Bemerkungen*, 1930)

La seconda proposta per il costruire in tempi incerti: costruite con parsimonia. A prima vista questa esortazione può sembrare ancora più ovvia, ancora più superflua della prima: a parte singoli e stravaganti casi di esibizionismo sviscerato nessun committente ha mai inteso costruire spendendo molto. Che ciò sia tuttavia accaduto negli ultimi decenni è una conseguenza del pericoloso matrimonio che l'architettura ha contratto con l'arte figurativa. Adolf Loos aveva ancora tracciato una netta linea di confine tra l'arte e l'architettura: solo la tomba e il monumento potevano varcarla, nessun altro tipo di edificio.

Il moderno orientato verso l'artigianato artistico, il postmoderno e il decostruttivismo hanno confuso i confini e reclamato lo status di opera d'arte anche per la più banale delle villette unifamiliari: dalla casa Schröder di Gerrit Thomas Rietveld a Utrecht (1924) fino alla Winton Guest House di Frank O. Gehry a Wayzata, nel Minnesota (1983-87). Se una casa non è più una casa, bensì una scultura, i criteri di utilità sono sospesi quanto i parametri economici. Un *business plan* con i suoi bravi *benchmark* apparrebbe meschino.

In tempi incerti anche nel costruire s'impone l'uso ragionevole delle risorse. Il necessario e il sostanziale garantiranno verosimilmente stabilità e durata anche in circostanze forse poco favorevoli e che comunque non possiamo prevedere, mentre sarà improbabile che lo stesso accada per la frivolezza e gli eccessi. Il costo in più che questi richiedono potrebbe facilmente rivelarsi un investimento sbagliato.

La parsimonia è necessaria non soltanto nella realizzazione di un fabbricato, ma anche e soprattutto nella sua gestione. Solo un edificio che richiede il minimo di mezzi per il suo funzionamento e il suo mantenimento è realmente economico. E solo un edificio siffatto è davvero sostenibile. Protegge il portafoglio del cliente e, al tempo stesso, protegge l'ambiente: consuma poca energia, emette poca anidride carbonica e non inquina l'aria, la terra e l'acqua.

Wise economy consists not so much in knowing how to avoid expenses, for often these are not to be avoided, as in knowing how to spend to advantage.

Non consiste tanto la prudenza della economica in sapersi guardare dalle spese, perché sono molte volte necessarie, quanto in sapere spendere con vantaggio.

(Francesco Guicciardini, *Ricordi,* 1512)

Pieter de Hooch (1629-1684), *Interior with Women beside a Linen Cupboard*, 1663, oil on canvas, detail, Rijksmuseum, Amsterdam. Photo credit: Fine Art Images/Archivi Alinari, Florence

Pieter de Hooch (1629-1684), *Interno con due donne presso l'armadio della biancheria*, 1663, olio su tela, particolare, Rijksmuseum, Amsterdam Credito fotografico: Fine Art Images/Archivi Alinari, Firenze

Him I call an Architect, who, by sure and wonderful Art and Method, is able, both with Thought and Invention, to devise, and, with Execution, to compleat all those Works, which, by means of the Movement of great Weights, and the Conjunction and Amassment of Bodies, can, with the greatest Beauty, be adapted to the Uses of Mankind: And to be able to do this, he must have a thorough Insight into the noblest and most curious Sciences.

Architettore chiamerò io colui, il quale saprà con certa, e maravigliosa ragione, e regola, sì con la mente, e con lo animo divisare; sì con la opera recare a fine tutte quelle cose, le quali mediante movimenti di pesi, congiugnimenti, e ammassamenti di corpi, si possono con gran dignità accomodare benissimo allo uso de gli huomini. Et a potere far questo, bisogna che egli abbia cognitione di cose ottime, e eccellentissime; e che egli le possegga.

(Leon Battista Alberti, De re aedificatoria. 1450)

the oscillations of the market as a financial asset, being a useful asset (a long-term investment) it can stand up to crises. An example? Take any 19th-century mansion or tenement block. It has strong and solid walls that might not meet all the new energy standards, but nonetheless offer good acoustic and thermal insulation, and especially a pleasant interior climate. It has wood-framed double-casement windows that do not attain the performance level of triple glazing, but they do insulate adequately without requiring additional ventilation, open and close manually with ease, and continue to function perfectly if they are given but minimal maintenance, that is a more or less regular paint job. Their high-quality materials, the noble decor of their interior finishes, their usability and dignity are characteristics that we appreciate today more than ever. Such buildings are assets that last. Whatever money was invested in them paid off readily, and is still doing so today – like well-crafted handmade shoes that are more costly than factory products but last so long that in the end they turn out to be less expensive. Not only do well-constructed buildings age slower than badly built ones, they also age better. There is plaster that becomes unsightly with time by crumbling and peeling off, and then there is plaster that acquires a patina. There are windows that split and turn yellow, and then there are others that look increasingly elegant, if given upkeep. There are interior finishes that display ugly scratches and stains even if they have hardly been used, and others that gain in character over time with use. An old building can be more attractive and valuable than a new one if it was designed and built appropriately. Surely Norman Mailer had one of those buildings in mind when he observed, "If the house you're looking at is more attractive than the one you're living in, then the one you're looking at is older than yours." ■ Unlike shoes, though, buildings can be used for a long period only if they are not made to measure, but allow for changes in their use, even unforeseen changes. For this reason, the fourth proposal for building in uncertain times is: build neutral and in an open way. This recommendation is not intended to undermine the first one, that of radical practicality. On the contrary, a building must be absolutely and perfectly functional, but not for a too narrowly defined use. It must be able to take on a variety of functions, able to be renewed and modified, and be open for

WHAT IS ARCHITECTURE? SHALL I JOIN VITRUVIUS IN DEFINING IT AS THE ART OF BUILDING? INDEED, NO, FOR THERE IS A FLAGRANT ERROR IN THIS DEFINITION. VITRUVIUS MISTAKES THE EFFECT FOR THE CAUSE. IN ORDER TO EXECUTE, IT IS FIRST NECESSARY TO CONCEIVE. OUR EARLIEST ANCESTORS BUILT THEIR HUTS ONLY WHEN THEY HAD A PICTURE OF THEM IN THEIR MINDS. IT IS THIS PRODUCT OF THE MIND, THIS PROCESS OF CREATION, THAT CONSTITUTES ARCHITECTURE AND WHICH CAN CONSEQUENTLY BE DEFINED AS THE ART OF DESIGNING AND BRINGING TO PERFECTION ANY BUILDING WHATSOEVER.

COS'È L'ARCHITETTURA? LA DEFINIRÒ IO, CON VITRUVIO, L'ARTE DEL COSTRUIRE? CERTAMENTE NO. VI È, IN QUESTA DEFINIZIONE, UN ERRORE GROSSOLANO. VITRUVIO PRENDE L'EFFETTO PER LA CAUSA. LA CONCEZIONE DELL'OPERA NE PRECEDE L'ESECUZIONE. I NOSTRI ANTICHI PADRI COSTRUIRONO LE LORO CAPANNE DOPO AVERNE CREATA L'IMMAGINE. È QUESTA PRODUZIONE DELLO SPIRITO CHE COSTITUISCE L'ARCHITETTURA E CHE NOI DI CONSEGUENZA POSSIAMO DEFINIRE COME L'ARTE DI PRODURRE E DI PORTARE FINO ALLA PERFEZIONE QUALSIASI EDIFICIO.

(Étienne-Louis Boullée, *Architecture. Essai sur l'art*, 1796)

→

L'esortazione a costruire con parsimonia non deve essere scambiata per un invito a costruire in economia. Infatti, la terza proposta per il costruire in tempi incerti recita: edificate valori durevoli.

La *firmitas*, che Vitruvio esigeva perentoriamente dall'architettura, è molto più di quella condizione di solida stabilità che caratterizza ogni buon edificio: è lo strumento che garantisce che tutti i materiali e tutte le strutture utilizzate nella costruzione durino quanto più a lungo possibile. Ciò significa a sua volta che materiali e strutture si possono ammortizzare meglio, anche in periodi economicamente difficili. In tempi di certezze l'ammortamento dei costi di un edificio può essere calcolato ed effettuato con affidabilità: costruendo un edificio con poco capitale investito e deprezzandolo rapidamente. In tempi incerti (e in contesti economici volatili) ciò non è possibile e anche molto rischioso.

È vero che pure un edificio ben costruito e solido, in quanto valore finanziario, è comunque sottoposto alle oscillazioni del mercato, ma è anche vero che come valore d'uso (o anche: come investimento a lungo termine) resiste bene alle crisi. Un esempio? Quasi ogni villa o caseggiato ottocenteschi: con i loro muri spessi e solidi che, pur non soddisfacendo del tutto i nuovi standard energetici, offrono pur sempre un buon isolamento termico e acustico e, soprattutto, un clima interno gradevole; con le loro doppie finestre in legno che, pur non raggiungendo fino all'ultima virgola le prestazioni di una vetrata tripla, isolano in maniera

del tutto adeguata, non richiedono ventilazione supplementare, si aprono e si chiudono manualmente con facilità e continuano a funzionare perfettamente se solo sottoposte a una manutenzione minima, cioè verniciate più o meno regolarmente: con i loro materiali di buona qualità e con il nobile decoro delle loro finiture interne, con la loro fruibilità e dignità che oggi apprezziamo più che mai. Edifici come questi sono valori che durano nel tempo. Quello che allora vi fu investito si è rapidamente ripagato e si ripaga tuttora; proprio come un paio di scarpe di buona fattura artigianale, più costose di un prodotto industriale, ma poi talmente durevoli da risultare alla fine convenienti.

Gli edifici ben costruiti non invecchiano soltanto più lentamente di quelli costruiti male, invecchiano anche meglio. Ci sono intonaci che con il tempo si deteriorano, si sbriciolano e si staccano, e altri che acquistano una patina; finestre che si fessurano e ingialliscono e altre che, ben curate, mantengono un aspetto elegante; finiture interne che, appena utilizzate, presentano sgradevoli graffi e macchie, e altre cui le tracce dell'uso donano ancora più carattere. Un edificio vecchio, se concepito e costruito in modo adeguato, può essere di maggior pregio di uno nuovo. Norman Mailer aveva di certo in mente un edificio simile quando decretò: se la casa che guardi ti sembra più bella di quella che abiti, allora la casa che guardi è più vecchia della tua.

diverse uses, even uses that we might not be able to imagine today. Only in this way can it break out of the limits of the purpose for which it was originally conceived and survive the change. Only in this way can it be durable and at the same time always maintain its vitality. ■ In the 1920s, the architect Hugo Häring experimented with ground-plan geometries derived with scrupulous and apparently scientific methodology from the functions in question. For example, he drew tapering corridors, motivating their organic form by the fact that the traffic at the far end diminishes and consequently requires less surface. Ludwig Mies van der Rohe, who shared an office in Berlin with Häring at the time, looked sceptically at the curious labyrinths and exhorted with kindly mockery, "Make the rooms big, Hugo! Then you can do anything in them." ■ This is precisely what it's all about: rooms in which you can do anything. That is the secret of 19th-century apartments, and also of dwellings from eras further back, which are now enjoying an exquisite renaissance as places of new forms of life. It is the secret of derelict industrial buildings and old factories, which are living a second and no less brilliant life as open-plan spaces. For this, extra space is key, or at least a certain generosity. Not unlike quality construction, this generosity is a way to ensure economic return, for it confers to the building a durability that resists crises, changes and times of insecurity. ■ The fifth and final proposal for building in uncertain times is possibly the most important: construct beautiful buildings. This may come as a surprise as it seems to contradict much of what has been suggested above, especially parsimony. But the beauty in question here is neither that of pasted-on decoration nor that of the grandiose sculptural gesture. It is the beauty of simplicity, which has its roots primarily in good proportions and perfect harmonies. This kind of beauty comes at no extra charge, but it requires knowledge, skill, care, effort and taste. It requires culture. ■ Why should we attach particular importance to beautiful architecture precisely in uncertain times? There are at least three reasons. The first is obvious: because beautiful buildings are effectively worth more than ugly ones. They can be put on the market at a higher price and are sold better and easier. These are no small matters or nuances. The Torre al Parco high-rise built by the architect and designer Vico Magistretti in the centre of Milan in the 1950s,

My literary ambition has been the writing of precision. The content, indifferent.
La mia ambizione letteraria è stata la scrittura di precisione. Il contenuto, indifferente.

(Paul Valéry, *Cahiers*, 1905/07)

Diversamente dalle scarpe, tuttavia, le case possono essere utilizzate a lungo soltanto se non sono fatte su misura ma permettono mutamenti d'uso, anche imprevisti. Di qui la quarta proposta per il costruire in tempi incerti: costruite in modo aperto e neutrale.

Questa raccomandazione non vuole pregiudicare la prima, quella della radicale utilizzabilità; al contrario. Un edificio dev'essere assolutamente e perfettamente funzionale, ma non rispetto a un uso strettamente specifico. Deve avere funzioni molteplici, poter essere ristrutturato e modificato, essere aperto a utilizzazioni diverse, utilizzazioni che oggi non possiamo nemmeno immaginare. Solo così può oltrepassare i limiti della destinazione d'uso per la quale fu concepito in origine e sopravvivere al cambiamento. Solo così può essere duraturo e allo stesso tempo restare sempre vivo.

Negli anni Venti l'architetto Hugo Häring sperimentò geometrie planimetriche che deduceva con acribia apparentemente scientifica dalle funzioni in questione: disegnò, per esempio, corridoi che si rastremavano, motivandone la forma organica con il fatto che il traffico alla fine dei passaggi diminuisce e dunque richiede meno superficie. Ludwig Mies van der Rohe, che in quel periodo divideva a Berlino l'ufficio con Häring, guardò scettico gli sbiechi labirinti e commentò con benevolo scherno: "Fa' gli spazi grandi, Hugo, così puoi farci dentro tutto".

Proprio di ciò si tratta: di spazi in cui si può fare tutto. È questo il segreto degli appartamenti ottocenteschi, ma anche di epoche ancora più lontane, che oggi conoscono una raffinata rinascita come luoghi di nuove forme di vita; è il segreto degli edifici industriali dismessi e delle vecchie manifatture, che godono una seconda esistenza, non meno brillante della prima, come loft. Per questo c'è bisogno di un po' più spazio o, comunque, di una certa generosità. Non diversamente dal pregio costruttivo, questa generosità è un modo per assicurarsi un ritorno economico, perché conferisce all'edificio una durevolezza che resiste alle crisi, ai mutamenti e, appunto, ai tempi d'insicurezza.

But pure intuition or artistic representation repudiates abstraction with all its being; or rather it doesn't repudiate it at all, because it doesn't know about it, precisely for its ingenuous cognitive nature, which we have called dawn-like. In it, the single being palpitates from the life of everything, and everything is in the life of the single being. Every genuine artistic representation is itself and the universe, the universe in that individual form, and that individual form as the universe. In every poetic accent, in every imaginative creation, there lies all human destiny, all the hopes, the illusions, the sorrows and the joys, the greatness and the wretchedness of humanity, the entire drama of Reality, that grows and develops perpetually upon itself, suffering and enjoying.

Ma l'intuizione pura o rappresentazione artistica ripugna con tutto l'esser suo all'astrazione; o, anzi, non vi ripugna nemmeno, perché la ignora, appunto per il suo carattere conoscitivo ingenuo, che abbiamo detto aurorale. In essa, il singolo palpita della vita del tutto, e il tutto è nella vita del singolo; ed ogni schietta rappresentazione artistica è se stessa e l'universo, l'universo in quella forma individuale, e quella forma individuale come l'universo. In ogni accento di poeta, in ogni creatura della sua fantasia, c'è tutto l'umano destino, tutte le speranze, le illusioni, i dolori e le gioie, le grandezze e le miserie umane, il dramma intero del reale, che diviene e cresce in perpetuo su se stesso, soffrendo e gioendo.

(Benedetto Croce, *Breviario di Estetica*, 1912)

Paul Klee (1879-1940), *Castle and Sun*, 1928 (no. 201), oil on canvas, detail, private collection Photo credit: Giraudon/Bridgeman Images/ Archivi Alinari

Paul Klee (1879-1940), *Castello e sole*, 1928 (n. 201), olio su tela, particolare, Collezione privata. Credito fotografico: Giraudon/Bridgeman Images/Archivi Alinari

In it is obvious the ecstasy of the new. Nary a style has been left in peace, from the Egyptian pyramid to the Swiss chalet, everything has been attempted. But where the only aim of art is to be new, three things are not obtained: beauty, appropriateness and the new. Here a tedious Doric frontispiece, perched on four serious columns; there a loggia propped up by thin little iron columns; here a Tudor arch; there a pointed arch. And all, save for the rare exception, is exaggerated. There is no other guide than the bizarre humour of the owner or the blabbermouth genius of the architect.

È evidente in essi la libidine del nuovo. Niuno stile si lasciò in pace: dalla piramide egizia, allo chalet svizzero fu tentata ogni cosa. Ma dove l'unico fine dell'arte è il nuovo, tre cose non s'ottengono punto: il bello, l'opportuno, il nuovo. Qua un uggioso frontispizio dorico, poggiato su quattro gravi colonne, lì una loggia sorretta da smilze colonnine di ferro; qua l'arco Tudor, lì l'arco acuto... E tutto, salvo qualche rara eccezione, spropositato. Non c'è altra guida se non l'umore bizzarro del proprietario o il pettegolo genio dell'architetto.

(Camillo Boito,
Rivista delle Belle Arti, 1866)

on the edge of the Sempione Park, was conceived for the upper middle class in the supposition that they would buy the apartments as condominium property, floor by floor. That clientele did not buy, because they didn't like the building. It was rendered in a conspicuous dark red that was not to their taste. In order to avert a financial debacle, the brand-new and refined plaster was removed and replaced by a sober greyish beige over all 20 stories. That was enough to make the building attractive. All the apartments were sold right away, and to this day are still very much in demand. ■ The second reason for erecting beautiful buildings in uncertain times is because they enjoy a sort of immunity in the city and in history. Ugly or insignificant buildings, once they have outlived the purpose for which they were made, are demolished without hesitation or regret to be adequately substituted. Beautiful buildings are preserved, renovated and revitalised. Is it at all conceivable that the Palazzo Farnese in Rome by Antonio da Sangallo and Michelangelo Buonarroti be knocked down in order to better exploit the precious plot next to the Campo dei Fiori? Or, to take a less spectacular example, why is it that the Lever House by Skidmore Owings and Merrill in New York still stands, even though by now it almost seems out of scale in a Lilliputian way, surrounded as it is by immense skyscrapers? Such buildings are regarded as part of the architectural history and the richness of the city; they are protected and defended against speculation. Beauty gives a building important, big, reliable value. ■ Finally, the third reason, the most important one: beauty is not an optional quality, a luxury that our society may or may not be able to afford. It is a necessary dimension of life and an essential precondition of culture. This is no less true for having been apparently forgotten by our age of vacuousness and small-minded avarice. What would our lives be without poetry? In uncertain times, in times of upheavals and crises, we need more than ever the power of beauty.

What is beauty? A pure idea, illustrated with expedience, distinctness and felicitous intention.
Cos'è la bellezza? Un'idea pura, illustrata in modo conveniente e distinto, con intenzione propizia.

(Gottfried Keller, Der Grüne Heinrich. 1855)

The Ideal City, detail, Galleria Nazionale delle Marche, Palazzo Ducale, Urbino. Photo credit: © 2016 Foto Scala, Florence, courtesy of the Italian Ministry of Cultural Heritage, Activities and Tourism.

Veduta di città ideale, particolare, Galleria Nazionale delle Marche, Palazzo Ducale, Urbino. Credito fotografico: © 2016 Foto Scala, Firenze, su concessione del ministero per i Beni e le Attività Culturali.

BEAUTY IS THE HARMONY OF ALL THE PARTS WHITHIN A UNITARY BODY, FOUNDED UPON A PRECISE RULE, SO THAT NOTHING MAY BE ADDED, TAKEN AWAY, OR ALTERED, BUT FOR THE WORSE.
LA BELLEZZA È L'ARMONIA TRA TUTTE LE MEMBRA, NELL'UNITÀ DI CUI FAN PARTE, FONDATA SOPRA UNA LEGGE PRECISA, PER MODO CHE NON SI POSSA AGGIUNGERE O TOGLIERE O CAMBIARE NULLA SE NON IN PEGGIO.

(Leon Battista Alberti, De re aedificatoria, 1450)

La quinta e ultima proposta per costruire in tempi incerti è forse la più importante: costruite edifici belli. È una proposta che può sorprendere, perché sembra contraddire molto di quanto è stato suggerito più sopra, soprattutto la parsimonia. Ma la bellezza qui intesa non riguarda né l'abbellimento posticcio né il grandioso gesto scultoreo: è la bellezza della semplicità, che nasce in primo luogo dalle giuste proporzioni e dalle armonie perfette. Tale bellezza non richiede costi supplementari; richiede sapere, attenzione, cura, lavoro e gusto. Richiede cultura.

Perché attribuire un valore particolare alle architetture belle proprio in tempi incerti? I motivi sono almeno tre. Il primo è evidente: perché gli edifici belli valgono effettivamente di più di quelli brutti. Possono venir messi sul mercato a un prezzo più alto e rivenduti meglio e più facilmente. Non si tratta di cose di poco conto o di sfumature. La Torre al Parco che l'architetto e designer Vico Magistretti costruì negli anni Cinquanta nel centro di Milano,

sul bordo del parco Sempione, era pensata per una clientela alto borghese che avrebbe dovuto acquistare gli appartamenti in proprietà condominiale piano per piano. Quella clientela non lo fece perché l'edificio non le piacque: era rivestito con un vistoso intonaco rosso scuro che non incontrò il suo gusto. Per evitare il disastro economico, il nuovissimo e raffinato intonaco fu rimosso e sostituito con un sobrio grigio-beige su tutti i venti piani dell'edificio. Bastò per renderlo appetibile. Tutti gli appartamenti furono venduti subito e sono ancor oggi estremamente apprezzati.

Il secondo motivo per cui bisogna costruire edifici belli in tempi incerti: perché godono di una sorta di immunità nella città e nella storia. Gli edifici brutti o insignificanti, una volta esaurito l'uso per cui sono stati realizzati, vengono abbattuti senza esitazioni e senza rammarico per essere adeguatamente sostituiti. Gli edifici belli vengono conservati, rinnovati e rivitalizzati. È forse pensabile che a Roma il Palazzo Farnese di Antonio da Sangallo e Michelangelo Buonarroti venga

smantellato per utilizzare meglio il prezioso terreno accanto a Campo dei Fiori? Oppure, per ricorrere a un esempio un po' meno clamoroso: come si spiega che la Lever House di Skidmore Owings & Merrill a New York sia ancora in piedi, benché ormai, in mezzo agli immensi grattacieli che la circondano, sembri quasi un fuori scala lillipuziano? Edifici siffatti sono considerati parte della storia dell'architettura e della ricchezza della città, sono tutelati e difesi dalla speculazione. La bellezza conferisce a un edificio un valore importante, grande e sicuro.

Infine il terzo motivo, il più importante: la bellezza non è una qualità opzionale, un lusso che la società può permettersi o meno. È una dimensione necessaria della vita e un presupposto imprescindibile della cultura. Ciò non diventa meno vero se la nostra epoca del vuoto e dell'avidità gretta sembra averlo dimenticato. Che cosa sarebbe la nostra vita senza poesia? In tempi incerti, in tempi di sconvolgimenti e di crisi avremo più che mai bisogno della forza della bellezza.

FRANÇOIS BURKHARDT 1996 2000

Art direction 1996/2000 **Giuseppe Basile**
Art direction Domus 1000 **Stein und Michalt**

François Burkhardt (1936) è teorico, storico e critico dell'architettura, del design e delle arti applicate. Di nazionalità svizzera, ha studiato architettura presso l'EPF di Losanna e la Hochschule für bildende Künste (HbK) di Amburgo; ha lavorato presso gli studi di architettura di Ernst Gisel a Zurigo e di Tita Carloni a Lugano. È membro del Gruppo Urbanes Design, attivo prima ad Amburgo e poi Berlino. Ha insegnato alle università di Lione, Vienna, Saarbrücken, Siena e all'ISIA di Firenze. È stato direttore della Kunsthaus di Amburgo, dell'Internationales Design Zentrum di Berlino, del Centre de Création Industrielle del Centre Georges Pompidou di Parigi e presidente del Design Labor di Bremerhaven. Oltre a un'intensa attività di pubblicista, ha diretto le riviste *Traverse*, *Domus*, *Crossing* e *Rassegna*. Autore, curatore e responsabile di numerose mostre e congressi in Europa, Giappone e Stati Uniti, ha inoltre ricoperto il ruolo di consulente e art director per imprese e istituzioni culturali in Austria, Francia, Germania e Italia. Ha ricevuto numerosi riconoscimenti in Germania, Austria, Slovenia, Francia e Italia per il suo lavoro di ricerca e per le sue iniziative culturali.

François Burkhardt (1936) is a theorist, historian and critic of architecture, design and the applied arts. As a Swiss national, he studied architecture at the Lausanne Polytechnic and the Hochschule für bildende Künste Hamburg. He worked in the architecture offices of Ernst Gisel in Zurich and Tita Carloni in Lugano. He is a member of the Gruppo Urbanes Design, first active in Hamburg, and then in Berlin. He has taught at the universities of Lyon, Vienna, Saarbrücken, Siena and at the ISIA in Florence. He has been the director of the Kunsthaus in Hamburg, the Internationales Design Zentrum in Berlin, the Centre de Création Industrielle at the Centre Georges Pompidou in Paris, and the president of Design Labor in Bremerhaven. In addition to intensive work as a publicist, he has been the editor-in-chief of the magazines *Traverse*, *Domus*, *Crossing* and *Rassegna*. Burkhardt is a writer and curator who has directed numerous exhibitions and congresses in Europe, Japan and the United States. He has been a consultant and art director for a number of companies and cultural institutions in Austria, France, Germany and Italy. He has received many awards in Germany, Austria, Slovenia, France and Italy for his research work and cultural initiatives.

domus

Architettura Design Arte Comunicazione *Architecture Design Art Communication*

Maggio *May* 1996 **782** Lire 15.000

Copertina di Anthon Beeke
Cover by Anthon Beeke

EDITORIAL

Editoriale ▬ Gli editoriali dal numero 779 al 828 erano concepiti come un'introduzione alle tematiche scelte dalla redazione per ogni edizione della rivista. Tali tematiche, a loro volta, corrispondevano a problemi di attualità che intendevamo affrontare in senso trasversale, legando tra loro i tradizionali ambiti di indagine di Domus — architettura, interni, design e arte — e trattandoli da un punto di vista culturalmente subordinato a un tema. L'influenza sempre maggiore esercitata dai mass media e dalle nuove tecnologie su tutti gli ambiti della vita quotidiana ci portò ad ampliare i campi di indagine fino ad allora consueti aggiungendo quello, determinante per il futuro, della comunicazione attraverso i nuovi supporti tecnologici dell'era digitale. Il nostro scopo era travalicare i confini meramente professionali delle rispettive discipline per accedere, attraverso una lettura multidisciplinare, a una visione più globale degli avvenimenti in corso. Era dunque necessario, per promuovere il superamento della visione ordinaria, un significativo ampliamento degli orizzonti disciplinari. A un simile traguardo si poteva giungere mettendo in correlazione tra loro progetti sociali e tendenze artistiche suscettibili di determinare nuovi orientamenti. Questi ultimi erano quelli che ci interessavano in modo specifico, perché Domus è sempre stata una rivista non solo di cronaca dell'attualità ma anche anticipatrice, in grado cioè di fornire indicazioni sui futuri sviluppi dei nuovi movimenti artistici.

Per arrivarci si doveva seguire un criterio che è, a mio parere, quello che meglio definisce Domus: presentare regolarmente una selezione di opere di alto livello qualitativo, mettendo in evidenza a beneficio del lettore le tendenze critiche dell'attualità e di tutto ciò che è parte della cultura contemporanea. Era, questa, la lezione che ci aveva lasciato in eredità Gio Ponti e che eravamo chiamati a proseguire. Senza dimenticare che gli oggetti hanno un peso determinante per il significato e il ruolo che ognuno di essi riveste nello spettro del rinnovamento culturale, tecnologico e sociale, in qualità non solo di icone ma anche di portatori di senso. Oltre che per il grado di innovazione, la bellezza, l'estetica raffinata, il fascino che ne può derivare.

In questo senso dalla nascita a oggi Domus ha sempre avuto ben presente l'obiettivo di sottolineare la bellezza dei progetti e degli oggetti attraverso l'arte della fotografia, la qualità della grafica, delle immagini e dell'impaginazione e facendo così della rivista un oggetto di valore, da collezione. La qualità massima degli oggetti scelti era associata alla qualità massima della loro presentazione. Ma anche la scelta di critici e commentatori di grande affidabilità in campo internazionale era un aspetto importante. Questi erano i criteri che ci siamo sempre sforzati di applicare ai numeri pubblicati, con il gruppo di redattori esterni e interni, la direzione e i servizi interni dell'editore. Erano criteri che rispondevano all'intento di fare di Domus una sorta di 'manifesto per l'oggetto di qualità'.

Affiancando all'editoriale una rubrica di approfondimento delle tematiche scelte affidata a specialisti di grande levatura, che abbiamo chiamato "Cronaca del pensiero", abbiamo aperto la rivista tra l'altro a personalità della storia, dell'antropologia, della letteratura, della sociologia, dell'arte, della tecnica, della filosofia, dell'economia o della politica. Attraverso i loro commenti e grazie ai loro suggerimenti abbiamo messo in relazione architettura, interni, design e arte con i settori di ricerca in cui operavano. Il che ci ha permesso di porre in relazione i campi di indagine abituali della rivista con il mondo della ricerca umanistica e scientifica, ma anche con i problemi della realtà quotidiana, contribuendo a documentare l'evoluzione della società.

Va ricordato che il momento storico nel quale operava la nostra redazione, nei nostri paesi altamente industrializzati, esortava a interrogare l'esistente per trovare una via al suo superamento. Il periodo in cui agivamo era un periodo difficile e teoricamente poco articolato nei nostri settori di intervento, sullo sfondo di un'indefinita transizione fra moderno e postmoderno, dove non si poteva procedere confidando unicamente nella sicurezza di ciò che era già acquisito. Bisognava, cioè, avere la curiosità di perseguire il rinnovamento non solo sotto il profilo stilistico, ma soprattutto in relazione al suo impatto sui modi di vita. È dalla curiosità che nasce la nozione di un progresso le cui ricadute sulla produzione di spazi, oggetti e opere d'arte concorrono a migliorare i luoghi di vita dell'uomo, a consegnargli un ambiente dignitoso e umano in cui emanciparsi e vivere felice. Questo era il programma della nostra redazione. ▬

Editorials from numbers 779 to 828 were conceived as introductions to the themes chosen by the editorial team for each edition. These themes, in their turn, corresponded to contemporary problems that we intended to address in broad terms by making connections between the traditional fields that the magazine investigated – architecture, interiors, art and design – and by treating them from a standpoint culturally dependent on the theme. The ever greater influence exerted by the mass media and by new technologies on all aspects of everyday life led us to broaden the magazine's usual fields of interest by adding one that would be critical to the future – communication via the new technologies of the digital era. Our aim was to go beyond the purely professional confines of the different disciplines and develop a multi-disciplinary interpretation, accessing a more global vision of ongoing events. A significant broadening of the horizons of the disciplines was needed to further this goal of moving beyond the standard point of view; connecting social projects and artistic movements able to establish new trends also contributed to it. These were what interested us in particular, because Domus has always been a magazine that not only chronicled the contemporary world but also anticipated it, one that provides pointers to the future development of new artistic movements.

To be able to do this we had to follow a policy that, in my view, is the one that best defines Domus: presenting a selection of high-quality work, and highlighting for the benefit of the reader key trends in the contemporary world and in everything that forms part of modern culture. This was the lesson that we inherited from Gio Ponti and which we were called on to take forward – without forgetting that objects have a decisive weight in terms of their significance and role in the spectrum of cultural, technological and social renewal, not only as icons but also as bearers of meaning (as well as in terms of level of innovation, beauty and elegance of aesthetics, and in the appeal that these can create).

In this sense, since it was founded, Domus has always aimed to highlight the beauty of design and objects through the art of photography, the quality of the graphics, the images and the page layout, and by making the magazine itself an object to value and collect – the highest quality objects combined with the highest quality presentation. But it was also important to choose reliable and internationally active critics and commentators. These were the criteria that we always strived to apply to the magazine, alongside our group of internal and external contributors, the management, and those who worked in-house with the editor-in-chief. These criteria were a response to the intention to make Domus a kind of "manifesto for high-quality objects".

Placed alongside the editorial was an in-depth essay on the theme chosen for the issue. We asked leading specialists to write these, which we called "Cronaca del pensiero", and so opened the magazine up to figures from the fields of history, anthropology, literature, sociology, art, technology, philosophy, economics and politics. Their ideas and comments allowed us to relate architecture, interiors, design and art to the fields that we were working in – and to link the magazine's usual areas of interest with the worlds of humanities and scientific research, and also with the problems of the modern world, helping to document the evolution of society.

It should be remembered that the period in which our editorial team was working, in our highly industrialised countries, pushed us to question the world as it was then in order to find a way to advance beyond it. This period was a difficult one, and little articulated in theoretical terms in the sectors in which we were working; this was against the backdrop of an unresolved transition from the modern to the postmodern, in which it was not possible to move forward simply by trusting in what had already been established. What was needed was the curiosity to pursue renewal not only in terms of style, but above all in relation to its impact on ways of living. We saw curiosity as leading to an idea of progress that would have effects on the production of spaces, objects and works of art that would combine to improve the places in which people lived, and would give them dignified and human environments in which they could live happy and liberated lives. This was the programme of our editorial team.

1

Paolo Portoghesi
verso una nuova architettura organica

Un nuovo incontro, o meglio una nuova alleanza tra architettura
e natura, è imposto poi dall'ottica ecologica che richiede alla cre-
scita edilizia la cosiddetta 'compatibilità'. Essa mira alla riduzione
dell'impatto ambientale visivo e funzionale, al risparmio energeti-
co, alla eliminazione dei fattori inquinanti all'esterno e all'interno
delle abitazioni. La tradizione organica rispetto all'obiettivo della
compatibilità ha al suo attivo sperimentazioni biomorfiche e geo-
morfiche che tendono a creare, sia nel tessuto urbano che nell'e-
dificio costruito nello scenario naturale, il requisito della autore-
golazione specifico degli organismi viventi.
numero 780/1996

La scelta di queste citazioni tratte dalla rubrica "Cronaca del pensiero" ne mette bene in evidenza lo scopo, cioè quello di fornire informazioni complementa-
ri e trasversali ai temi scelti per ciascun numero. Per
esempio il primo articolo citato fu scritto per il numero
dedicato all'organicismo; il terzo per quello sul regionalismo; l'ottavo per quello sulla durata e il decimo per
quello che indagava il futuro prossimo, fissato al 2020.
Alcuni articoli di questa Cronaca hanno anche susci-
tato polemiche che sono state riportate in uno dei
numeri seguenti come complemento di informazione
o come punto di partenza per una diversa interpretazione del tema. Qualche articolo scritto per la Cronaca,
riletto a distanza di tempo, ha un valore quasi profetico per l'opinione critica che esprime, come nel caso
dell'intervento di Frampton. Altri articoli si sono rive-
lati una specie di guida alle tendenze più aggiornate
della propria disciplina per professionisti come architetti, designer, esperti di comunicazione visiva o mass
media e artisti. In taluni casi sono stati anche un utile
inquadramento teorico sulle basi di un'etica professionale. Questi criteri corrispondevano alle intenzioni
della redazione di allora e hanno fatto della Cronaca
del pensiero uno strumento di approfondimento culturale molto apprezzato.

2

Domenico De Masi
normalità della differenza

"Siamo in un momento di transizione", diceva Ennio Flaiano. E
aggiungeva: "Come sempre". In sociologia, la normalità della differenza è tutta qui: nella dinamica perenne dei sistemi che, pur
mutando, riescono a conservare la propria identità; nel miracolo
per cui l'intreccio sempre diverso di fattori sempre uguali riesce a
sortire risultati che sono uguali e diversi al tempo stesso.
numero 781/1996

3

Kenneth Frampton
universalismo e/o regionalismo. Riflessioni intempestive sul
futuro del nuovo

Scrissi (nel 1983) un breve articolo sul tema del "regionalismo critico", in cui riprendo il parallelismo tra civiltà e cultura con una
serie di coppie di termini che potevano essere considerate la ma-
terializzazione di una serie di microdicotomie dello stesso genere;
poli dialettici i quali, benché generali, potevano essere considerati particolarmente pertinenti alla pratica dell'architettura (…)
Sostenevo che queste dicotomie non dovevano essere lette mo-
ralisticamente come valori positivi e negativi, ma piuttosto come
polarità in necessaria opposizione reciproca, allo stesso modo in
cui civiltà universale e cultura locale sono inevitabilmente inter-
dipendenti (…) Con il recentissimo trionfo del capitalismo mul-
tinazionale e l'apparente scomparsa del socialismo dalla scena
mondiale, il secolo pare andare alla deriva, dal punto di vista sociale, culturale ed economico. La redistribuzione della ricchezza al
vertice della piramide sociale produrrà nel suo avvento una serie
di ripercussioni di natura negativa e in certo qual modo morbosa:
lo sviluppo di fondamentalismi religiosi ed etnici di ogni genere,
come se questi fossero oggi gli unici centri in grado di compensare
la perdita di una visione laica illuminata. È la scomoda situazione postmoderna in cui siamo stati gettati, benché sia consolan-
te notare come l'abbandono delle grandi narrazioni apra la via ai
petits récits identificati da Jean-François Lyotard come intersti-
zi di libertà (…) Come le polarità del regionalismo critico questa
dicotomia può essere considerata un'eco indiretta dell'originaria
contrapposizione tra civiltà e cultura.
numero 782/1996

4

Wolfgang Welsch
transculturalità

La molteplicità, così come esisteva per le culture individuali, indubbiamente sta scomparendo. Ma al suo posto un nuovo tipo di molteplicità sta venendo alla luce: la molteplicità di culture differenti e stili di vita transculturali. Le loro reti si intessono in modo differente. Per questo motivo, ovunque emerga la transculturalità, si riscontra una volta di più un alto grado di varietà culturale, certamente non inferiore a quello che esisteva tradizionalmente tra culture individuali. Solo che le differenze non vengono più create tramite la giustapposizione di culture separate chiaramente definite; semplicemente esse sorgono tra forme culturali che provengono tutte dall'intreccio di svariate origini ma le combinano in modi differenti (...) Non rispecchia più regole geografiche o nazionali, ma processi culturali di scambio.
numero 786/1996

5

Václav Havel
l'impegno maggiore sarà da dedicare al globale risanamento ecologico del Paese

Nell'epoca di cui sto parlando i cambiamenti saranno già visibili. Ma ciò non sarà realizzabile senza la partecipazione dello Stato, della sua precisa politica economica e di una legislazione ambientale severa. Bisogna creare condizioni tali che semplicemente costringano il mercato a comportarsi ecologicamente. Non è lecito costruire un'energetica e un'economia che distruggono la natura, l'aria e l'acqua e soltanto in seguito investire i soldi che esse hanno sfruttato per recuperare i danni causati. Bisogna raggiungere il punto in cui industria ed energetica semplicemente non distruggano nulla, cioè le aziende in questione siano indotte dalla legge e dagli strumenti economici a scegliere tra tutte le possibilità proprio fin dal primo momento quella che ecologicamente è meno pericolosa, anche se ciò significasse investimenti di gran lunga più elevati. Lo Stato deve sfruttare sistematicamente e concettualmente tutte le possibilità di cui dispone per costringere i soggetti economici a un passo del genere. In caso affermativo, tra dieci anni si dovrà pur sempre vederne da qualche parte gli effetti.
numero 789/1997

6

Alessandro Mendini
dalla sintesi alla contaminazione delle arti

Ciò che si può fare (...) sta nei 'metodi': considerare cioè l'architettura come forma d'arte, e l'arte come forma di progetto. È un criterio di composizione. Si tratta di traslare dei metodi, delle dimensioni, degli approcci da una disciplina all'altra, per verificare nuove possibili simbiosi, applicazioni e reazioni in un altro campo, spiazzando le consuetudini. Oppure di indagare nel vasto terreno, nello spazio di nessuno, esistente nella periferia infradisciplinare, luogo multisensoriale estremamente ricco di inattese possibilità metodologiche. Dilatare questo luogo vuole dire decongestionare la scena. Ognuno restando all'interno dei propri linguaggi, strategie, diversità e logiche, ma trovando nuova vitalità altrove, compiendo salti e scarti acrobatici, innesti e incalmi in mondi diversi dal suo.
numero 794/1997

Copertina di Mimmo Paladino
Cover by Mimmo Paladino

7

Renato De Fusco
la storia quale sostegno del nuovo artigianato

Non è necessario essere neo-luddisti per capire che uno dei maggiori problemi del futuro, peraltro già cominciato, nel campo della produzione è quello per cui la nuova tecnoscienza espellerà gradualmente l'opera dell'uomo (...) La crisi occupazionale non riguarda tanto l'élite dei tecnici quanto soprattutto l'attività banausica, quella cioè che occupa la gran parte della mano d'opera, perché nei prossimi anni, quasi in ogni settore produttivo, basteranno poche unità di addetti per dare avvio a un meccanismo di automazione in grado di fare e disfare da solo quasi tutto (...) In questo incerto scenario, quell'insieme di operazioni produttive che chiamiamo design e quell'altro che definiamo artigianato sono entrambi fortemente coinvolti e non è detto a quale dei due toccherà la sorte migliore. Di primo acchito si direbbe che sia prevedibile una maggior fortuna per il design, più positivamente legato dell'altro agli sviluppi della tecnica e alla logica della produzione industriale, ma quando si prospettano macchine 'intelligenti' e radicali cambiamenti anche nel sistema dell'industria non è escluso che quella stessa componente progettuale del design possa essere sostituita da qualcos'altro, atto a surrogarla.
numero 796/1997

Vittorio Gregotti
metafore di identità

Nella tradizione della pratica artistica dell'architettura, e forse ancora più negli stessi suoi fondamenti, questa "tensione metaforica verso l'eternità" è praticata attraverso la presenza importante di quattro materiali che ne fissano ulteriormente la necessità. Il primo di essi è costituito dall'essere la costruzione dell'architettura lavoro essenziale collettivo, di azione materiale e di regia di tecniche e di pratiche diverse, lavoro che implica un lungo e complesso procedimento progettuale (...) Il secondo materiale è costituito dal fatto che l'attività dell'architettura pone in primo piano come condizione del suo agire la relazione necessaria con il terreno, il luogo e la discussione con i tracciati che ne definiscono principi e caratteri insediativi stratificati dalle vicende umane. In terzo luogo viene la responsabilità collettiva e la relazione con i suoi aspetti funzionali e di significato (...) Infine vengono i principi della costruzione tettonica, della firmitas che, pur essendo l'aspetto che più di ogni altro presenta linee di tangenza con il progresso scientifico-tecnologico, di esso si avvale, attraversandone non impunemente ogni elemento portatore di senso, a uno scopo diverso da quello tecnico.numero 795/1997

9

Oriol Bohigas
la strada

Così è avvenuto che la strada si è trasformata nel contenitore di quasi tutte le funzioni cittadine: serve ai cittadini che si spostano a piedi o con i mezzi di trasporto pubblico o privato, o che entrano nelle loro abitazioni o nei luoghi di lavoro, serve per far arrivare le linee elettriche, del gas, idriche, telefoniche, per sedersi e stare a guardare (...) nelle vetrine, per esporre le bellezze architettoniche delle facciate, per piantare alberi e fiori, per creare giardini circoscritti, per delimitare chiaramente lo spazio pubblico e privato, per contenere le fognature e depositare i rifiuti domestici (...) Nessun altro elemento urbano – né la piazza, né il giardino, che per un altro verso appaiono come temi maggiormente studiati negli attuali progetti di spazio pubblico – accetta una tale sovrapposizione di funzioni e, di conseguenza, raggiunge un analogo grado di efficacia per quanto riguarda l'informazione e l'accessibilità, vale a dire la convivenza urbana.

numero, 802/1998

Derrick de Kerckhove
l'impatto della tecnologia e del convergere dei nuovi media sulla percezione

La virtualità invece è una questione completamente diversa, perché riguarda la natura del percetto. Il futuro di una tecnologia che concerne la simulazione, o piuttosto la virtualità, è nella proiezione diretta dentro l'occhio, attraverso l'uso di occhiali speciali, di immagini ad altissima definizione e nella completa sparizione della cornice. Quindi non siamo più nel mondo della televisione, siamo esattamente dentro quel mondo che già oggi può essere creato con i visori della realtà virtuale (...) Questo è il futuro; una volta realizzato, potremo capire come l'ambiente simulato vada oltre il concetto, arrivando alla simulazione percettiva (...) Il database

diventa un'icona, un'immagine mnemonica accessibile che consente praticamente la virtualizzazione di tutto ciò che contiene (...) La virtualizzazione sta diventando patrimonio comune. In altre parole, un secondo, più ricco livello di realtà si sovrappone a quello fisico, o vi si aggiunge, o lo circonda, comunque si voglia definirlo. numero 805/1998

11

Robert Venturi
verso un'architettura culturalmente tollerante

Mi riferisco qui a un'architettura valida per la seconda metà del secolo, la cui universalità deriva dalla genericità formale, la cui identità proviene dall'adozione di un'iconografia e la cui tecnologia è elettronica. È un'architettura come quella dello spazio industriale tradizionale, la cui forma accoglie delle funzioni più che seguirle, le cui superfici iconografico-simboliche trasmettono ricchi significati più che imporre pura espressività con forme astratto-scultoree e il cui significato implica dimensioni multiculturali-sociali valide per il nostro tempo.

numero 816/1999

12

Paul Virilio
dieci ostacoli da superare

1. Evitare la tirannia del tempo reale, cioè dell'immediatezza e dell'ubiquità, che sfocerebbe nella cibernetica politica e sociale paventata da Norbert Wiener di mezzo secolo fa.   2. Evitare l'ideologia della democrazia virtuale, che si sostituirebbe alla riflessione comune della democrazia rappresentativa. Per esempio (...) il sondaggio che sostituisce il voto.   3. Opporsi all'industrializzazione del vivente e al mito di una tecnoscienza redentrice in grado di generare ibridi, chimere, ossia prodotti generici immortali.   4. Tenere sotto controllo la terza rivoluzione, dopo quella dei trasporti e quella delle trasmissioni (...) quella dei trapianti, delle protesi del vivente.   5. Opporsi a ciò che chiamo "il silenzio degli innocenti", cioè alla perdita della scrittura, della lettura e in ultima analisi della parola, che sarebbe il risultato di una rivoluzione dell'informazione malintesa.   6. Combattere la sincronizzazione dei comportamenti, sull'onda della rivoluzione informatica, che riprodurrebbe ciò che la standardizzazione fu all'epoca della rivoluzione industriale.   7. Opporsi all'industrializzazione dell'oblio, all'amnesia, al negazionismo multimediatico che sfocerebbe presto nell'afasia.   8. Superare l'ideologia del progresso tecnoscientifico assoluto, dato che l'invenzione del meglio è al tempo stesso (...) quella del peggio.   9. Diventare modesti, evitare l'arroganza hegeliana della ragione nella storia, ma anche quella del materialismo storico di Marx e Engels.   10. Smettere di credere all'automazione cosmica e tornare alla creazione e al creatore.

numero 822/2000

EXTRACTS FROM "OPINION CHRONICLE"

Copertina di Gerd Dumbar (Fotografia di Lex Van Pieterson)
Cover by Gerd Dumbar (Photography by Lex Van Pieterson)

The choice of these excerpts from "Cronaca del pensiero" clearly shows what they were designed to do – that is, to provide complementary and wide-ranging discussion of the theme of each issue. For example, the first passage here was written for the number focusing on organicism; the third for the regionalism issue; the eighth for a focus on duration; and the tenth for an edition that investigated the near future, fixed then as the year 2020. Some of the articles started off debates that were reposted on in later issues, providing complementary information or points of departure for a different interpretation of the subject. Some of the Cronaca contributions, when re-read at a distance of time, express opinions that are almost prophetic, as with Frampton's piece. Other articles, by professionals such as architects, designers, experts in visual or mass media communication, and artists, acted as guides to the latest trends in their fields. In a few cases, they also provided a useful theoretical overview based on a professional ethic. In this way, they reflected the aims of the editorial team of the time and made the "Cronaca del pensiero" a much appreciated tool of in-depth cultural analysis.

1

Paolo Portoghesi
towards a new organic architecture

A new encounter; or new alliance between architecture and nature, is imposed by the ecological viewpoint, which expects 'compatibility' from growth in building. It aims to reduce the visual and functional environment, to save energy, and to eliminate pollutant factors outside and inside homes. The organic tradition compared to the objective of compatibility has biomorphic and geomorphic experimentation to its credit. This tends to create, both in the urban fabric and in the building erected in the natural scenario, an equilibrium...the requisite of self-regulation, specific to living organisms.
Domus 780/1996

2

Domenico De Masi
the normality of difference

"We are in a period of transition", wrote Ennio Flaiano, and added: "as always". In sociology, that is where all the normality of difference lies: in the everlasting tide of systems that change, yet manage to maintain their identity; in the miracle of an ever-different weave of ever-similar factors capable of producing results that are the same yet different.
Domus 781/1996

3

Kenneth Frampton
universalism and/or regionalism
interpretative reflections on the future of the new

I wrote (1983) an equally short piece on the theme of Critical Regionalism in which I echoed the parallelism of civilization and culture with a series of paired terms that could be seen as embodying a series of similar micro-dichotomies; dialogical opposites that however general could be regarded as being particularly pertinent to the practice of architecture. (...) I argued that these dichotomies should not be construed moralistically as positive and negative values but rather as polarities that necessarily stand in opposition to one another in much the same way as universal civilization and local culture are unavoidably interdependent. (...) With the all too recent triumph of multinational capitalism and the apparent departure of socialism from the world stage, the century (to paraphrase Eric Hobsbawm), would appear to be adrift, socially, culturally and economically. The redistribution of wealth to the top of the social pyramid will no doubt bring in its wake a series of repercussions of a disturbing and somewhat morbid nature; the growth of religious and ethnic fundamentalisms of every conceivable kind as though these are now the only agencies capable of compensating for the loss of an enlightened secular vision. This is the postmodern predicament into which we have been thrown, although it is encouraging to note that this demise of the grand narrative may open towards those petit récits identified by Jean-François Lyotard as the interstices of freedom. (...) Like the polarities of Critical Regionalism, this dichotomy may also be regarded as echoing in an indirect way the original opposition between civilization and culture.
Domus 782/1996

Wolfgang Welsch
transculturality

Multiplicity as it existed traditionaliy through the individual cultures is indeed disappearing. But in its place a new kind of multiplicity is emerging: the multiplicity of different cultures and life-styles with a transcultural face. Their networks are woven differently. For that reason wherever transculturality is emerging a high degree of culture variety can befound once more - it is certainly no less than that which existed traditionally between the individual cultures. It is just that the differences are no longer created through the juxtaposition of clearly defined separate cultures; they simply arise between cultural forms which all come from the intermingling of several origins but which combine these in different ways (…). It no longer follows geographical or national rules but cultural processes of exchange.

Domus 786/1996

Václav Havel
the greater task will be to focus on the wholescale ecological recovery of the land

In the period that I am talking about the changes will already be visible. But this will not be attainable without the participation of the State, with a clear economic policy and strict environment legislation.
Conditions must be created that will simply force the market to behave ecologically correctly. It is no good building an energy supply and an economy that destroy nature, the air and water, and then only later investing the money made from this exploitation to pay for the damage done. A point must be reached where industry and energy simply don't destroy anything. The enterprises in question must be induced right from the start, by law and by the right economic measures, to choose among all the possibilities the least ecologically hazardous, even if this were to mean a very much heavier outlay. The State must systematically and conceptually exploit every possibility at its disposal to compel every economic operation to take such steps. If they do, in ten years' time the positive effects must surely be seen.   Domus 789/1997

Alessandro Mendini
from synthesis to hybridisation in the arts

Instead, what can be done is in the 'methods': that is, by treating architecture as an art form, and art as a form of architectural design. A criterion of composition. The question is how to transfer methods, dimensions and approaches from one discipline to another, to check new possible symbioses, applications and reactions in another field, breaking away from set habits. Or to survey the vast no-man's-land of infradisciplinary suburbs, which are multisensorial places richly endowed with unexpected methodological scope. To expand this place means to decongest the stage. Each remaining within its own idioms, strategies, differences and logics, but tapping fresh vitality elsewhere, by acrobatic leaps and swerves, graftings and connections with worlds different to their own.   Domus 794/1997

Copertina di Neville Brody
Cover by Neville Brody

Renato De Fusco
history as support for the new craftsmanship

You don't have to be a neo-Luddite to realize that one of the biggest problems of the future, indeed one already present in industry, is that the new techno-science is gradually going to expel manual work. (…) The employment crisis does not concern so much the élite technicians as, principally, banausic activity, in other words the work on which the majority of manpower is employed. For in the next few years, in almost every sector of production, a few employees will be enough to start up an automation plant capable by itself of doing and undoing almost anything. (…) In this uncertain scenario, the combined productive operation which we call design and the other which we define as skilled craftsmanship, are both deeply involved and there is no saying which of the two will come out best. At first sight, design would seem likely to be the luckier, since it is more positively linked than the other to the developments of technology and to the logic of industrial production. But when 'intelligent' machines and radical changes are envisaged in the system of industry too, that same component of design may actually be substituted by something else.
Domus 796/1997

8

Vittorio Gregotti
a metaphor of identity

In the traditional artistic practice of architecture, and perhaps still more in its own actual foundations, this "metaphorical straining after eternity" is implemented through the important presence of four materials which further stress its necessity. The first is that the building of architecture is essentially a collective task, of material action and the directing of various techniques and practices. It implies a long and complex process of design (…).The second material lies in the fact that the paramount condition for architectural action is its necessary relation with the land and place on which it is to be built, and discussion with the patterns and plans that define its principles and characteristics of settlement stratified by human vicissitudes. Thirdly comes collective responsibility, and relations with its functional aspects and meaning (…). Lastly come the principles of tectonic construction, of 'firmitas'. Although this aspect comes closer than any other to scientific and technological progress, it makes use of it and, not with impunity, runs through every sense-bearing element in its possession. It does so not for technical purposes (…).

Domus 795/1997

9

Oriol Bohigas
the road

So it has happened that the road has been transformed into the receptacle of almost all civic functions. It serves citizens who are walking or travelling by private or public transport, or who are arriving home or at work. It carries electricity cables, gas and water pipes, and telephone lines, and lets us stop and look into shop windows. It displays the architectural beauties of the building facades, and provides a space for the planting of trees and flowers, and the creation of gardens in restricted spaces; it clearly separates public and private space, holds the drains, and gives us somewhere to leave domestic waste (...) No other urban feature – neither the piazza nor the garden, which seem to be features studied in greater depth in current designs for public spaces – accepts such an overlap of functions, and so reaches such a level of efficiency in terms of information and accessibility, or, in other words, urban coexistence.

Domus 802/1998

10

Derrick de Kerckhove
the impact of technology and the convergence
of new media on perception

Virtual reality is a completely different matter, because it involves the nature of perception. The future of a technology concerned with simulation – virtuality – lies in using special glasses to project high-definition and completely frameless images directly into the eye. This is no longer the world of television, but the world that can already be created today with virtual reality glasses (...). This is the future. Once it has arrived, we will be able to say that the stimulated environment goes beyond the idea of it, attaining perceptual stimulation (...). The database will become iconic, an accessible mnemonic image that allows for the virtualisation of practically everything that it contains (...). Virtualisation will become a shared heritage. In other words, a second, richer level of reality will be imposed on the physical world – or will be added to it, or will surround it, however you want to define it.

Domus 805/1999

11

Robert Venturi
towards a culturally tolerant architecture

I refer here to an architecture that is valid for the last half of the century whose universality derives from its generic form, whose individuality derives from its iconography applied, and whose technology, essential and expressive, is electronic. Here is an architecture as traditional loft whose form can accommodate functions rather than whose form follows function, whose iconographic/symbolic surfaces emit rich meanings rather than whose abstract-sculptural forms impose pure expression, and whose meanings engage multicultural/social dimensions valid in our time.

Domus 816/1999

12

Paul Virilio
ten obstacles to overcome

1. How to avoid the tyranny of real time, of immediacy and ubiquity, which lead to the kind of political and social cybernetics dreaded fifty years ago by Norbert Wiener. 2. How to avoid the ideology of virtual democracy, which would cause the common reflection practised by representative democracy to be supplanted by the solitary conditioned reflex of a democracy of opinion. For example (…) the opinion poll which replaces the vote. 3. How to oppose an industrialization of the living, and the myth of a saving techno-science empowered to generate hybrids and chimera, in other words immortal genetic products. 4. How to stem the third revolution, after that of transport and transmissions (…) of transplants, and prostheses of living organs. (…). 5. How to oppose what I call "the silence of the lambs", in other words contrast the loss of writing, reading, and ultimately speech itself, which would result from a revolution of information misunderstood. (…). 6. How to struggle against the synchronisation of behaviour, against the tide of the information technology revolution, which would have us reproduce what standardisation was at the time of the industrial revolution. 7. How to contrast the industrialisation of oblivion, amnesia and multimedia negationism, which would quickly lead to aphasia. (…) 8. How to supersede the ideology of absolute techno-scientific progress, where the invention of the best is equal (…) to that of the worst. (…) 9. How to be modest, to avoid the arrogance of reason in the history of Hegel, but equally the historical materialism of Marx and Engels. 10. How to stop believing in cosmic automation and get back to creation and to the creator. Domus 822/2000

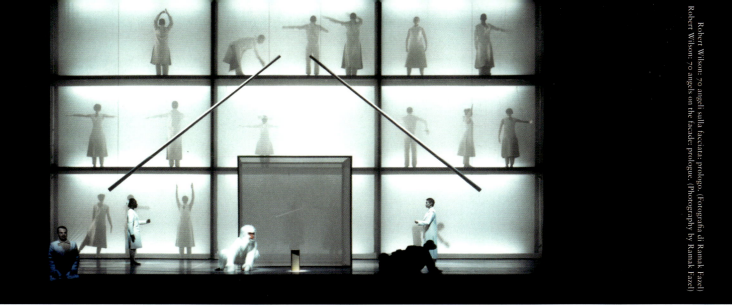

Robert Wilson: 70 angeli sulla facciata: prologo. (Fotografia di Ramak Fazel)
Robert Wilson: 70 angels on the facade: prologue. (Photography by Ramak Fazel)

SPECIFICITÀ DELLA REDAZIONE ED EVENTI

Per una rivista di alto livello e di fama internazionale come Domus mi sono domandato sin dall'inizio in che modo una redazione avrebbe potuto essere sempre informata sulle novità in corso a livello globale nei campi specifici dell'architettura, degli interni, del design e dell'arte. Conoscevo il sistema praticato fino ad allora, con corrispondenti internazionali che inviano servizi regolari sulle novità della regione che rappresentano. Questo metodo non mi sembrava garantire a sufficienza il monitoraggio di quelle opere che possono essere qualificate 'di eccellenza' in quanto precorritrici di nuove tendenze, o per la loro alta qualità. O ancora perché mettevano l'accento su aspetti innovativi in divenire, che non erano ancora maturi o in evidenza nell'opera stessa ma che lasciavano indovinare un nuovo percorso nel processo creativo. Si trattava di trovare personalità che fossero intellettualmente preparate per accedere alle fonti che determinano e motivano gli orientamenti e gli sviluppi di questi processi.

Dato che non consideravo sufficiente avere una "Cronaca del pensiero" che sviluppasse questi temi cercai, distribuiti sul territorio europeo, una serie di redattori che fossero in grado di assumersi questo compito per ogni settore della rivista. O almeno di fare proposte in consonanza con questo spirito di ricerca. Nacque così la redazione esterna internazionale di Domus: un redattore austriaco per l'architettura, Dietmar Steiner; uno spagnolo per il design, Juli Capella; uno italiano per la comunicazione visiva in rapporto con le ricadute delle tecnologie digitali, Pier Luigi Capucci; uno francese per l'arte, Pierre Restany. Mi veniva chiesto se non fosse un lusso avere in contemporanea una redazione esterna e una interna. Rispondevo sempre di no, perché non si trattava di ruoli doppi che si sovrapponevano, ma di contributi che si integravano promuovendo uno scambio di opinioni e conoscenze finalizzato alla ricerca comune. A questo scopo fu deciso di tenere riunioni regolari con la redazione estesa: la presenza a Milano a intervalli regolari dei colleghi stranieri rappresentava per la redazione interna un consolidamento culturale e di metodo che permetteva di affrontare i temi di ogni numero garantendo alla rivista la massima qualità. Un'operazione che non sarebbe stata possibile con la semplice rete dei corrispondenti esteri.

Per quanto riguarda il tema della trasversalità e della subordinazione delle opere scelte ai temi del numero, con l'intento di fornire al lettore una lettura multidisciplinare e dunque una versione più globale degli eventi in corso e delle tendenze emergenti, si veda la mia nota sulla redazione.

In un'epoca in cui l'immagine era già diventata un fattore chiave di attrazione, non solo in campo pubblicitario, la copertina della rivista mi sembrava un elemento visivo fondamentale per dare alla rivista un complemento di qualità e di attrattiva. Così a ogni numero incaricammo un art director, un fotografo, un regista o un artista di fama internazionale di disegnare la copertina.

Nel periodo della mia direzione le iniziative speciali più rappresentative furono varie e di diverso tipo. Per prima cosa citerei i numeri speciali, denominati "Domus Dossier", che erano accompagnati da visite commentate riservate alla stampa, come per il Dossier dedicato al trasporto ferroviario. In quell'occasione alla stazione Centrale di Milano furono presentati tre convogli ad alta velocità, due italiani disegnati da Giugiaro e Pininfarina e uno francese disegnato da Tallon. Un altro numero tematico è quello sugli allestimenti museografici e fieristici, dal titolo "Esporre – la messa in scena dell'effimero". Il fascicolo raccoglieva gli esempi migliori tra le mostre svoltesi nel decennio 1985-1995, accompagnati da una serie di articoli tematici, con l'intento di comporre una rassegna di esempi che avevano fatto storia in campo espositivo. Un'altra iniziativa importante fu l'avvio dell'edizione cinese di Domus, un riassunto trimestrale del meglio della rivista a livello internazionale. Si trattava della prima edizione della serie di Domus nazionali, tuttora pubblicati e distribuiti in 5 paesi, che uscirono a partire dal 2000.

Il secondo esempio che vorrei citare sono i "Domus Totem", organizzati in collaborazione con la città di Milano. Il primo incarico fu assegnato nel 1997 al designer Ron Arad, a cui fu chiesto di realizzare un'installazione in un luogo centrale della città in occasione del Salone Internazionale del Mobile di Milano. L'idea era di disegnare e mettere in produzione una sedia che doveva portare il nome di Domus: impilando molte sedie fu realizzata una torre temporanea, la Torre Domus. Il secondo incarico fu dato all'architetto Enric Miralles per una struttura-scultura in Piazza Duca d'Aosta, davanti alla stazione Centrale di Milano, che fu presentata al pubblico in occasione del Salone del Mobile del 1999.

L'ultimo evento che vorrei ricordare è la collaborazione con il regista teatrale, artista e designer Robert Wilson per un evento-spettacolo che doveva mettere in scena i 70 anni di vita di Domus. Riprendendo l'idea di Gio Ponti di collocare alcuni angeli sulla facciata della Concattedrale di Taranto, Wilson intitolò il suo pezzo teatrale "70 angeli sulla facciata". Lo spettacolo, che andò in scena al Piccolo Teatro di Milano nel febbraio 1998, riassumeva la lunga storia della rivista, presentando la storia di Domus in un prologo (La casa), sette episodi (Il gusto borghese, Distribuzione e riparazione, Stagioni dei pionieri, Il mito della produzione, Visioni e re-visioni, Il rito del banale in collaborazione con Alessandro Mendini, La via trasversale) e un epilogo (Verso il futuro). Nel proporre Robert Wilson alla Presidente dell'Editoriale Domus

Ron Arad: Domus Totem 1
Ron Arad: Domus Totem 1

Enric Miralles: Domus Totem 2. (Fotografia di Ramak Fazel)
Enric Miralles: Domus Totem 2. (Photography by Ramak Fazel)

la mia idea era di lavorare con un regista all'elaborazione di un nuovo tipo di spettacolo, che doveva corrispondere alla mia visione di una Domus orientata a sostenere la sperimentazione in nuovi campi di intervento, in questo caso anche il teatro. Allo stesso tempo intendevo portare la rivista, attraverso un evento-spettacolo, al centro dell'attenzione del mondo della cultura locale, nazionale e internazionale.

THE EDITORIAL TEAM AND SPECIAL EVENTS IN DETAIL

For a high-level and internationally famous magazine like Domus, I reflected from the outset on how the editorial team could keep up to date with global developments in the specific fields of architecture, interiors, design and art. I was aware of the system in place up till then, with international correspondents who sent in regular bulletins on developments in their regions. This method, in my view, did not guarantee sufficient monitoring of work that could be classified as "excellent" because it prefigured new trends or was of high quality – or because it highlighted coming innovation which was not yet mature or in evidence in the work itself but which let you guess at a new path in the creative process. We needed to find individuals who were intellectually prepared to investigate the sources determining and motivating the trends and developments in these processes.

Since I did not see it as enough simply to have a "Cronaca del pensiero" developing these themes, I sought out a series of editors from across Europe able to take on this task for each section of the magazine – or at least to make proposals in line with this spirit of inquiry. This was how the Domus international editorial team came into being. We had

an Austrian editor for architecture, Dietmar Steiner; a Spaniard for design, Juli Capella; an Italian for visual communication and its connections to the impact of digital technology; and a Frenchman for art, Pierre Restany. I used to be asked whether it was an unnecessary luxury to have both an outside and an in-house editorial team. I always said no, because this was not a matter of duplicated or overlapping roles but integrated contributions that promoted an exchange of opinions and knowledge aimed at joint investigation. To promote this goal, it was decided to hold regular meetings with the outside team. The presence in Milan of their colleagues from outside Italy strengthened the in-house team's cultural awareness and gave them a method for approaching the theme of each issue, guaranteeing a magazine of the highest quality. It was a practice that would not have been possible with simply a network of foreign correspondents.

On the subject of inter-disciplinarity and the subordination of the works selected to the themes of the issue – the aim being to provide the reader with a multi-disciplinary interpretation and therefore a global perspective on events in train or emerging trends – see my note on the editorial staff.

The image had already become a key attractive factor in this period, and not just in the field of advertising. The magazine cover therefore seemed to be me to be a fundamental visual aspect that could enhance the magazine's quality and attractiveness. So we commissioned an internationally famous art director, a photographer, a director or artist to design the cover for each issue.

During the time I was editor, we organised a range of representative special initiatives. I would mention first the special issues, called "Domus Dossiers", which were combined with guided visits for the press, as with the Dossier focusing on rail transport. On that occasion, three high-speed trains were presented at Milan Central Station, two Italian, designed by Giugiaro and Pininfarina, and one French, designed by Tallon. Another themed issue, entitled "Esporre – la messa in scena dell'effimero" ("Display – the mise-en-scène of temporary exhibits"), focused on the design of museum and trade fair layouts. The supplement brought together the best examples from exhibitions put on in the ten years between 1985 and 1995, accompanied by a series of

articles on the subject. The aim was to create a review of examples that had made history in the field. Another important initiative was the launch of the Chinese edition of Domus, a quarterly review of the best of the magazine at an international level. This was the first of a series of national issues of Domus, still published and distributed in 5 countries, which appeared from the beginning of 2000.

The second example I would mention is the Domus Totems, organised in partnership with the city of Milan. The first was entrusted in 1997 to the designer Ron Arad, who was asked to create an installation in a central location in the city to mark Milan's Salone Internazionale del Mobile. The idea was to design and manufacture a chair that could carry the Domus name; a temporary tower, the Torre Domus, was created by stacking many of these chairs. Enric Miralles was commissioned to design the second Domus Totem, a structure/sculpture in Piazza Duca d'Aosta, in front of Milan's Central Station, which was unveiled to mark the 1999 Salone del Mobile.

The last event that I would recall is the collaboration with theatre director, artist and designer Robert Wilson in the development of a theatrical show to mark the magazine's seventieth birthday. Taking an idea from Gio Ponti – who set figures of angels into the facade of his Co-cathedral in Taranto – Wilson called his theatrical piece 70 Angels on the Facade. The show, staged at the Piccolo Teatro in Milan in February 1998, summarised the magazine's long history, presenting the story of Domus in a prologue ("The house"), seven episodes ("Conventional taste", "Distribution and renewal", "The time of the pioneers", "The myth of production", "Visions and re-visions", "The rite of the everyday" – in collaboration with Alessandro Mendini – and "The inter-disciplinary way"), and an epilogue ("Towards the future"). In suggesting Robert Wilson for President of Editoriale Domus, my idea was to work with the director on developing a new kind of performance, one which would match my vision of a Domus that supported experimentation in new fields of work, in this case the theatre. At the same time I wanted to use the theatre performance to make the magazine the centre of attention for the world of local, national and international culture.

WWW.REFIN.IT
INFO@REFIN.IT

CHANGES YOUR PERSPECTIVE |
PORCELAIN TILES FOR NEW DESIGN PATHS

THE PHAIDON ATLAS OF
21ST CENTURY WORLD ARCHITECTURE

LE CORBUSIER

ROOM 606

SCARPA

A Visual Inventory   John Pawson

REFIN
CERAMICHE

DEYAN SUDJIC 2000 2003

Creative direction 2000/2003 e/and Art direction Domus 1000
Simon Esterson

Deyan Sudjic (1952) ha studiato architettura all'Università di Edimburgo. Nel 1983 ha co-fondato e diretto la rivista *Blueprint*. Ha collaborato con numerosi quotidiani inglesi come critico di architettura. È stato *visiting professor* all'Università di Arti applicata di Vienna e al Royal College of Art di Londra. Ha curato mostre a Copenhagen, Istanbul e Londra; nel 2002, ha diretto la Biennale di Architettura di Venezia. Dal 2000 al 2003 è stato direttore di *Domus*. Dal 2006, è direttore del Design Museum di Londra. A fine 2016 si trasferirà nella sua nuova casa a Kensington, una dimora storica costruita nel 1962 e restaurata da John Pawson. Suoi testi sono apparsi in traduzione italiana presso Laterza (*Il Linguaggio delle Cose*, *Architettura e Potere*). Il suo ultimo volume, una biografia di Ettore Sottsass, è stato pubblicato da Phaidon mentre il lavoro più recente, *The Language of Cities*, uscirà a fine agosto 2016 per Penguin.

Deyan Sudjic (1952) studied architecture at the University of Edinburgh. In 1983 he co-founded and directed the magazine *Blueprint*. He has been an architecture critic for numerous British newspapers; a visiting professor at the University of Applied Arts in Vienna and the Royal College of Art in London; and a curator of exhibitions in Copenhagen, Istanbul and London. In 2002 he directed the Venice Architecture Biennale. From 2000 to 2003, he was the editor-in-chief of *Domus*. Since 2006 he has been the director of the Design Museum in London. In late 2016 he will be moving into a new house in Kensington, built in 1962 and renovated by John Pawson. His writings have been published in Italian by Laterza (*Il Linguaggio delle Cose*, *Architettura e Potere*). His most recent book, a biography of Ettore Sottsass, was published by Phaidon. His next book, *The Language of Cities*, is due out with Penguin at the end of August 2016.

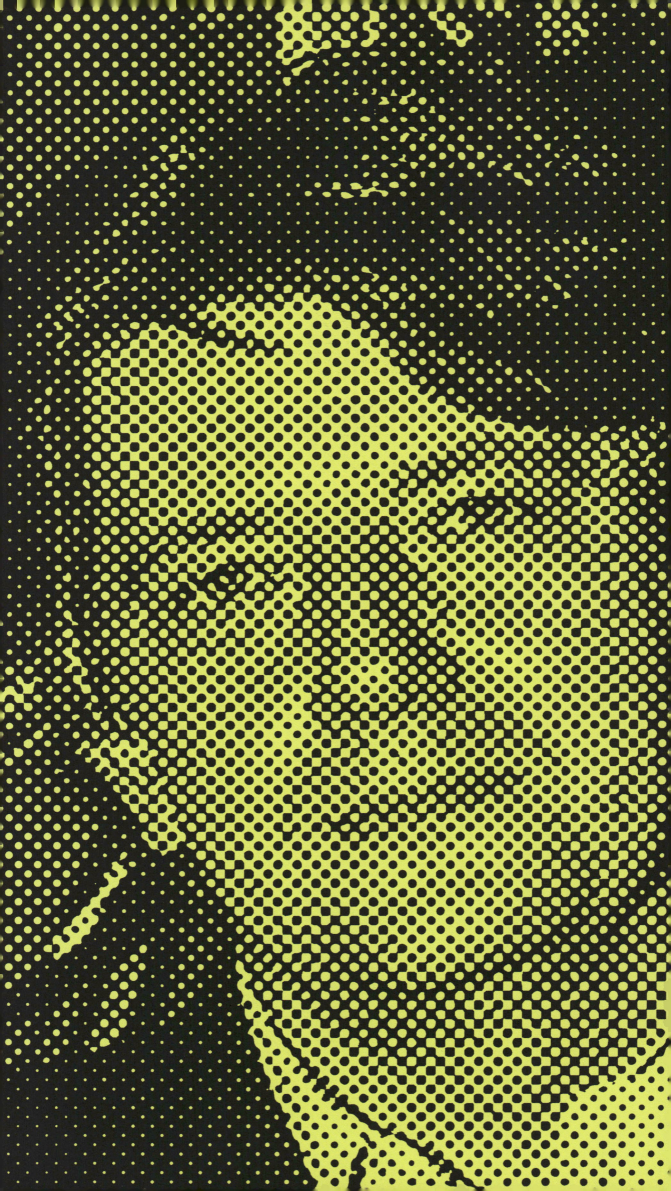

domus

LONDON:
THE ACCIDENTAL CITY
PHOTOGRAPHS BY
PHIL SAYER

Prince Charles vetoed Mies van der Rohe's 18-floor-high tower in 1984 for fear it would damage the skyline. Now London's mayors want it to look like Shanghai. Rogers Stirk Harbour's wedge-shaped tower has proved more popular than Rafael Vinoly's so-called "walkie-talkie"

Nel 1984, per timore che rovinasse il profilo della città, il principe Carlo mise il veto sulla costruzione di un palazzo di diciotto piani disegnato da Mies van der Rohe. Oggi invece il sindaco di Londra vuole che la capitale somigli a Shanghai. [Il Leadenhall Building,] la torre a cuneo firmata Rogers Stirk Harbour, è più popolare del cosiddetto walkie talkie di Viñoly.

LONDRA · LA CITTÀ CASUALE

For 53 years after London reached its peak population in 1938 the city, like so many other mature Western capitals, steadily lost people. The number living inside London's political boundaries was 8.1 million. That has fallen to just 6.8 million in 1991.

Then something startling happened. London put on more than a million people in under a decade, and by 2011 was back to its prewar peak. The city's population is still increasing rapidly, which has had the effect both of making London Western Europe's largest city, with its greatest concentration of wealth, but also triggering a massive increase in the cost of housing that is threatening to make it impossible for the people on whom the city depends to make it function to live there.

London's centre of gravity has shifted decisively to the east, driven by the impossible property prices. The population increase has a number of different causes. Britain is becoming increasingly polarised between an affluent capital and more challenged regions. There is also migration both by affluent bankers and desperate refugees, and freedom of movement in the European Union. In central London, a majority of new births are now to parents who were not themselves born in London.

At the same time, the city has undergone an astonishing transformation in physical terms, most of it as the product of unintended consequences, rather than through deliberate planning policies.

Canary Wharf for example was never envisaged as a business district, yet it is sprouting some of the tallest high-rises in Europe. With a working population of at least 110,000 at the last count and with global clout as a financial centre, it is as big as many towns but isn't yet 30 years old. It was once at the heart of the West India Docks, a place that fuelled and fed London. The docks were once lined by travelling cranes, and cluttered with shipping from around the world that had vanished by 1980 thanks to the invention in 1957 of a basic piece of technology, the standard shipping container that wiped out the world's upstream ports within two decades. The rebuilding of Canary Wharf, now owned by a partnership between a Canadian development company and Qatar, was triggered by the incentives devised by the government of Mrs Thatcher in a desperate attempt to persuade business back into the endless acres of

abandoned space in the docks. They would pay no taxes for 10 years, and could build what they liked, if only they would come. The government hoped that this would attract a few entrepreneurs to build small factories and warehouses. Michael von Clemm, an American banker, changed that when he realised that the same incentives could be used to build towers for banks.

This was at exactly the moment that the Prince of Wales began his campaign against modern architecture in general and glass towers in particular. Canary Wharf was presented as a more welcoming option.

The City of London, which has its own administration distinct from the rest of London, saw what was going on as a threat to its traditional dominance as the world's financial centre, and abruptly reversed its policies, allowing new buildings to go up all over the Square Mile.

At first Canary Wharf was a quarantined high-rise zone. Then at the end of 2001, after an extended public inquiry, came the decision of a planning inspector to allow the building of the Heron Tower, a high-rise just east of Liverpool Street station. Opponents argued that it would set a precedent and do irreparable damage to London's character. The newly installed mayor Ken Livingstone was shameless enough to suggested that its opponents were "the Heritage Taliban" for trying to stop what he suggest was an investment in the future of London.

But even before Livingstone took office he had come to an accommodation with the City of London. London was going to become the world's dominant financial centre, and the economic benefits from that role would include new jobs. Half a century of population decline in London could be reversed. This was a strategy that seemed in Livingstone's mind to depend as much on dramatic visual gestures as on economics. If London was going to be an unchallenged global financial capital, it had to look the part. And in 2000, financial centres had skylines that looked like Shanghai or Dubai. Consents for half a dozen other towers as tall or taller followed quickly.

When Michael von Clemm made his first visit to Canary Wharf there was a national consensus in Britain that after the disastrous bulldozer-rampant years of the 1960s, you did not build tall buildings in historic city centres. Almost

without notice, the status quo has been reversed. Despite the apparent solidity of London's masonry, concrete and brick crust, the city is as fluid now as it has ever been.

In 1984 it took nothing more challenging than an insignificant extension to the National Gallery less than 100 feet tall, to goad the Prince of Wales and his supporters to such a fever pitch of fury that 30 years later, the architectural profession has barely recovered. Today all London from Stratford in the east, to Wandsworth 25 kilometres to the west is caught in the path of an unstoppable juggernaut of redevelopment. It is fuelled by cheap money and the profits to be made in London's property bubble. There are plans for at least 6 towers over 300 metres high. But the only reaction is shell-shocked silence.

London has sprouted Europe's most conspicuous high-rise downtown or perhaps, more accurately, three of them: one at Canary Wharf, another around Bishopsgate in the City, and a third concentration of residential towers around Vauxhall. Not even the unsentimental planners of Moscow have allowed high-rises into their city centre.

Large parts of London have turned into a free-fire zone for developers. The tallest building in Europe? "Yes please," said both Ken Livingstone and Boris Johnson his successor as mayor, who in terms of development has carried on abiding by much the same policies. Can we build the Vauxhall Tower, the tallest block of flats in Europe, the block that the planning inspector wanted to turn down because it wrecks the view of the palace of Westminster? "Yes," said the government minister who overruled him. The argument for high-rise offices in London is made on the basis of a perhaps mistaken, but at least plausible policy. The case was never argued for the private residential towers that are now lining the river Thames.

London's very success is threatening to undermine it; they towers are a visible reflection of the emergence of London property as an asset class rather than as a means to provide affordable homes for its people. The blow-back from the property explosion has made most London property unaffordable for all but the wealthiest, threatening to choke its ability to attract the young and gifted who have been responsible for so much of the city's recent success.

The upgrading of King's Cross station (right) by architects Stanton Williams and John McAslan and the transformation of the squalor of the former railway land behind into a new home for the art students of Central St Martins are two of the more positive effects of the rebuilding of London

Opposite page: London's centre of gravity has shifted decisively eastward. Upgrading run down Victorian railways into the Overground has made large areas much more accessible and fuelled the building of a ribbon of apartments along the rail line

La ristrutturazione della stazione di Kings Cross da parte degli architetti Stanton Williams e John McAslan e la trasformazione della desolata area retrostante in una nuova sede per gli studenti del Central Saint Martins [College of Arts and Design] è uno degli effetti più positivi della ricostruzione di Londra.

Il centro di gravità della capitale si è spostato decisamente a est. La riconversione di una ferrovia vittoriana in disuso nella Overground ha reso molto più accessibili vaste aree della città e stimolato la costruzione di una fascia di nuove abitazioni lungo la linea.

Al pari di molte altre vecchie metropoli occidentali, dopo aver raggiunto il picco in termini di popolazione residente nel 1938, per cinquantatre anni Londra ha vissuto una fase di costante decrescita: i suoi abitanti, giunti a 8.1 milioni all'interno dei confini amministrativi, nel 1991 erano scesi a 6.8 milioni.

Negli anni a seguire, tuttavia, è successo qualcosa di straordinario: Londra è cresciuta di oltre un milione di persone in meno di dieci anni, e nel 2011 ha raggiunto nuovamente le cifre dell'anteguerra. La sua popolazione sta ancora aumentando con rapidità, e ciò ha sia l'effetto di renderla la città più popolosa dell'Europa occidentale, con la maggior concentrazione di ricchezza, sia di determinare un massiccio incremento nel costo degli alloggi. Un fattore, questo, che minaccia oggi di rendere impossibile viverci per le persone che la fanno funzionare, e da cui la città dipende.

Spinto da quotazioni immobiliari sproporzionate, il centro di gravità di Londra si è spostato decisamente a est, mentre la vecchia divisione tra nord e sud del fiume è largamente svanita grazie a un sistema di trasporti migliorato in modo sostanziale.

L'incremento di popolazione è dovuto a diverse concause. L'Inghilterra si sta facendo sempre più polarizzata, con una capitale benestante e aree regionali in condizioni disagiate. L'immigrazione è fatta sia di ricchi banchieri sia di rifugiati [provenienti da zone di guerra], ma è anche una conseguenza del libero movimento all'interno dell'Unione Europea. Nelle zone centrali della città, la maggioranza dei nuovi nati non ha genitori londinesi.

Nel frattempo, Londra ha conosciuto uno sbalorditivo cambiamento in termini fisici, gran parte del quale è il risultato di conseguenze impreviste piuttosto che di un'opera di pianificazione.

Canary Wharf, per esempio, non è mai stata pensata come una zona direzionale, eppure vi stanno sorgendo alcuni dei grattacieli più alti d'Europa. Con una popolazione lavorativa stimata oggi intorno alle 110.000 persone, e con un ruolo globale quale centro finanziario, pur avendo le dimensioni di una città di media grandezza non ha ancora compiuto trent'anni. Canary Wharf era un tempo il cuore dei West India Docks, un polo portuale che forniva il sostentamento alla città alimentando la sua spinta commerciale.

La ricostruzione di Canary Wharf, oggi proprietà di un consorzio di cui fanno parte una società immobiliare canadese e lo stato del Qatar, fu stimolata dagli incentivi messi a disposizione dal governo di Margaret Thatcher nel disperato tentativo di richiamare le attività commerciali in quello che era diventato un numero incalcolabile di acri di terreno abbandonato. Agli investitori, purché facessero ritorno, furono garantiti dieci anni di esenzione fiscale e la più completa libertà dai vincoli edilizi, nella speranza che avrebbe incoraggiato un certo numero di imprenditori a costruire fabbriche e magazzini di piccole e medie dimensioni. Un quadro che fu cambiato dal banchiere americano Michael von Clemm dopo la scoperta che gli stessi incentivi potevano essere ottenuti anche per la costruzione di grattacieli per attività finanziarie: Canary Wharf apparve così un'opzione decisamente invitante. Per inciso, è proprio questo il momento in cui il principe Carlo iniziò la sua campagna contro l'architettura moderna in generale e contro i grattacieli di vetro in particolare.

Nel frattempo, la City of London vedeva quanto stava accadendo come una minaccia al suo tradizionale dominio quale centro della finanza mondiale. Dotata di un'amministrazione indipendente dal resto della città, di colpo decise così di rovesciare la sua politica, consentendo la costruzione di nuovi grattacieli che svettassero sul celebre Miglio Quadrato.

La stessa Canary Wharf aveva dapprima vissuto un periodo di quarantena in tema di grattacieli. Ma alla fine del 2001, dopo un'estesa indagine da parte delle autorità, il planning inspector locale giunse alla decisione di consentire la costruzione della Heron Tower, che sorge a poca distanza ad est della stazione di Liverpool Street. Al progetto non mancavano gli oppositori, convinti che l'edificio avrebbe costituito un precedente e inferto un danno irreparabile al carattere di Londra. Ma il sindaco Ken Livingstone, fresco di nomina, mostrò sufficiente faccia tosta da definire quanti osteggiavano l'iniziativa "talebani del patrimonio storico", intenti a bloccare quel che ai suoi occhi rappresentava un investimento sul futuro della capitale.

Livingstone, del resto, era giunto a un accordo con la City of London persino prima di del suo insediamento: la città sarebbe diventata il centro finanziario più importante del mondo, e i benefici economici di tale ruolo avrebbero incluso la creazione di nuovi posti di lavoro, tanto da poter rovesciare la tendenza che per mezzo secolo aveva visto la popolazione diminuire. Si trattava di una strategia che, nella mente di Livingstone, sembrava dipendere tanto da fattori economici quanto da un gesto visibile di grande impatto: se Londra doveva essere una capitale finanziaria senza pari, era necessario allora che ne avesse anche l'aspetto. E negli anni 2000, i centri finanziari avevano skyline che ricordavano quelle di Shanghai o Dubai. Così, in men che non si dica, arrivarono i permessi per un'altra mezza dozzina di grattacieli alti quanto e più della Heron Tower.

Quando Michael von Clemm fece la sua prima visita a Canary Wharf, in Gran Bretagna vigeva la convinzione che dopo i disastrosi anni Sessanta, quando i bulldozer spadroneggiavano, nei centri storici non si sarebbero costruiti edifici sopra una certa altezza. Quasi senza che ce se ne sia resi conto, lo status quo è stato capovolto. Nonostante l'apparente solidità della sua crosta di laterizio, cemento e mattoni, Londra è fluida ora quanto mai. Nel 1984 bastò nulla più che una modesta estensione della National Gallery, alta meno di trenta metri, per portare il principe di Galles e i suoi sostenitori a un tale, febbrile accesso furioso che a trent'anni di distanza il settore dell'architettura si è a malapena ripreso.

Oggi tutta Londra, da Stratford a est fino a Wandsworth, venticinque chilometri a ovest, è in preda a un'inarrestabile frenesia di rinnovamento. Sostenuta dal vile denaro, dai profitti derivanti dalla bolla speculativa londinese. E nonostante ci siano progetti per almeno sei grattacieli che superano i trecento metri di altezza, l'unica reazione [dei londinesi] è un traumatizzato silenzio.

Londra ha fatto germogliare gli esempi più rilevanti a livello europeo in tema di grattacieli costruiti in aree centrali. Per essere più precisi, due o forse tre di questi: uno a Canary Wharf, un altro vicino a Bishopgate, nella City, e una concentrazione di torri residenziali intorno a Vauxhall. Nemmeno i responsabili della pianificazione moscovita, poco inclini al sentimentalismo, hanno permesso la costruzione di grattacieli nel centro città. Per non dire di quelli parigini.

Così, grandi porzioni di Londra sono diventate una zona franca per gli speculatori del mercato immobiliare. Il grattacielo più alto d'Europa? "Yes, please" hanno detto sia Ken Livingstone sia il suo successore Boris Johnson - il quale, in termini di edilizia, ha portato avanti più o meno la stessa politica. Possiamo costruire la Vauxhall Tower, il condominio più alto d'Europa, l'edificio che il planning inspector voleva bloccare in quanto impedisce la vista sul palazzo di Westminster? "Avanti," ha stabilito il ministro di turno, sovvertendone la decisione. La teoria che sostiene la costruzione di grattacieli per uffici a Londra è formulata sulla base di una politica forse errata ma almeno plausibile. Ma il tema non è mai stato oggetto di discussione per le torri residenziali private che ora costeggiano il Tamigi da Putney a Greenwich.

Per questo, il successo stesso di Londra minaccia ora di essere la sua rovina: queste costruzioni sono un riflesso visibile dell'emergere del mercato immobiliare londinese come una risorsa di classe piuttosto che come un mezzo per fornire alloggi alla portata dei suoi abitanti. Il contraccolpo di questa esplosione del mercato immobiliare londinese ha reso gran parte delle abitazioni troppo care per tutti se non per i residenti più ricchi, minacciando di soffocare la capacità di attrarre proprio quei giovani talenti a cui la città deve gran parte del suo recente successo.

The Olympics have turned Stratford, now just 10 minutes by fast train from King's Cross station, into a booming new residential area

Le olimpiadi hanno trasformato Stratford in una nuova zona residenziale in pieno sviluppo, ora a soli dieci minuti di treno veloce da Kings Cross.

Canary Wharf is now becoming more like a real slice of city, with a residential phase being built alongside the original office towers. It is still all on privately owned land

Per quanto sorga ancora completamente su terreni privati, Canary Wharf sta diventando più simile a una porzione di vera città, con una nuova fase di edilizia residenziale accanto agli originari palazzi per uffici.

Between the
redevelopment of the
old Battersea Power
Station (below) and the
new American Embassy
at Vauxhall,
a high-density
residential zone
is taking shape, most
of it aimed at investors
in London's property
bubble

Tra il complesso in
costruzione intorno
all'ex centrale
termoelettrica
di Battersea e la
nuova ambasciata
americana di Vauxhall
sta nascendo una
zona residenziale ad
alta densità, in gran
parte indirizzata agli
investitori.

saporiti italia

STEFANO BOERI 2004 2007

Creative direction 2004/2007 **Mario Piazza**
Art direction Domus 1000 **Mario Piazza**

Stefano Boeri (1956) si laurea in Architettura al Politecnico di Milano nel 1980 e consegue il dottorato di ricerca in Urbanistica allo IUAV di Venezia nel 1989. Insegna al Politecnico di Milano e ha tenuto corsi e lezioni come *visiting professor* in università internazionali tra cui: Harvard University Graduate School of Design (GSD), Berlage Institute di Amsterdam e Rotterdam, Strelka Institute di Mosca, Accademia di Architettura di Mendrisio e Politecnico di Losanna. Direttore di *Domus* (2004-2007) e di *Abitare* (2007-2011), è stato direttore artistico di Festarch dal 2008 al 2012, dell'Estate Fiorentina nel 2014 e del MI/Arch dal 2013. Nel 2011 è stato curatore della ricerca internazionale sul fenomeno degli insediamenti informali "São Paulo Calling", promossa dalla Secretaria da Habitação de São Paulo, che ha analizzato i casi di Baghdad, Bangkok, Medellín, Mosca, Mumbai, Nairobi e Roma. Dal 2011 al 2013 è stato assessore alla Cultura, Design e Moda del Comune di Milano. Fondatore nel 1993 dell'agenzia di ricerca Multiplicity, è autore di numerosi articoli pubblicati su libri e riviste internazionali specializzate. È il progettista di molte note architetture come il Bosco Verticale di Milano (vincitore di numerosi premi internazionali), la Villa Méditerranée di Marsiglia e la Casa del Mare a La Maddalena. Il suo studio, Stefano Boeri Architetti, – in partnership dal 2011 con Michele Brunello – è attualmente impegnato nella realizzazione di progetti urbani e piani di sviluppo in Europa e in altre parti del mondo.

Stefano Boeri (1956) took his degree in architecture at the Milan Polytechnic in 1980 and his doctorate degree in urban planning at the IUAV in Venice in 1989. He teaches at the Milan Polytechnic and has been a visiting professor at universities including the Harvard Graduate School of Design, the Berlage Institute in Amsterdam and Rotterdam; the Strelka Institute in Moscow, the Academy of Architecture in Mendrisio, Switzerland, and the Lausanne Polytechnic. Boeri was the editor-in-chief of *Domus* from 2004 to 2007, and of *Abitare* from 2007 to 2011. He was the artistic director of the Festarch event in Perugia from 2008 to 2012, and of the Estate Fiorentina event in 2014. He has been the artistic director of the Mi/Arch event in Milan since 2013. In 2011 he was a curator of São Paulo Calling, an international research project on informal settlements, promoted by the São Paulo Department of Housing. The initiative also analysed the cities of Baghdad, Bangkok, Medellín, Moscow, Mumbai, Nairobi and Rome. From 2011 to 2013 Boeri was a council member of Culture, Design and Fashion for the Municipality of Milan. In 1993 he founded the research agency Multiplicity. He is the author of numerous articles published in books and international specialised magazines. Boeri is the designer of numerous well-known buildings, including the award-winning Bosco Verticale in Milan, the Villa Méditerranée in Marseille, and Casa del Mare on the island of La Maddalena. His office Stefano Boeri Architetti, run in partnership with Michele Brunello since 2011, is currently working on development schemes and urban plans in Europe and other parts of the world.

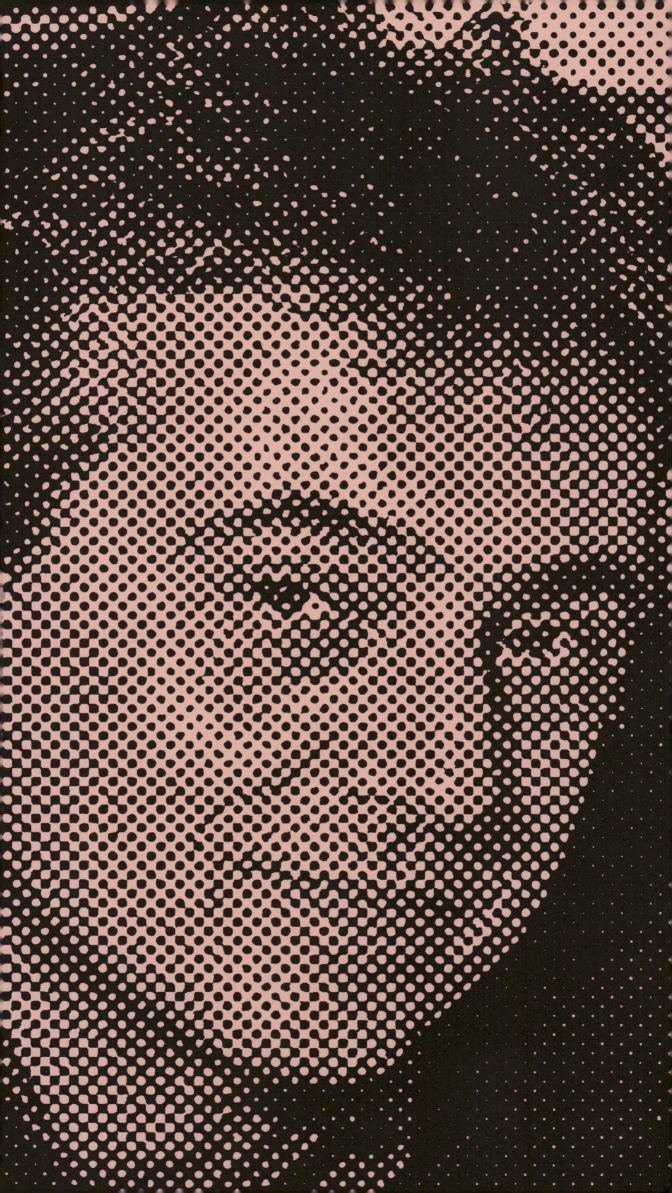

domus 1000

Il Collasso della Semiosfera
è stato veloce
–
The Collapse of the Semiosphere
was sudden

Il grande ritorno della carta
Great Return of the Paper
Stefano Boeri

8 febbraio 2033

Sto correndo a Rozzano. Da solo.
Come molti di noi, non ho più la Bolla.
La mia si è rotta tre giorni fa; speravo tenesse
di più; ma non c'è stato nulla da fare.
Il Collasso della Semiosfera è stato così veloce
da averci tolto il respiro.

February 8, 2033

I'm rushing to Rozzano. Alone.
Like many of us, I no longer have The Bubble.
Mine broke three days ago. I hoped it would
hold up longer, but there was nothing to do.
The Collapse of the Semiosphere was so sudden
it had left us dumbstruck.

8 febbraio, pomeriggio

Eppure, molti di noi l'avevano previsto.
Sto scrivendo un diario su una piccola pila
di fogli rilegati; credo fosse di mio nonno.
Faccio fatica, ma per fortuna ho qualche rimasuglio
di memoria, ancora viva, sulla scrittura manuale.

February 8, afternoon

Yet many of us had seen it coming.
I'm writing a diary on a small stack of bound pages;
I think it belonged to my grandfather.
It's laborious, but luckily I still have a vague memory
of how to write by hand.

9 febbraio

A Rozzano sta cambiando tutto.
L'ologramma della Dottoressa è apparso come
ogni giorno nel corridoio dei flussi, ma in senso
inverso al normale. Andava controcorrente come
quando è arrabbiata.
Sembra che abbia chiesto di ritirare fuori
dall'archivio cloud, sospeso ancora 20 metri sopra
il vecchio edificio, le stampanti e i computer,
gli schermi e perfino qualche rotativa tipografica.
Qui c'è molta confusione. E anche angoscia.

9 February

In Rozzano everything is changing.
The hologram of the Dottoressa appeared like it
does every day in the corridor of fluxes,
but in the opposite direction. It was going against
the flow, like when she's mad.
It seems she has asked us to get the printers,
the computers, the screens and even
a few typographic rotary presses out of the
Cloud archives, still suspended 20 metres above
the old building.
Here there's much confusion. And anxiety.

11 febbraio, mattina
Adesso siamo tornati quasi tutti, con il corpo, a Rozzano.
Difficile rinunciare al nostro SP (il Simulacro Personale), ma avendo a che fare con la carta, la vecchia carta, non c'è niente da fare: ci vuole il corpo.
E ci vogliono le mani, per toccarla, disegnarla, spostarla, impilarla.

February 11, morning
Now almost all of us have returned with our bodies to Rozzano.
It's difficult to renounce to our PS (personal simulacrum), but if you have to work with paper, the old paper, there is no choice: you need the body.
And you need the hands to touch it, to draw on it, to shift it and stack it.

11 febbraio, pomeriggio
Qualcuno ancora resiste.
Quelli di 4Reti hanno provato fino all'ultimo ad affidarsi al loro flusso d'informazioni neobolidali; a farle volare leggere nella Semiosfera.
Ma anche loro, alla fine, hanno dovuto desistere.
Tutto si è rotto, anzi si è interrotto.
Un mondo sta cambiando.

February 11, afternoon
Some are still resisting.
The people from 4Reti did their utmost to continue counting on their flow of neo-racing information, to make it fly lightly into the Semiosphere.
But in the end, even they had to give up.
Everything broke down, or rather was interrupted.
The world is changing.

15 febbraio
Questa mattina abbiamo visto e toccato la prima edizione cartacea del *The New York Times*.
Non volevamo crederci.
La carta è ancora quella leggerissima e bionica che si usa per le sostituzioni cutanee; ma già circola la prima edizione *in folio*. Le immagini sono fisse, immobili anche se le tocchi. E i titoli non suonano.
E le pagine girano, e sono tornate a essere dei numeri, numeri in successione come accadeva con i libri antichi.
È tornata la carta, con le sue notizie, la carta che invecchia, si sporca, si stropiccia.
Siamo tornati indietro, quasi senza accorgercene.
E io mi sento male.

February 15
This morning we saw and touched the first paper edition of *The New York Times*.
We couldn't believe it. The paper is still that really lightweight bionic kind they use for skin transplants, but the first edition *in folio* is already out.
The pictures are immobile; they don't even move when you touch them. And the headlines don't ring out. The pages turn, and have gone back to being numbered, numbers in order like in ancient books.
Paper has come back, with its news; paper that ages, gets dirty and wrinkled.
We have gone back in time almost without noticing.
And I feel bad, and I feel ill.

16 febbraio
Ancora qui, a Rozzano. Non so cosa pensare.

February 16
Still here in Rozzano. I don't know what to think.

Il nostro SP,
Simulacro Personale
–
Our PS,
personal simulacrum

>
Ho riabbracciato
mio figlio
–
I hugged
my son again

17 febbraio

Abbiamo sottovalutato le azioni dei Presentisti.
Peggio, li abbiamo scambiati per terroristi, messi
nel mucchio delle bande di fanatici che infuocano
ogni giorno pezzi del mondo civile.
Eppure i Presentisti, con il loro rifiuto radicale
a qualsiasi connessione, avevano a loro modo
anticipato lo scoppio della Bolla. Non solo della
loro Bolla, ma di quella di ognuno di noi.
Con i loro corpi affaticati e sporchi, con le loro
esternazioni pubbliche, le defecazioni e i coiti
e le lotte avvinghiati, parlavano, forse, a tutti noi.
Non del loro luddismo disperato, non solo
di quello, ma del crollo possibile della Semiosfera
e di un possibile futuro.
Futuro? A me sembra piuttosto un Passato che
ritorna…

February 17

We underestimated the actions of the Presentists.
Worse, we though they were terrorists, we mistook
them for one of those fanatic gangs that are setting
on fire parts of the civilised world every day.
But with their radical refusal of any type of
connection, the Presentists had foreseen
the bursting of the Bubble. Not just their Bubble,
but all of ours.
With their tired and dirty bodies, with their public
utterances, defecation, coitus and grappling
in battles, perhaps they were speaking to all of us.
Not about their desperate Luddism, not only
about that, but also about the possibility
of the Semiosphere crumbling and about some
kind of future.
Future? To me It seems the past is returning...

20 febbraio

Le Borse, anche quelle di Johannesburg e di
Mumbai, hanno registrato un rialzo dei valori delle
grandi compagnie aeroportuali.
Senza più SP la gente si muove di più. Sposta
il corpo per incontrarsi, amarsi, a volte solo
per dialogare.
Incredibile. Stiamo perdendo in pochi mesi
decenni di evoluzione.

February 20

The Stock Exchange, even in Johannesburg and
Mumbai, is seeing a rise in the value of big airport
companies.
Without PS's, people are moving around more.
They're moving their bodies to meet up, make
love and sometimes just to have a conversation.
Incredible. We are losing decades of evolution
in a few months.

20 febbraio, pomeriggio

La Rete ormai non funziona più.
Le Bolle si spengono. Di colpo ci troviamo chiusi
fuori nell'esterno del qui e ora. Senza nemmeno il
sollievo di un'incursione virtuale.
Oggi ho riabbracciato mio figlio. E ho pensato
che non lo facevo da anni.

February 20, afternoon

The Web is no longer working.
The Bubbles are shutting down. All of a sudden,
we find ourselves trapped outside of the here and
now. Without even the relief of a virtual intrusion.
Today I hugged my son again. And it crossed my
mind that I hadn't done it in years.

20 febbraio, notte

Gli ologrammi simultanei dei Presentisti mi sono
arrivati in Bolla.
Saltano attorno al rudere di un antico volume a
cuspide di titanio nel nord della Spagna che giurano
essere il Corpo del Museo Guggenheim di Bilbao, la
"Verità in Presenza" di quel simulacro bellissimo che
siamo abituati a frequentare con i nostri SP.
Altri si sono arrampicati a Pechino sulla punta a
sbalzo di quel grattacielo/lunapark in cui volano i SP
cinesi e che una volta usavano per la televisione di
Stato.
Altri ancora sono apparsi tra i rami della Jungla
Verticale di Milano, quella che, si dice, un tempo
fosse abitata anche da umani.
Calpestano, spaccano tutto e urlano che questa
è la vera architettura.
La vera città, la vita vera.
Che l'erosione del tempo non tocca solo noi,
ma anche le pietre. Che il tempo è verità – e che la

Bolla è solo una simulazione del potere.
Follie?…

February 20, night
The simultaneous holograms of the Presentists arrived in my Bubble. They are jumping around the ruin of an ancient structure with a titanium pinnacle in Northern Spain that they swear is the body of the Guggenheim Museum in Bilbao, the "Truth in Presence" of the wonderful simulacrum that we are used to visiting with our PS.
Others have climbed up on the cantilevered tip of that skyscraper-amusement park in Beijing, where chinese PS's flight, that used to be operated by the state-owned television broadcaster.
More of them appeared among the branches of Milan's Vertical Jungle, of which it is said that humans once inhabited it.
They are trampling and wrecking everything, shouting that this is real architecture. The real city, the real life. That the erosion of time touches not only us but also the stones. Because time is truth, and the Bubble is just a simulation of power.
Follies?

21 febbraio
Anche il quotidiano *China Times* è tornato a stampare carta. E la CCTV a mandare inviati nel mondo. Seguita a ruota dalle grandi reti che innervano la Bolla.
Il problema è che la Bolla, almeno qui da noi, nei Paesi del vecchio mondo, è diventata tremendamente debole. Si spegne a intermittenza e lascia entrare di continuo spifferi di Esterno. Difficile andare avanti così.

February 21
The *China Times* has gone back to printing on paper. CCTV started sending reporters around the world, followed by the rest of networks that innervate the Bubble.
The problem is that the Bubble, at least here in the countries of the old world, has become tremendously weak. It turns off intermittently and continuous drafts of the Outside come blowing in.
It's difficult to carry on like this.

22 febbraio
I Presentisti sono apparsi ovunque, aspettavano da anni questo momento.
BioMilano ne è piena. Sono stati avvistati nelle strade lungo il Po e sulle piazze alle falde del Resegone. Ieri ne ho visti alcuni qui, appena fuori dalla Redazione, che aspettavano davanti

all'Infoline di *Domus*.
Ma io so che qualcuno da dentro, da qui dentro, li aveva chiamati. Qualcuno che conoscevo bene.

February 22
The Presentists have showed up everywhere; they've been waiting for this moment for years. BioMilano is full of them. They've been sighted on the roads along the Po River, on the piazzas and on the slopes of Mount Resegone.
Yesterday I saw a few here just outside the editorial office. They were waiting in front of the *Domus* Infoline.
But I know that someone from inside the office had called them in. Someone I know well.

25 febbraio
Avrei dovuto denunciarlo prima? E perché mai? Accusarlo di che cosa?
Che l'architettura, le riviste, fossero un covo di Presentisti era noto a tutti.
Nella loro Bibbia c'era quel saggio del 2006 sui SuperLuoghi, che era apparso proprio su *Domus*; sulla *Domus* di carta di quegli anni.
Lui però sembrava (non solo a me, ve lo posso giurare) un modello di nativo Reticolare: la sua Bolla pulsava di scambi a un'intensità pazzesca e il suo SP era sempre dappertutto: impossibile scappare dalle sue incursioni; sempre velocissime, gentili, spesso ironiche. In una parola: era un piacere ricevere il suo SP.
Chi avrebbe detto che in cuor suo cullava il sogno – cupo, regressivo, nostalgico – del grande Ritorno della Carta?

February 25
Should I have reported him sooner?
Why should I have?
What could I have accused him of?
The fact that architecture and magazines were a secret refuge for Presentists was common knowledge.
In their bible there is a 2006 essay on SuperPlaces that came out precisely in *Domus*, on the paper *Domus* of those years.
But he seemed to me, and I swear it wasn't just me, a model of Reticular origins: His Bubble pulsed with exchange at a crazy high intensity and his PS was always all over the place.
It was impossible to dodge his intrusions, which were always very rapid and kind, and often witty.
In a word, it was a pleasure to receive his PS.
Who would have thought that in his heart nestled the melancholic, regressive, nostalgic dream of the Great Return of Paper?

Tra i rami della Jungla
Verticale di Milano
—
Among the branches
of Milan's Vertical Jungle

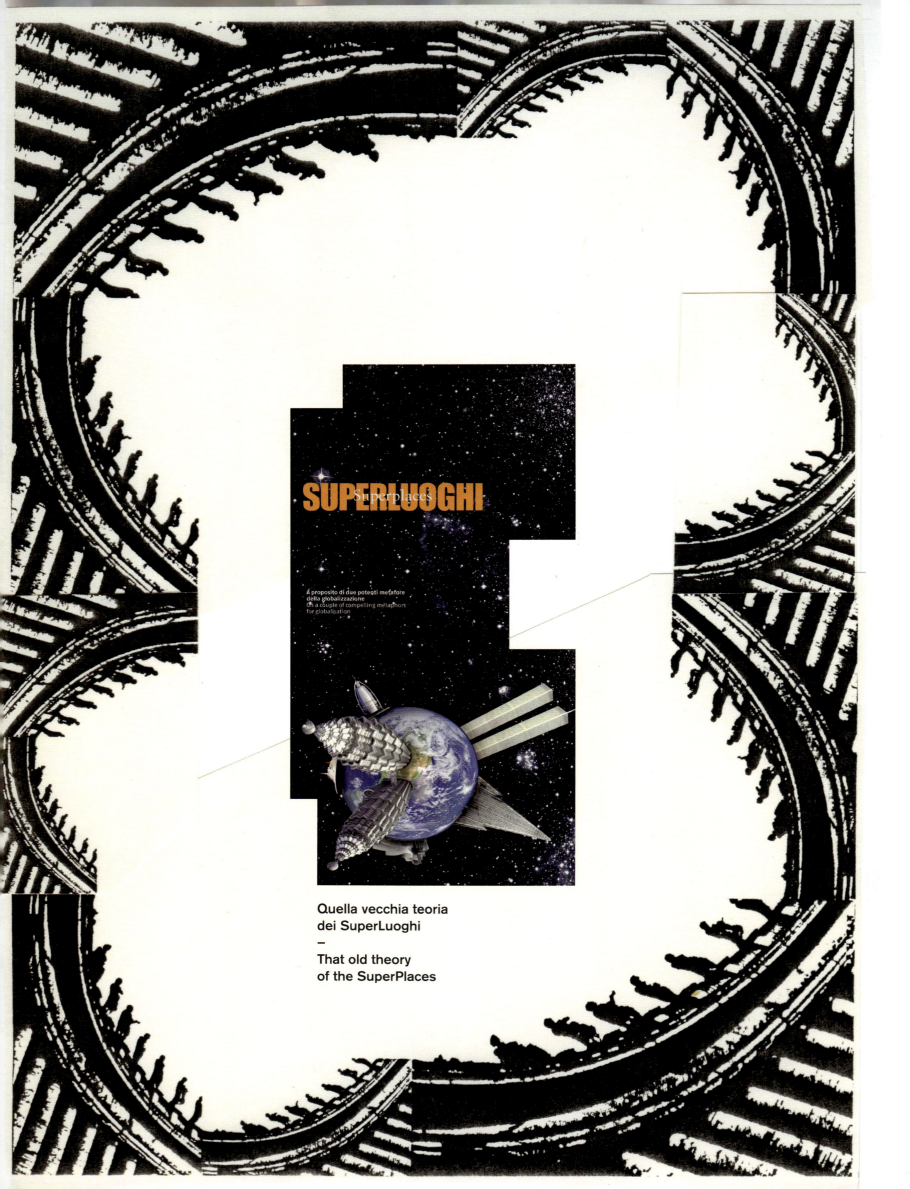

SUPERLUOGHI Superplaces

A proposito di due potenti metafore
della globalizzazione
On a couple of compelling metaphors
for globalisation

Quella vecchia teoria
dei SuperLuoghi
–
That old theory
of the SuperPlaces

28 febbraio
Stamattina abbiamo scoperto il loro covo.
Sono sempre stati qui. Non si erano mai mossi.
Hanno aspettato per 20 anni, nascosti dietro
i loro simulacri, che apparissero le prime crepe
nella Semiosfera.
C'è da pensare che in tutti questi anni non abbiano
mai smesso d'incontrarsi, toccarsi, fiatarsi addosso
e magari anche stampare la Carta; di nascosto,
incuranti dei rischi.

February 28
This morning we discovered their lair. They have
always been here; they never moved out. Hidden
behind their simulacra, they waited 20 years for the
first cracks to appear in the Semiosphere.
It makes you think how in all these years, they never
stopped meeting, touching and breathing on one
another and maybe even printing on paper, secretly,
heedless of the risks.

3 marzo
Quella vecchia teoria dei SuperLuoghi...beh, mi è
sempre sembrata un dogma. E non mi piacciono i
pregiudizi e le Leggi astratte.
Certo, parlava della doppia vita delle architetture
– quella di pietra e quella immateriale – e di come
la seconda vita rischiasse di diventare del tutto
indipendente dalla prima. Di come i Simulacri
dell'Architettura rischiassero di soppiantare i loro
referenti in cemento e ferro e vetro, sparsi in
qualche parte del mondo.
Ma quella teoria, oltre a essere un richiamo
nostalgico, era diventata un'ideologia. Una
spiegazione cui ancorarsi per contrapporsi alle
spinte alla libertà garantita dalla Semiosfera.
Quasi una minaccia.
La verità è che il Dogma dei SuperLuoghi veniva
agitato dai Presentisti per attaccare le nostre
libertà. Libertà di abitare ovunque gli spazi e
i mondi virtuali; senza fatiche, senza contatti,
senza attriti con le corrugazioni del mondo Esterno.
Ma adesso sappiamo che c'era qualcosa di più.

March 3
That old theory of the SuperPlaces... well, it always
seemed a dogma to me. And I don't like prejudices
or abstract laws.
Of course it was about the double life of buildings
– their life of stone and their immaterial one –
and about how the latter could very well become
fully independent from the former. It was about
how the Simulacra of Architecture could supplant
their representatives in cement, iron and glass
scattered over the world.

But besides being a call to nostalgia, the theory
had become an ideology, an explanation that you
could use as an anchor to oppose the thrust
towards the liberty guaranteed by the Semiosphere,
almost like a menace.
Truth is, the dogma of SuperPlaces was wielded
by the Presentists to attack our freedom.
The freedom to live anywhere in virtual space
and worlds, without hassle, without contact,
without the friction with the external world in
its corrugations.
But now we know that there was more to it.

10 marzo
Ormai è finita. Ce l'hanno fatta.
Domus è tornata a essere Carta. A pesare.
A essere pagine. Pagine di Carta finissima.
Molti di noi hanno ceduto; fingono di avere
finalmente capito che era questo il destino di
una rivista di Architettura.
Domus è tornata e a essere materia, Materia
Materna. Materia che ospita nel suo corpo le
rappresentazioni dei Corpi delle Architetture.
È tornata a riempire il vuoto tra l'immaginario d
el lettore e gli spazi materiali di architetture che
lui non avrebbe mai visitato con il corpo, ma solo
attraverso le immagini. A offrire un corpo fisico
a queste immagini.
Immagini di Carta che raccontano di Architetture
di Pietra.

March 10
It's over now. They did it.
Domus went back to being paper, being heavy,
being pages. Pages of very fine paper.
Many of us have given in, feigning to have finally
understood that this was the destiny of
an architecture magazine.
Domus went back to being material, Maternal
Material. Matter that hosts inside its body
representations of the bodies of architecture. Matter
that came back to fill the void between the readers'
unconscious and the material spaces of building
that they would never visit with their body, but only
through pictures. Matter that offered a physical body
to these images. Images of paper that speak of
architecture made of stone.

11 marzo, tarda mattina
Oggi Lui ci ha convocato. Tutti.
Ci ha chiesto di esserci "in presenza", con il corpo.
Ci ha pregato di spegnere le Bolle… (tanto ormai
quasi non servono più). E ci ha parlato.
Non so quanti anni abbia. Aveva una voce lieve e

scandiva le parole, una ad una, lentamente, con il suo accento dell'Est.
Nel silenzio innaturale della ex Mensa.
Ci ha detto della grande svolta dell'inizio degli anni Venti. E di come tutto fosse nato 30 anni prima nelle riviste di architettura, con l'architettura che gradualmente diventava un insieme di *bit*, di codici digitali – e perdeva peso.
Con il proliferare dei blog, di Internet, Facebook, Twitter e tutte quelle scalcagnate forme di proto-Inforete che avevano preceduto l'avvento delle Bolle e dei SP.
L'architettura si era sdoppiata, fino al punto di abbandonare qualsiasi riferimento allo spazio duro, vero, sporco, vissuto.
E *Domus*, la Regina delle riviste di Architettura, l'aveva seguita.
Tutti alla fine si erano convinti; quella era la strada giusta, l'unica possibile.
Ma…

March 11, late morning
Today he summoned us. All of us.
He asked us to be "present" with our body.
He requested that we turn off our Bubbles.
(Anyways we barely need them now).
And he spoke to us. I don't know how old he is.
His voice was feeble and he articulated his words one by one, slowly, with his southern accent.
In the unnatural silence of the former refectory he told us about the big turning point in the early 2020s. And how everything had originated 30 years before in architecture magazines, when architecture gradually became a set of bits and digital codes.
It lost weight with the proliferation of blogs, Internet, Facebook, Twitter and all the worn-out forms of proto-Infoweb that had preceded the advent of the Bubbles and PS's.
Architecture had split apart so much that it had abandoned all reference to hard, real, dirty, livable spaces.
And *Domus*, the queen of architecture magazines, had followed.
Everybody had been convinced that it was the right road to travel, the only one possible.
However...

11 marzo, sera
...Ma non era così. La Carta non era mai morta. E lui aveva deciso di resistere.
Come gli antichi carbonari, i Presentisti di *Domus*, partigiani dell'Architettura Integra, avevano continuato a riunirsi. Come facevano i redattori del secolo scorso.

E mentre i loro SP volavano lanciando e progettando Mondi, loro di nascosto scrivevano, impilavano, stampavano, rilegavano testi. Testi di carta; carta per parole e per immagini.
Testi di Architetture per una Rivista di Carta.

March 11, evening
...However, it was not so. Paper never died.
And he had decided to resist.
Like the old secret societies of the Carbonari, the Presentists of *Domus*, the partisans of Whole Architecture had continued to meet, just like the editors from the past century used to do.
As their PS's flew around launching and designing worlds, they would meet clandestinely to write, stack, print and bind texts, paper texts, paper for words and pictures, texts about architecture for a magazine made of paper.

11 marzo, notte
Scrivo di nascosto queste righe.
Spero che qualcuno le trovi in quello che resta della mia Bolla.
Ormai ci siamo.
Il Dipartimento Inforete di *Domus* è stato chiuso.
I SP liquidati, svaniti come nuvolette.
Il futuro è cambiato.
E noi architetti, noi che siamo ancora una volta al centro della scena, ancora una volta non ce ne siamo accorti.
Domus 2000 è stata stampata. Ha una copertina e 170 pagine di carta patinata.
La tiratura non la conosciamo, ma si parla di 800 mila copie che cominciano a girare nel mondo.
Ed è bellissima. La più bella rivista del mondo.

March 11, night
I'm hiding while writing these lines.
I hope that someone will find them in what remains of my Bubble.
The moment has come.
The *Domus* Infoweb department has been shut down.
The PS's liquidated; they have vanished like little clouds.
The future has changed.
We architects, we who are once more standing centre stage, have yet again not noticed a thing.
Domus 2000 has been printed. It has a cover and 170 pages of coated paper.
We don't know the circulation, but they say 800 thousand copies are being distributed worldwide.
It's really beautiful. The most beautiful magazine in the world.

La più bella rivista del mondo \ The most beautiful magazine in the world

domus

2000

ALESSI

"Tonale", Servizio da tavola
Design David Chipperfield, 2009, 2016

FLAVIO ALBANESE 2007 2010

Flavio Albanese (1951), la cui formazione è avvenuta fuori dai consueti percorsi accademici, ha maturato una lunga e polimorfa esperienza nei settori dell'architettura e del design. Ha insegnato presso l'École Polytechinique Fédérale di Losanna, l'Art Institute di Chicago (1980) e lo IUAV di Venezia (2009 e 2010). Ha tenuto conferenze in diverse università italiane ed estere: la Yale University di New Haven (1983), la Delft University of Technology (2005), la University of Florida di Gainesville (2006), la Fundación Proa di Buenos Aires (2008). È stato membro del Comitato scientifico di Domus Academy (2004-2005) e del Comitato d'Onore di Miart (2009 e 2010), direttore dell'Officina del Porto di Palermo (2006-2008) e vicepresidente del Centro Internazionale di Studi di Architettura Andrea Palladio di Vicenza (2011-2015). Dal 2007 al 2010 è stato direttore di *Domus*. I progetti dello studio di architettura ASA Studio Albanese, fondato nel 1987 a Vicenza con il fratello Franco, sono stati pubblicati sulle maggiori riviste internazionali d'architettura e design e selezionati per la Biennale di Architettura di Venezia (2004 e 2006). Il progetto Neores è stato segnalato per il "Mies van der Rohe Award" (edizione 2003). Attualmente, Flavio Albanese è presidente della Fondazione Teatro Comunale Città di Vicenza.

Flavio Albanese (1951) conducted his professional training outside academia, acquiring lengthy and polymorphous experience in the fields of architecture and design. He has taught at the École Polytechnique Fédérale in Lausanne, the Art Institute in Chicago (1980) and the IUAV in Venice (2009-2010). He has held conferences at universities in Italy and abroad, including Yale University in Connecticut (1983), Delft University of Technology in The Netherlands (2005), University of Florida (2006), and the Fundación Proa in Buenos Aires (2008). He has been a member of the academic committee at Domus Academy in Milan (2004-2005), a member of the honorary committee at the Miart trade show in Milan (2009-2010); the director of the Officina del Porto di Palermo (2006-2008); and the vice-president of the Centro Internazionale di Studi di Architettura Andrea Palladio in Vicenza (2011-2015). From 2007 to 2010 he was the editor-in-chief of *Domus*. In 1987, with his brother Franco, he founded the architecture firm ASA Studio Albanese in Vicenza. The firm's projects have been published in major international architecture and design magazines, and were selected for the Venice Biennale of Architecture in 2004 and 2006. The Neores project was shortlisted for the 2003 Mies van der Rohe award. Flavio Albanese is the current president of the Fondazione Teatro Comunale Città di Vicenza.

Creative direction 2007/2010 **onlab, Nicolas Bourquin**
Art direction 2007/2010 **Giuseppe Basile**
Art direction Domus 1000 **onlab, Nicolas Bourquin**

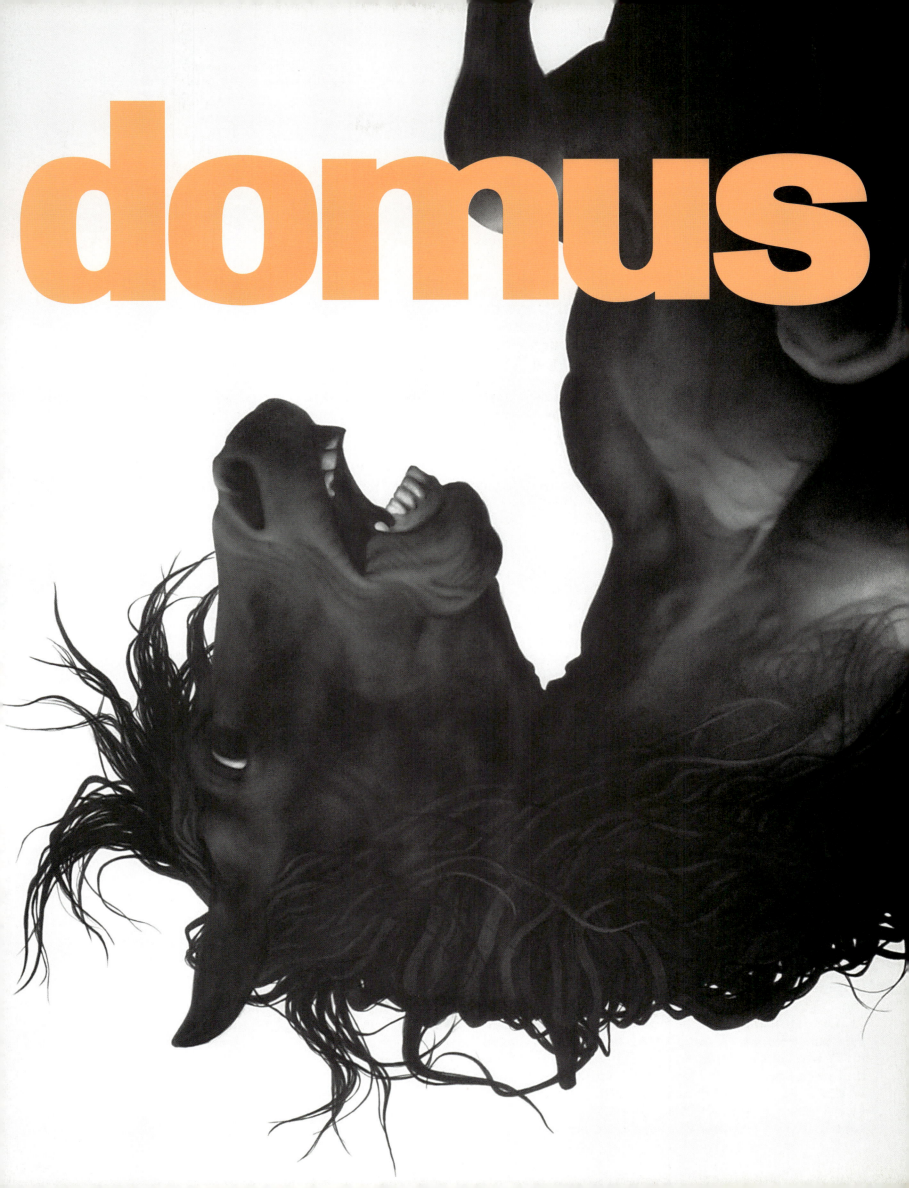

Era il marzo del 2005 quando Giovanna Mazzocchi mi chiese di assumere la direzione di *Domus*. Per 36 mesi e 31 numeri ho avuto la fortuna e l'onore di poter entrare nel cuore della rivista che avevo sempre letto e usato come manuale di buona architettura.

L'invito a collaborare alla realizzazione dello speciale *Domus* 1000 diventa così l'occasione per ringraziare ancora una volta l'editore e la redazione per quei tre indimenticabili e straordinari anni di lavoro e di fatica, durante i quali ho imparato molto, mettendo a dura prova le mie certezze e le mie convinzioni. Mi piace ricordare quel periodo con l'immagine collettiva del grande tavolo di lavoro, attorno al quale tutti i collaboratori si riunivano, ogni settimana, per costruire il nuovo numero della rivista. La mia direzione si concluse infine con un editoriale in qualche modo poco profetico, che risentiva degli eventi economici del 2008, prefigurando un'architettura dai toni bassi, non più urlata, un'architettura che si sarebbe misurata con paradigmi nuovi: indeterminazione, necessità, incertezza, precarietà. L'ho definita architettura della fragilità.

Quest'idea si era formata attraverso molte riflessioni. Una di esse proveniva da un disegno tratto da un volume dedicato a un giovane architetto cileno di nome Alejandro Aravena. Il disegno era la stilizzazione di una sedia normale posta come divisore, e di un pezzo di stoffa circolare posto come dividendo. Il pezzo di stoffa rappresentava la sedia ideale di un indiano della tribù nomade degli Ayoreo, il limite utile del concetto di sedia, e dimostrava l'esistenza di una riducibilità inaspettata nel cuore di ogni progetto, una riducibilità che corrisponde a una pura necessità. Lo *statement* del disegno riportava: "Il pezzo di stoffa sta alla sedia come X sta all'architettura".

Quello di Aravena era un punto di vista molto commovente, la sua sensibilità toccava le corde profonde della mia idea di fragilità, la sua concretezza era qualcosa di molto affine alla linea editoriale della mia *Domus*. Per questo, dovendo misurare la portata e l'efficacia di quel concetto nel tempo, ho subito pensato di fare un passo indietro come *special editor* del numero 1000 di *Domus*, dimenticando quanto fatto e lasciando spazio ad Alejandro Aravena, direttore in carica della Biennale di Architettura di Venezia, come *guest editor* della sezione che avrei dovuto curare. Pochi giorni dopo questa decisione, e prima di averlo contattato per il mio invito, Aravena viene insignito del "Pritzker Prize", diventando il più giovane e il più anti-accademico dei suoi vincitori.

Al momento dell'ufficializzazione, francamente ho pensato: "Che peccato, è il nuovo Priztker, e non avrà tempo né attenzione per me!". Invece Alejandro, con la grande disponibilità e la liberalità che lo contraddistinguono, ha accettato volentieri il mio invito, regalandoci alcuni pensieri sui suoi lavori, sulla sua filosofia, sul mondo contemporaneo e sulla sua fragilità.

It was March 2005 when Giovanna Mazzocchi asked me to take over the helm of *Domus*. For 36 months and 31 issues I had the good fortune and honour of being in the position to enter the heart of the magazine that I had always read and used as a manual of good architecture.

The invitation to work on the special issue *Domus* 1000 became an occasion to thank the publisher and the editorial staff once again for those three unforgettable and extraordinary years of hard work during which I learned much and severely put my certainties and convictions to the test. I like to remember that period by the collective image of the large work table around which the whole team reunited every week to construct the magazine's new issue. I concluded my chief editorship in the end with an editorial that was somehow not very prophetic, influenced as it was by the economic events of 2008. It anticipated architecture that was understated, no longer in-your-face, architecture that would take into account new parameters: indeterminacy, necessity, uncertainty and precariousness. I called it the architecture of fragility.

I had formed the idea after much reflection. One stimulus came from a line drawing in a book on a young Chilean architect called Alejandro Aravena. The drawing was of a stylised normal chair placed as a divisor, and a ring-shaped strip of fabric as the divided. The fabric strap represented the ideal chair for Indians of the nomadic Ayoreo tribe. As the minimum limit of the chair concept, it demonstrated the unexpected reducibility contained in every project. The reducibility corresponds to a pure necessity. The statement under the drawing read, "The ratio of the cloth strap is to the chair is as X is to architecture". Aravena's viewpoint was very moving; his sensibility touched the deepest chords of my idea of fragility; his concreteness was very close to the editorial line of the *Domus* I was making. In order to measure the breadth and concreteness of that concept over time, I immediately thought to take a step back as a special editor of the thousandth issue of *Domus*, forget what I had done and leave space to Alejandro Aravena, the appointed director of the 2016 Venice Biennale of Architecture. I wanted him to be the guest editor of the section that I had been invited to curate. A few days after this decision and before having contacted him about it, Aravena received the Pritzker Prize, becoming the youngest and most anti-academic of the award's winners.

As this was officialised, I thought, "What a shame, he's the new Pritzker recipient and won't have time or consideration for me!" Instead, Alejandro readily accepted my proposal with the openness and liberality that characterise him, gifting us with several thoughts on his work, his philosophy, the contemporary world and its fragility.

Pagina precedente: "The Black" dalla serie "Any Minute Now" by Larassa Kabel, matita colorata su carta, 244 x 244 cm, 2011. Foto: Chris Hennessey

Carattere tipografico: Leopold by Fatype

Previous page: *The Black* from the series Any Minute Now by Larassa Kabel, coloured pencil on paper, 244 x 244 cm, 2011. Photo: Chris Hennessey

Typeface: Leopold by Fatype

Alejandro Aravena

Pensieri sull'architettura

Thoughts on architecture

Alejandro Aravena,
Schemi per un lotto
di alloggi sociali

SKETCH 1.

Alejandro Aravena,
Sketch of a social
housing lot

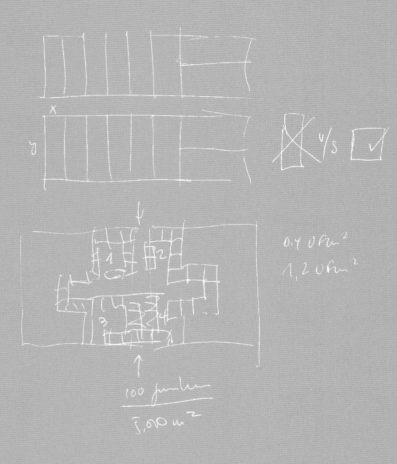

SPECIFIC TOOLS FOR SPECIFIC PROBLEMS

1. Tutti vogliono combattere la povertà: economisti, politici, persino i poveri stessi. Su questo obiettivo c'è un accordo generale.

2. Quali sono gli specifici strumenti di design necessari a risolvere questi problemi e queste sfide? Cosa posso fare come architetto contro la povertà? È possibile connettere la questione della povertà a una figura geometrica, associando una forma a un design efficace?

3. Una risposta a queste domande è il passaggio dal rettangolo al quadrato. In situazioni di necessaria efficacia e di economia di costi, il quadrato ottimizza lo spazio e minimizza gli sprechi. Non è la soluzione al problema, ma la formula attraverso cui se ne può avere uno strumento appropriato.

4. La scelta di usare il quadrato anziché il rettangolo non deriva da qualche influenza simbolica o dalla cultura del Rinascimento. Questo non ci interessa: ci interessa trovare, nel progetto, il collegamento tra una conoscenza specifica e un problema specifico.

5. La soluzione di un problema architettonico inizia lontano dall'architettura, nell'economia e nella geometria, per ritrovarsi, attraverso una catena di passaggi logici, nel cuore dell'architettura.

1. Everyone wants to fight poverty: economists, politicians and even poor people themselves. There is general agreement on this objective.

2. What are the specific design instruments needed to resolve this challenging problem? What can I do about poverty as an architect? Is it possible to connect poverty to a geometric figure by associating a form to an effective design?

3. One answer to these questions is the shifting from the rectangle to the square. In situations where effectiveness and economy of costs is needed, the square optimises space and minimises waste. It is not the solution to the problem, but a formula through which we can acquire an appropriate tool.

4. The choice to use a square instead of a rectangle does not derive from a symbolic influence or Renaissance culture. It doesn't matter to us. We are interested in finding in design the connection between a specific tool and a specific problem.

5. The solution to an architectural problem begins far from architecture, in economy and geometry. A chain of logical steps brings us from there to the heart of architecture.

Alejandro Aravena,
Schema di un bagno
per alloggio sociale

SKETCH 2.

Alejandro Aravena,
Sketch of a social
housing bathroom

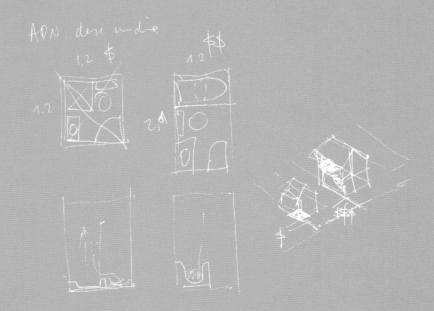

A BATHROOM IS A BATHROOM IS A BATHROOM

1. Il bagno ha a che fare con il DNA della classe media. Nel *social housing* il bagno è un quadrato di 1,2 per 1,2 metri con lavabo, water e doccia. Proprio la doccia, per i motivi più diversi, è all'origine del 99,5 per cento dei conflitti con i vicini. Il nostro obiettivo è di mettere la vasca da bagno al posto della doccia, introducendo un segmento di DNA della classe media.

2. Mettere una vasca al posto di una doccia è un comfort vantaggioso con un costo maggiore. Per ottenerlo, bisogna rinunciare a qualcosa. Questo è il punto da cui si parte per stabilire le priorità.

3. Se questo problema è difficile da risolvere individualmente, diventa più semplice a livello collettivo: per avere il bagno bisogna togliere qualcosa. Via le tinte, via il pavimento etc. Poste in questi termini, sono rinunce che le famiglie accettano più facilmente.

1. The bathroom is based on the DNA of the middle class. In social housing, the bathroom is a 1.2 x 1.2 metre square with a sink, toilet and shower. For the most diverse reasons, precisely the shower gives rise to 99.5 per cent of conflict with the neighbours. Our aim is to substitute it with a bathtub, introducing a segment of the DNA of the middle class.

2. The replacing of the shower with a tub is an advantageous comfort with a higher cost. To obtain a bathtub, we must forego something else. This is where we start to establish priorities.

3. Although this problem is difficult to solve on an individual basis, it is easier on the collective level: in order to have a tub, you must take away something. Do away with the paint, the flooring and so on. Posed in these terms, they are sacrifices that families accept more readily.

Alejandro Aravena, Schema per un'unità di alloggi sociali

SKETCH 3.

Alejandro Aravena, Sketch of a social housing unit

20./24 studios

privado.

mixto.

80 m²

40 m²

$

80 m²

3m   3m

300 UF   40 m²   presion del vacio

500 UF   100 / 120 UF.

33

LOCATION LOCATION LOCATION

1. L'unità abitativa urbana ritenuta congrua per una famiglia della classe media è di 80 m². Quando il livello economico scende, il mercato riduce le dimensioni della casa, ma non quelle della famiglia. La soluzione è allora allontanarsi in una zona più a buon mercato.

2. La posizione di una casa è ciò che una famiglia povera non può permettersi di cambiare. Questo è il motivo per il quale le vere questioni cruciali del *social housing* non si riferiscono al quanto caro o al quanto grande, ma al dove.

3. Un altro concetto fondamentale nel social housing è che le azioni individuali non si possono coordinare, e questo rappresenta un tratto del *layout* urbano. Ma quando un numero di famiglie è tale da raggiungere una scala sociale, esso diventa importante perché permette di ragionare su un'azione collettiva.

4. Ciò che il mercato immobiliare offre generalmente nelle periferie è un aut-aut: pubblico o privato. Non c'è nulla in mezzo. Un sistema atomizzato, fatto di molte strade e di piccoli lotti. Noi cerchiamo di inserire un nuovo elemento tra il pubblico e il privato: il collettivo.

5. Uno spazio collettivo interno di forma quadrata, costituito da 20 o 24 unità abitative, non è troppo piccolo per consentire ai bambini di giocare in libertà e in sicurezza, ma non è nemmeno troppo grande, evitando così di compromettere la coesione sociale e i rapporti di buon vicinato.

6. L'architettura è fatta di misure. Quello che facciamo non è progettare una casa di metà grandezza ma la metà di una buona casa. Lasciando alle famiglie le scelte sull'altra metà. E questo è un fatto. Così facendo, difendiamo i loro diritti.

7. Ci sono molti modi di occuparsi di diritti delle persone più povere. Si può parlare, parlare e parlare. Oppure si può creare un fatto.

1. The urban living unit considered congruous for a middle-class family is 80 square metres. When the economic level descends, the market reduces the size of the house, but not the size of the family. The solution is to move away to a less expensive area.

2. The position of a house is what a poor family cannot afford to change. This is the reason why a crucial question of social housing is not about how expensive or how big, but where.

3. Another fundamental concept in social housing is that individual actions cannot be coordinated, and this represents a trait of the urban layout. But when a number of families expands to reach a social scale, that group becomes important because it allows for reasoning on collective action.

4. What the real estate market in the city outskirts generally offers is an "either–or" situation: either public or private, nothing in between. It is an atomised system of many roads and small lots. We are trying to insert a new element between public and private: the collective.

5. An inner collective space with the shape of a square, made up of 20 to 24 housing units, is not too small to allow children to play free and safe. Nor is it so big as to compromise social cohesion and good neighbourly relations.

6. Architecture is made of measurements. What we do is not design a half-sized house, but half of a good house. We let the family decide about the other half. This is a fact. By doing this we defend their rights.

7. There are many ways to defend the rights of poor people. You can talk, talk, talk, or you can create a fact.

Alejandro Aravena, UC Innovation
Center Anacleto Angelini, 2014,
San Joaquín Campus, Universidad
Católica de Chile, Santiago, Cile

SKETCH 4.

Alejandro Aravena, UC Innovation
Center Anacleto Angelini, 2014,
San Joaquín Campus, Universidad
Católica de Chile, Santiago, Chile

LEARNING BY CURIOSITY

1. In un *Innovation Center* per definizione l'obiettivo primario è creare conoscenza. Per farlo esistono due strade. Un sistema formale, nel quale il lavoro viene svolto davanti a una scrivania, e un sistema informale, in cui la conoscenza si genera attraverso il crossing di informazioni e le chiacchierate, anche casuali, fra le persone.

2. La curiosità è cruciale per la conoscenza. Ma gli edifici che ospitano i centri di ricerca spesso disincentivano le occasioni di scambio: alla trasparenza verso l'esterno delle facciate vetrate non corrisponde una trasparenza verso l'interno. Nessuno sa cosa succede al piano di sopra o dietro la porta accanto.

3. Per il nostro *Innovation Center* abbiamo attuato un rovesciamento della tipica fluttuazione quotidiana delle relazioni tra gli spazi: creando la trasparenza all'interno dell'edificio abbiamo introdotto soluzioni di design specifiche per promuovere la curiosità e incentivare le occasioni di innovazione informale.

4. Anche per l'involucro abbiamo fatto lo stesso. L'edificio ha una forma compatta e opaca, e pesa 17 mila tonnellate. Generalmente per edifici di questo genere l'architettura tende a realizzare costruzioni apparentemente più leggere e trasparenti. Ma una torre di vetro delle stesse dimensioni peserebbe esattamente 17 mila tonnellate. La trasparenza e la leggerezza non sono un fatto, ma un artificio retorico.

5. Questa massa e compattezza che l'architettura oggi rifiuta, dovrebbe invece essere celebrata. La gravità è una forza molto antica e primitiva, tu senti quel peso sulle spalle, tocca i nervi più profondi. Perché rinnegarla? Nel nostro progetto abbiamo voluto ricollegarci a questo elemento ancestrale e profondo rispetto alla condizione umana che è la gravità.

6. Per rinforzare la nostra idea dal punto di vista strutturale, abbiamo raggruppato gli 11 livelli dell'edificio, dall'alto verso il basso, in *layers* di 4-3-3-1 piani, in modo che si possa cogliere subito, dall'interno, la sensazione di una forza che dall'alto comprime la base, sottolineando l'azione della gravità.

1. By definition, the primary objective of an innovation centre is to create knowledge. There are two ways to do this: by a formal system in which work is conducted at a desk, and by an informal system where knowledge is generated by the crossing of information and casual conversation among people.

2. Curiosity is crucial to knowledge. Yet often the buildings for research centres discourage opportunity for exchange. The transparency of the glazed facades on the outside is not matched by transparency within. No one knows what goes on on the storey above them or behind the next door.

3. Our innovation centre has turned the typical daily fluctuation of relations between spaces inside out. By creating transparency inside the building we have introduced specific design solutions to promote curiosity and incentivise opportunity for informal innovation.

4. We did the same thing on the outside. The building has a compact, opaque form and weighs 17 thousand tons. Generally for buildings of this type, the architecture tends to be made up of seemingly lighter and more transparent constructions. However, a glass tower of the same size would weigh exactly 17 thousand tons. Transparency and lightness are not one. They are rhetoric artifice.

5. The mass and compactness refused by architecture today should instead be celebrated. Gravity is a very ancient and primitive force. You can feel weight on your shoulders, for it touches the deepest nerves. Why deny it? Our project aims to reconnect the ancestral and profound element of gravity to the human condition.

6. To strengthen our idea from a structural point of view, we grouped the building's 11 stories from the top to the bottom in layers of 4-3-3-1 storeys so that from the inside a force is immediately perceived that compresses the base from above, underlining the effect of gravity.

Alejandro Aravena, Scuola
di Matematica, 1999, Universidad
Católica de Chile, Santiago, Cile

SKETCH 5.

Alejandro Aravena, Mathematics
School, 1999, Universidad Católica
de Chile, Santiago

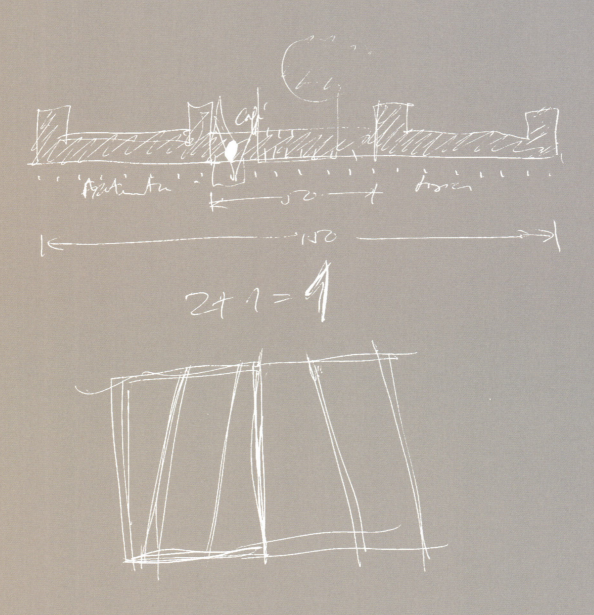

$$2+1=1$$

1. La situazione di partenza vedeva due edifici separati da uno spazio vuoto. Bisognava costruire 2.000 m² di ampliamento, in qualsiasi punto del campus, che di per sé aveva già numerosi edifici sparsi all'interno del perimetro.

2. Chiunque si sarebbe aspettato una struttura indipendente, magari circolare e iconica. Ma pensavamo che aggiungere un elemento ulteriore allo sprawl del campus non fosse in questo caso la scelta più giusta.

3. Così optammo per aggiungere ai due elementi esistenti un segmento di collegamento, che completava la sagoma creando una forma continua, permettendoci di sfruttare le infrastrutture precedenti, come per esempio i percorsi pedonali. Naturalmente rinunciavamo a fare un edificio riconoscibile. Ma in molti casi la riconoscibilità è solo un altro modo per misurare il potere.

4. C'è una dimensione ironica nella nostra risposta specifica a questo progetto: esistevano due strutture e avevamo bisogno di una terza, ma il risultato finale è un unico edificio: 2+1=1. La cosa è divertente, trattandosi della Scuola di Matematica dell'Università Cattolica del Cile.

5. Il caffè è un altro aspetto interessante. Si dice che l'avanzamento della matematica avvenga davanti alla macchina del caffè, capace di trasformare la 'pausa' in domande fondamentali. Questa trasformazione è un argomento da prendere molto seriamente. Per questa ragione la *coffee area* è diventata un punto centrale del progetto. Essa è visibile chiaramente, da qualsiasi angolazione voi guardiate l'edificio.

1. The initial situation was two buildings separated by an empty space. We had to construct a 2,000 square metre extension on any spot of the campus, which already had numerous buildings scattered inside its perimeter.

2. Anybody would have expected an independent structure, perhaps circular and iconic. However in our opinion, adding an ulterior element to the campus sprawl would not be the right choice.

3. We opted to add to the two existing elements a connecting segment that completed the outline by creating a continuous shape. It allowed us to use the existing infrastructure, for example the walkways. Naturally we lost the opportunity to make a recognisable building, but in many cases recognisability is just another way of measuring power.

4. There is an ironic dimension to our specific response to this project: there were two existing structures and they needed a third, but the final result is a single building. 2 + 1 = 1. That's funny, seeing that it's the Mathematics School of the Catholic University of Chile.

5. Coffee is another interesting aspect. They say that advancement in mathematics takes place in front of the coffee machine, which is able to turn a coffee break into fundamental questions. This transformation is a subject to be taken very seriously. For this reason, the coffee area became a central point of the project. It is clearly visible from every angle of the building.

Alejandro Aravena, Siamese Towers,
Camino Privado, Macul, Región
Metropolitana, Cile, 2003

SKETCH 6.

Alejandro Aravena, Siamese Towers,
Camino Privado, Macul, Región
Metropolitana, Chile, 2003

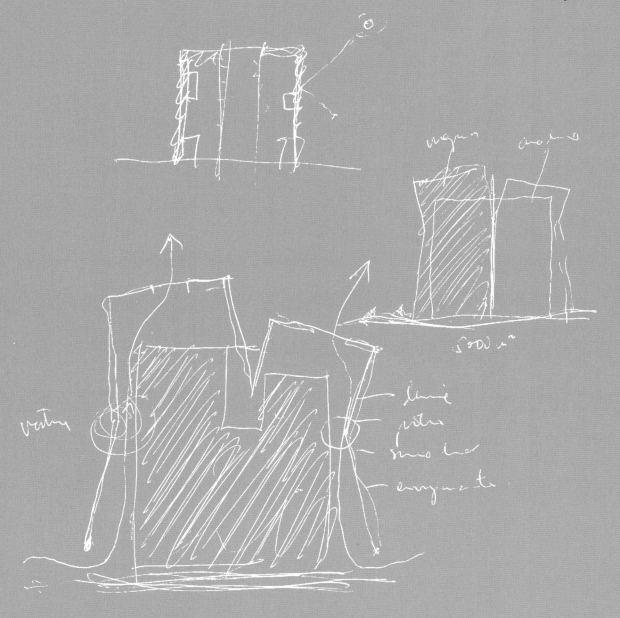

ASKING QUESTIONS

1. La committenza era molto risoluta nel chiedere una torre di vetro, ma nei nostri primi *concept* non c'erano né torre né vetro. La ragione era che il vetro non presenta caratteristiche adatte per il clima di Santiago, e che le dimensioni dell'edificio (5.000 m²) non erano sufficienti per costruire una torre. Nonostante ciò, la committenza ribadì di volere una torre di vetro.

2. Ci trovavamo quindi di fronte a un edificio con problemi che sembravano senza soluzione: il problema del vetro, il problema dell'isolamento termico, e il problema del volume. Quali erano le scelte migliori da fare non tanto in senso assoluto, ma in quel preciso contesto? Abbiamo deciso di separare i problemi in tre layers per trovare una soluzione specifica per ognuno di essi.

3. La gente vuole una facciata di vetro perché viene associata all'idea di innovazione e trasparenza. Naturalmente, si tratta di una fallacia teoretica che nel nostro caso si trasforma in un problema concreto, perché è difficile controllare la luminosità interna senza annullare la trasparenza, e questo aspetto diventa centrale in un clima semidesertico. Abbiamo allora usato il vetro per ciò che esso sa fare, rinunciando a chiedergli ciò che non può fare. Il vetro va bene per la pulizia, per l'ambiente, ma non va bene per il clima.

4. L'isolamento termico è stato risolto con la strategia dei due edifici in simbiosi: un involucro esterno di vetro e uno interno di cemento, separati da una camera d'aria. Questo sistema è un camino perimetrale che agevola la convezione naturale e lo scambio termico, con risultati di termoregolazione paragonabili a quelli di una serra.

5. Come è possibile fare una torre senza disporre delle misure di una torre? Questo è un problema di proporzioni: non un esercizio estetico, ma una specifica e strutturale soluzione di design. Una torre si definisce per come si staglia nel cielo e per come si innesta alla base. E con 5.000 m² a disposizione, dovevamo far accadere qualcosa di non convenzionale nella parte superiore per evitare di generare un blocco tozzo. Questo è il motivo per cui abbiamo diviso in due l'ultima porzione dell'edificio, creando due torri, una trasparente e l'altra opaca.

1. The client was very resolute in asking for a glass tower, but in our first concepts there was neither a tower nor glass. The reason was that glass does not possess characteristics that are suitable for the climate in Santiago. Plus, the dimensions of the building (5,000 square metres) were not sufficient to construct a tower. Despite this, the client insisted on wanting a glass tower.

2. We found ourselves faced with a problematic building that seemed without a solution: the problem of the glass, the problem of thermal insulation and the problem of the volume. What were the best choices – not so much in an absolute sense, but in that precise context? We decided to separate the problems in three layers in order to find a specific solution to each of them.

3. People want a glass facade because they associate it with the idea of innovation and transparency. Naturally, this is a theoretical fallacy that in our case turned into a concrete problem, and this aspect is crucial in a semi-desert climate. So we used glass for what it could do and did not ask it to do what it couldn't. Glass is good for cleanliness, for the environment, but not for the climate.

4. Thermal insulation was resolved with the strategy of two buildings in symbiosis: one outer shell in glass and one inner shell of cement, separated by a layer of air. This system is a perimetral flue that facilitates natural convection and heat exchange, with results in thermostatic temperature control that are comparable to that of a greenhouse.

5. How can you make a tower without having the measurements of a tower? It's all in the proportions. It's not an aesthetic exercise, but a specific, structural design solution. A tower is defined by the way it shoots up into the sky and by how it is attached to the ground. With 5,000 square metres at our disposal, we had to make something unconventional happen in the upper part to avoid generating a stump. This is why we divided the top portion of the building in two, creating two towers, one transparent and one opaque.

INFORMATION THAT INFORMS THE FORM

Alejandro Aravena, Edificio per uffici, Campus Novartis, Shanghai, Cina, 2015

SKETCH 7.

Alejandro Aravena, Novartis Campus Office Building, Shanghai, China, 2015

1. La formula adottata per interpretare questo progetto è stata: X=?. Non si tratta di una metodologia né di una ricetta, ma della formula più appropriata per iniziare a lavorare all'edificio posticipando il più possibile la decisione sulla sua forma.

2. Volevamo trovare una soluzione alla forma tenendo conto di tutte le informazioni che era possibile recuperare, riferendoci al luogo, alla struttura, alle norme, ma anche a elementi intangibili come la sensibilità o il carattere, secondo la logica per cui le informazioni determinano la forma.

3. L'architettura ha il dovere di tenere in considerazione anche gli aspetti intangibili, come la sensibilità di una cultura, la sua storia, i tratti del carattere, tutti questi aspetti seguono il corso di certezze non dicibili, le "certezze ineffabili".

4. Insieme a esse ci sono poi le informazioni concrete, anche quelle che in un primo momento non sembrano rilevanti ma di cui abbiamo tenuto conto, come per esempio la possibilità che l'edificio possa non godere di un'efficiente manutenzione, o dell'accumulo di polveri superficiali legate all'inquinamento. La scelta dei materiali e della forma tiene conto di tutte le informazioni.

1. The formula adopted to interpret this project is X = ?. This is not methodology or a recipe, but the most appropriate formula to begin working on the building and postpone the decision of its form as much as possible.

2. We wanted to find a solution taking into account all the information that was possible to gather, in reference to the place, structure, regulations, and intangible elements such as sensibility and character, according to the logic that information determines the form.

3. Architecture has the obligation to take into account intangible aspects such as the sensibility of a culture, its history and character traits. All these aspects follow the course of indescribable, ineffable certainties.

4. With these, there is concrete information, including the kind that at first does not seem relevant, but that we took into account, such as for example the possibility that the building would not receive efficient maintenance, or the accumulation of dust from pollution. The choice of materials and form takes all information into account.

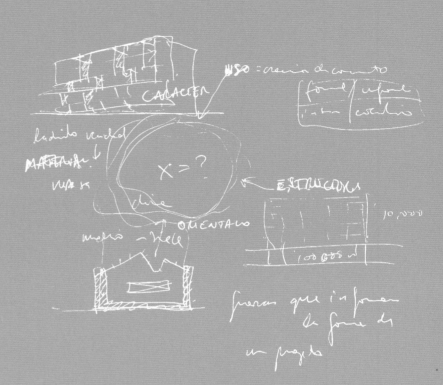

ALEJANDRO ARAVENA / FLAVIO ALBANESE

1. La notizia della vittoria del Pritzker è stata molto divertente perché questo premio è stato vissuto nei piccoli villaggi e nelle periferie come una sorta di vittoria della nazionale di calcio. È estremamente importante, in questo entusiasmo, il tipo di progetto che ha vinto, un progetto sociale, che si occupa dei loro problemi. In un certo senso, sono loro ad aver vinto il premio. E, per una volta, l'architettura non è un extra costo rispetto a questi temi, ma un valore aggiunto.

2. Molte persone lavorano e abitano ai margini della città, nelle periferie più profonde, e non sono minimamente integrate nella società. Gli spazi pubblici sono un punto focale nel combattere tutto ciò, ma anche il *social housing* e tutto quanto ha una valenza collettiva. Se hai trasporti pubblici che funzionano, se hai spazi pubblici accoglienti, non puoi eliminare le cause all'origine dei problemi, ma puoi migliorare le condizioni di vita attraverso la città.

3. Alla Biennale mi piacerebbe portare un senso di vitalità. La vitalità non è perfetta, ma tra tutte le cose è la più potente. E se devo scegliere tra

potenza e perfezione, preferisco la potenza. Se le forze che entrano in gioco nella creazione di questo oggetto avessero anche solo l'uno per cento di potenza in più, se il rapporto tra potenza e perfezione fosse 51/49, andrebbe bene comunque. Le dimensioni estetiche e formali sono importanti in architettura, ma dare rilievo alla vitalità ci permette di ridefinire il modo con cui giudichiamo gli oggetti architettonici.

Alejandro Aravena è nato a Santiago del Cile nel 1967. È direttore esecutivo di Elemental S.A. È stato insignito del "Pritzker Architecture Prize" del 2016 ed è direttore della Mostra Internazionale di Architettura di Venezia 2016.

1. The news of winning the Pritzker Prize was very fun, because the award was experienced in small villages and city outskirts as if it were a kind of national soccer victory. In this enthusiasm it is extremely important that the type of winning design was a social project that offers solutions to their problems. In a certain sense, they are the ones who won the prize. For once, architecture is not an extra cost dealing with this subject, but an added value.

2. Many people work and live in the margins of the city, in the deepest outskirts, and are not the least bit integrated in society. Public spaces are a focal point in combatting all this, but also social housing and everything that has a collective value. If your public transport system works, if you have welcoming public spaces, you aren't going to take away the causes at the root of the problem, but you can better the living conditions through the city.

3. I would like to bring a sense of vitality to the Biennale. Vitality is not perfect, but of all things it is the most powerful. And if I have to choose between energy and perfection, I prefer energy. If the forces entering into play in the

creation of this object had even just one per cent more of energy, if the relation between energy and perfection were 51 to 49, it would be just fine. The aesthetic and formal dimensions in architecture are important, but to give relevance to vitality allows us to redefine the way in which we judge architectural objects.

Alejandro Aravena was born in Santiago, Chile in 1967. He is the executive director of Elemental, the 2016 laureate of the "Pritzker Architecture Prize", and has been appointed to direct the 2016 Venice Biennale of Architecture.

SORROW RECOMPOSES WHAT TIME DELETES

Benny Chirco, Mixed Media, 2016

JOSEPH GRIMA 2011 2013

Joseph Grima (1977) è architetto e cofondatore di Space Caviar, uno studio di architettura e di ricerca con sede a Genova. Lo studio indaga le pratiche dello spazio contemporaneo attraverso i confini geografici e disciplinari e il suo lavoro – che include film, mostre, progetti d'architettura e pubblicazioni – è stato presentato in numerosi musei e mostre fra cui la Biennale d'Architettura di Venezia, il Victoria and Albert Museum e il Barbican Centre di Londra. Dal 2011 al 2013, Grima è stato direttore della rivista *Domus*. Dal 2014 è direttore del programma "Ideas City" del New Museum di New York; nel 2015 è stato nominato co-direttore della prima Biennale di Architettura di Chicago. Attualmente insegna architettura presso l'Architectural Association di Londra.

Creative direction 2011/2013 **Marco Ferrari, Salottobuono**
Art direction Domus 1000 **Marco Ferrari**

Joseph Grima (1977) is an architect and the co-founder of Space Caviar, an architecture and research office based in Genoa, Italy. The studio's work, which includes films, exhibitions, buildings and publications that investigate contemporary spatial practices across geographical and disciplinary borders, has been presented at numerous international museums and exhibitions including the Venice Architecture Biennale, the Victoria and Albert Museum and the Barbican Centre in London. Since 2014 he has been the director of the Ideas City programme at the New Museum, New York. From 2011 to 2013 Grima was the editor-in-chief of *Domus*, and in 2015 he was appointed co-director of the first Chicago Architecture Biennial. He currently teaches at the Architectural Association, London.

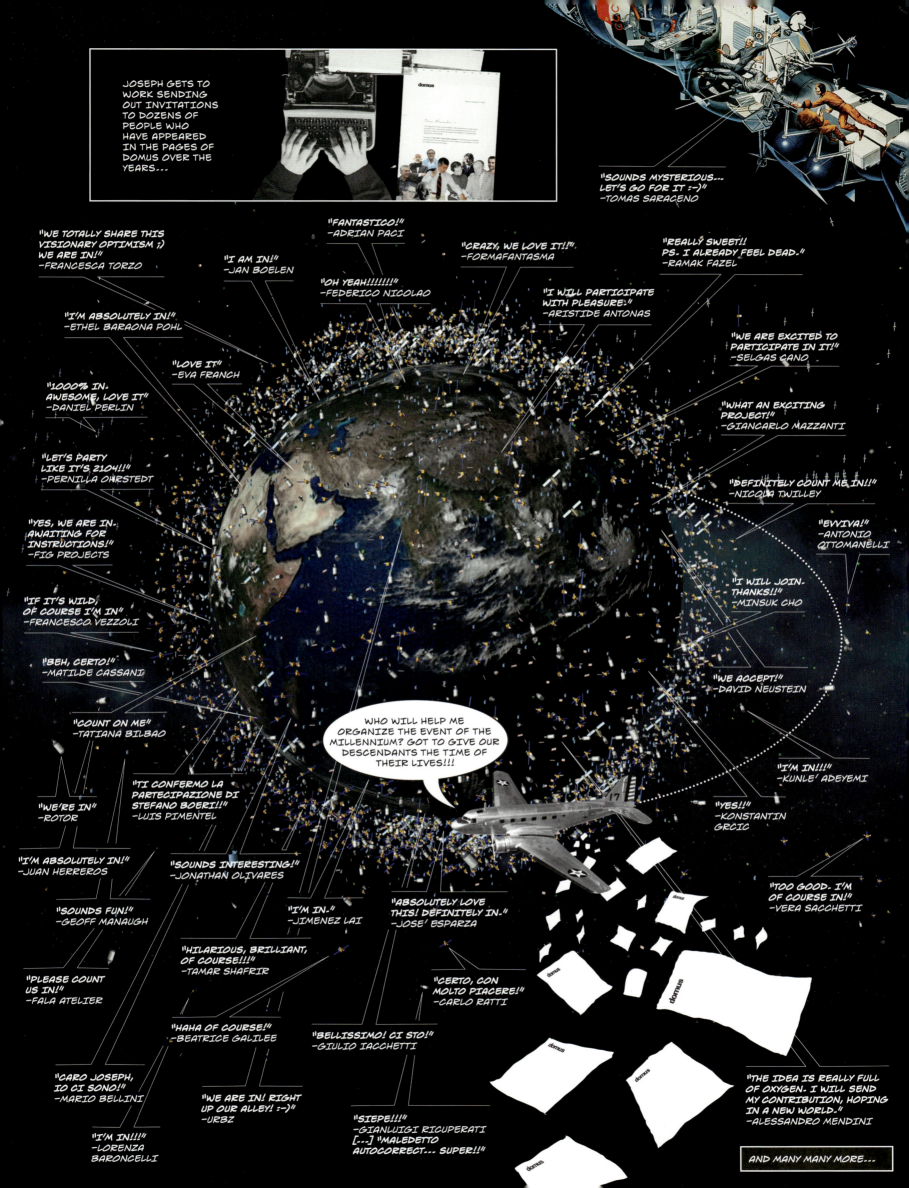

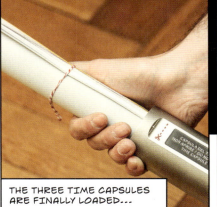

FUERTEVENTURA IS THE OLDEST OF THE CANARY ISLANDS, DATING BACK 20 MILLION YEARS. ITS NAME IS A CORRUPTION OF THE FRENCH TERM FOR "GREAT ADVENTURE"... WHERE BETTER TO SEARCH FOR A HOME FOR CAPSULE 2?

EXPEDITION III
LÄNDIA

WITH THE THREE EXPEDITIONS SUCCESSFULLY COMPLETED, THE WEARY ADVENTURERS WEND THEIR WAYS BACK TO MILAN. THE FOLLOWING DAY, THEY HAND OVER TO DOTT.SSA MAZZOCCHI ONE OF THE TWO **MASTER CAPSULES** CONTAINING THE RECORD OF THE LOCATIONS IN WHICH THE CAPSULES ARE BURIED...

TO BE CONTINUED...

DOMUS 2000

A HIGH-OCTANE DESIGN ADVENTURE THROUGH SPACE AND TIME

EDITOR-IN-CHIEF
JOSEPH GRIMA

CREATIVE DIRECTOR
MARCO FERRARI

CAPSULE DESIGN AND ENGINEERING: CLEMENS WEISSHAAR WITH POLINA SLOBODCHIKOVA, KRAM/WEISSHAAR AB, MARCO FERRARI (GRAPHICS)

GENERAL PRODUCTION:
ALESSANDRO MASON

ASSOCIATE CURATOR 2104 HAPPENING:
ANDREA BAGNATO

DOMUS COVER PHOTO:
DELFINO SISTO LEGNANI

CAPSULE MANUFACTURING: ALESSANDRO MASON (GISTO), CON MARCO CATRINI (CD CATRINI COSTRUZIONI MECCANICHE DI PRECISIONE), MARCELLO COMOGLIO, BRUNO SOLFANELLI (THE ROOM PRODUZIONI), DOMENICO CHIELLINO, SARA POLO (CHIELLINO INCISIONI) / PHOTOS: DELFINO SISTO LEGNANI

EXPEDITION 1: THE AMERICAS (FEAT. JOSEPH GRIMA) PHOTOS: RAMAK FAZEL

EXPEDITION 2: SCRAMBLE FOR AFRICA (FEAT. MARCO FERRARI)

PRODUCTION AND VIDEO: NICOLO' CUNICO (ADACMASTER COMMUNICATION) / PHOTOS: DELFINO SISTO LEGNANI

EXPEDITION 3: EUROLÄNDIA (FEAT. CLEMENS WEISSHAAR) SPECIAL BURIAL SUPPORT: GERHARD RUNGATSCHER, PHOEBE ARNOLD / PHOTOS: JULIAN SCHULZ

LETTERING:
ALESSANDRO BUSI (FOLDER)

THE END

NICOLA DI BATTISTA 2013 →

Art direction 2013 →
Art direction Domus 1000
Giuseppe Basile

Nicola Di Battista (1953) si laurea in architettura nel 1985 a Roma. Dal 1981 al 1985 compie il suo apprendistato nello studio di Giorgio Grassi a Milano. Nel 1986 apre a Roma – dove vive e lavora – uno studio che diventa meta di molti giovani architetti. Dalla fine degli anni Ottanta al 1996 è vicedirettore di *Domus*. Dal 1997 al 1999 è invitato dal Politecnico Federale di Zurigo (ETH) a insegnare progettazione architettonica. La sua attività didattica e di ricerca, che svolge parallelamente al lavoro progettuale, prosegue poi in varie sedi universitarie italiane ed estere. Nel 2001 ha pubblicato *Verso un'architettura d'oggi* per Quart Edizioni di Lucerna (nella collana Panta Rhei), uscito poi anche in edizione inglese e tedesca. *Dell'Architettura. Materiali per una teoria*, catalogo della mostra all'Accademia Britannica di Roma edito da Arti Grafiche De Luca di Ortona, è del 2007. Nel settembre 2013 ha curato la mostra "Adalberto Libera. La città ideale" al Museo Mart di Rovereto e il relativo catalogo, dove ha pubblicato un saggio sull'opera di Libera. Dal settembre 2013 è direttore di *Domus. La città dell'uomo*.

Nicola Di Battista (1953) graduated in architecture in 1985 in Rome. From 1981 to 1985 he was apprenticed to the office of Giorgio Grassi in Milan. In 1986 he started his own practice in Rome, where he lives and works, a city that attracted many young architects. From the late 1980s to 1996 he was the deputy editor of *Domus*. From 1997 to 1999 he was invited by the Zurich Federal Polytechnic ETH to teach architectural design, after which he taught and conducted research at universities in Italy and abroad while working on architecture projects. He has written *Towards an Architecture of Today*, published in the Panta Rhei collection of Quart, Lucerne 2001, which came out in Italian, English and German, and *Dell'Architettura. Materiali per una teoria*, the catalogue to an exhibition at the British School at Rome, edited by Arti Grafiche De Luca, Ortona 2007. In September 2013, he was the curator of the exhibition "Adalberto Libera. The ideal city" at the Mart di Rovereto. He also edited the catalogue, for which he wrote an essay on Libera's work. Since September 2013 he has been the editor-in-chief of *Domus*, which he subtitled *La città dell'uomo*.

domus

1000   LA CITTÀ DELL'UOMO

RICONOSCENZA

RE-COGNITION

NDB

ILLUSTRATED BY ENZO CUCCHI

Dei diversi sentimenti espressi dagli uomini consideriamo quelli della gratitudine e della riconoscenza tra i più nobili e profondi: per questo ci rammarica vederli oggi trascurati o semplicemente fuori moda.

Viviamo un tempo che ha pericolosamente imparato a "dimenticare a memoria" il proprio passato, inseguendo per contro un improbabile futuro che sia sempre più sorprendentemente nuovo e diverso. Come ci ricorda Ortega y Gasset, "rompere la continuità con il passato, voler cominciare di nuovo, significa aspirare al declino, aspirare a plagiare l'orangutan". Così facendo, l'uomo ha rinunciato al suo privilegio di ricordare il passato, possederlo e servirsene, costringendosi a vivere un presente senza avanzamenti, perennemente impegnato a ricominciare da capo.

La più nefasta conseguenza di un tale atteggiamento è stata forse quella di bruciare il nostro presente – l'unico che ci è dato di vivere –, privandolo, con colpevole inconsapevolezza, della storia e azzerando in questa maniera più di una generazione. Se, come siamo fermamente convinti, "il futuro è adesso", dobbiamo essere consapevoli che solo quello che siamo capaci di fare adesso sarà in grado, nel bene o nel male, di determinare il nostro futuro. Oggi per noi questi pensieri si mescolano vertiginosamente con un avvenimento straordinario: l'edizione del numero mille della nostra rivista, che ha passato quasi un intero secolo a raccontare l'abitare degli uomini su questa Terra. È proprio pensando a questo incredibile traguardo che il nostro pensiero non può che correre al vortice di persone che sono state e stanno dietro a tutto questo, alle migliaia di donne e di uomini che hanno alimentato e reso possibile questa grande avventura umana e professionale, dall'inizio fino a oggi, nessuno escluso.

Oggi la cultura non gode di ottima salute, eppure questi 1.000 numeri di *Domus* stanno lì a ricordarci e a dimostrarci che per vivere abbiamo bisogno di essa e che senza di essa muoriamo. Per questo sentiamo forte in noi la necessità di esprimere innanzitutto profonda riconoscenza per chi ha immaginato, pensato, realizzato, sostenuto, difeso e ampliato un tale progetto culturale: riconoscenza nel senso di essere profondamente grati di questo immenso dono ricevuto, ma anche ri-conoscenza nel senso di voler conoscere di nuovo quanto l'uomo è stato capace di fare nel tempo.

Tutto quanto è stato fatto in questi mille numeri e il punto in cui ci troviamo ora vanno intesi come l'inevitabile preparazione per il nostro fare oggi.

In copertina: l'anima poetica dell'artista gioca con le parole e rivela nuovi significati. *Domus* si scompone così in un'armonica melodia che *ci fa riposare: DO MUS*

▪ Cover: the poetic soul of the artist plays with words to reveal new meanings and so *Domus* is broken up into a harmonious *relaxing* melody: *DO MUS*

• Of all the diverse sentiments that are expressed by humanity, we consider those of gratitude and appreciation to be among the noblest and most profound. We are, therefore, sorry to see them neglected or dismissed as unfashionable.

We live in a time that has dangerously and efficiently learnt to forget its past, while pursuing instead an improbable, ever more surprisingly new and different future. As Ortega y Gasset reminds us, "Breaking the continuity of the past, wanting to begin again, is a lowering of man and a plagiarism of the orangutan." In so doing, humanity has relinquished the privilege to remember, possess and utilize that past, forcing itself to live in a static present whilst forever starting again from scratch.

The most dire consequence of this attitude has been, perhaps, that of consuming our present – the only one we have to live in – in a blameful unawareness that has robbed it of its history and consequently wiped out more than a generation.

If, as we are firmly convinced, "the future is now", we must know that only what we are able to do today will, for better or worse, dictate our future.

For us today, these considerations are vertiginously mingled with an extraordinary event: the publication of the 1000th issue of *Domus*, a magazine that has spent almost a century reporting on the way people live on this Earth. When considering this incredible achievement, our thoughts cannot but turn to all the countless people who have contributed to it all, to the thousands of women and men – bar none – who have nurtured, fostered and made possible this great human and professional adventure, from its inception to the present.

Culture is not in the best of shape today but these 1000 issues of *Domus* are there as proof and a reminder that we need culture to live and that without it we are dead.

That is why we feel the need to express first of all our profound appreciation to those who envisaged, conceived, realised, sustained, championed and extended a cultural project of this magnitude: this is a recognition of their immense gift but also a re-cognition, in the desire to know again how much humanity has managed to accomplish in the course of passing time.

Everything achieved in these 1000 issues, and where we now stand, should be seen as the necessary preparation for our current endeavours.

KENNETH K FRAMPTON

Un 'millennio', per quanto misurato in mesi anziché in anni, è una ricorrenza speciale, che supera di certo la lunghezza media di una vita attiva. Ecco allora che festeggiare la longevità di *Domus* mi porta a ricordare il primo incontro che mi è capitato di avere con questa rivista circondata ormai dall'aura del mito, e che avvenne tramite *Architectural Design*, una testata inglese per la quale fui per breve tempo, dal 1962 al 1964, assistente del direttore. Erano i giorni in cui affiancavo una veterana della direzione, Monica Pidgeon: fu lei a presentarmi a Lisa Licitra Ponti, figlia del fondatore della rivista, all'epoca ancora attivamente impegnata nel lavoro redazionale. Quel che di certo è rimasto il cardine di *Domus* in tutto il periodo della sua esistenza dopo il 1945, dalla direzione di Ernesto Nathan Rogers in poi, è l'impegno nei confronti del design e della produzione industriale di oggetti quali insostituibili ancelle dell'architettura. È grazie a questo che ha potuto occupare la posizione, unica nel suo genere, di testata di riferimento del settore e insieme di rivista popolare, presente nelle edicole delle città italiane ed estere. Il che spiega anche il periodo in cui, nel Dopoguerra, ospitava concise recensioni cinematografiche e il momento, ugualmente breve, durante il quale, negli anni Cinquanta, l'architetto Alberto Rosselli presentava gli ultimi esemplari di carrozzeria firmata da designer come Giacinto Ghia e Farina. Arrivando al presente, mi sento onorato di essere uno dei maestri nominati da Nicola Di Battista in occasione del suo insediamento: una posizione che ha il vantaggio di garantire uno stretto legame con la rivista senza implicare l'assunzione di alcuna onerosa responsabilità – al di là del dover fornire ogni tanto dei testi, richiesti di norma con minimo preavviso. Tutto ciò per associazione porta con sé una certa dose di prestigio, dato che *Domus* è oggi ricca e culturalmente articolata tanto quanto in passato. E tutto questo in un momento storico relativamente oscuro, in cui, fatta eccezione per le testate di punta in Spagna e Italia, una rivista di architettura capace di collocarsi ai massimi livelli dal punto di vista della grafica, della fotografia e dei contenuti è cosa del passato.

• A millennium even if measured in months rather than years is a special occasion since it is surely of greater duration than the average active lifetime. As a consequence, celebrating its longevity prompts me to recall the earliest close encounter I happened to have with this myth of a magazine which, in my case, came about through the British magazine *Architectural Design* of which I was briefly the technical editor from 1962 to 1964. In those days I worked alongside the veteran editor Monica Pidgeon who introduced me to Lisa Licitra Ponti, the daughter of *Domus*' founder, and who was then herself still fully engaged with the editorial side.

What has remained the touchstone of the magazine throughout its post-1945 existence, from the editorship of Ernesto Nathan Rogers onwards, has been its commitment to industrial design and to industrial craft production as the indispensable hand-maiden of architecture. It is this, surely, that has enabled it to occupy the unique position of being both a respected magazine of record and a popular journal sold on the newsstands of Italian metropolises, and even to a degree elsewhere. This also would account for the postwar period when it even ran short film reviews and for the equally brief moment, in 1950, when the architect Alberto Rosselli featured the latest *carrozzeria* by such designers as Giacinto Ghia and Farina.

I shall now come precipitously to the present and to the honour I have of being one of the *maestri* named by Nicola Di Battista when he took over the editorship, a position which has the advantage of being intimately linked to the magazine without having to take on any onerous responsibility, save for providing copy now and then at rather short notice.

All of this is touched with a certain glory by association since *Domus* is as rich and as culturally complex today as it has ever been and all this in a relatively dark historical moment when, apart from the primary magazines of Spain and Italy, an architectural magazine of record, pitched at the very top of the graphic, photographic and textural game is a thing of the past.

Quando ero studente a Karlsruhe, la rivista di architettura più importante era *Domus*. I nostri professori l'avevano sempre sul tavolo. In Germania predominava allora un funzionalismo triste e le opere italiane erano molto affascinanti per noi: l'architettura di Gio Ponti, per esempio, o di Carlo Scarpa, ma anche gli edifici di Angelo Mangiarotti.

Quando parliamo di architettura ci riferiamo *in primis* alla qualità fisica dei manufatti e a come essi costituiscano la continuità urbana. La domanda da porsi oggi è come possa l'architettura contemporanea cambiare in un modo apprezzato dai cittadini e, allo stesso tempo, responsabile verso l'eredità architettonica e urbanistica dei tempi passati, ma ancor più verso lo sviluppo per le generazioni future. La risposta è facile: dobbiamo tornare a intendere il nostro lavoro come un mestiere. Nelle città vecchie come Firenze per noi oggi è molto arduo costruire un edificio vicino a un palazzo storico, ma è proprio questa la sfida. Come costruire un edificio nel centro città? Una domanda a cui deve rispondere l'Europa.
Il dibattito che possa permettere nuovamente a noi architetti di lavorare nel centro storico è un dibattito per una rivista come *Domus*.

L'architettura non s'inventa da zero, si confronta con la storia. Non è cosa arbitraria, effimera o fugace. L'architettura deve essere come la definì Vitruvio: *Firmitas, Utilitas, Venustas*.

Architecture cannot be invented from scratch, history sets the bar. It is not something arbitrary, ephemeral or fleeting. Architecture must be as Vitruvius defined it: *Firmitas, Utilitas, Venustas*.

• When I was a student in Karlsruhe, the most important architecture magazine was *Domus*. Our teachers always had a copy of it on their desks. At that time, Germany was dominated by a sad Functionalism and so Italian works had a strong appeal for us. We were fascinated by Gio Ponti's architecture, for example, by that of Carlo Scarpa and also by the buildings of Angelo Mangiarotti.

When we talk about architecture, we refer firstly to the physical quality of artefacts and how they make up the urban continuity. The question to be asked today is how can contemporary architecture change in a manner appreciated by citizens while simultaneously being responsible to the architectural and urban heritage of times past but also to the development for future generations.
The answer is easy: we must once again think of our work as a craft. In old cities like Florence, today it takes courage to put up a building next to a historic palazzo but that is precisely the challenge we have to face. How do you build in a city centre? That is a question Europe needs to answer.
The debate that would enable us as architects to once again work in a historic city centre is a debate worthy of a magazine like *Domus*.

HANS KOLLHOFF

Non ricordo esattamente la prima volta che ho letto *Domus*, ma direi che c'è stato un momento negli anni Ottanta in cui, dopo essermi laureato e aver cominciato a lavorare, mi sono reso conto del fatto che si trattava di una rivista molto importante. All'epoca, il Modernismo era stato messo molto in discussione e *Domus* aveva una linea molto chiara: stava tentando per certi versi di rinvigorirlo in modo critico, molto selettivo e preciso. A noi inglesi mostrò un collegamento con l'architettura europea ma anche una grande chiarezza, introducendo figure come Botta, Moneo, Siza, Snozzi. Per quei tempi si trattava per noi di un legame importante. È stato proprio allora che ho incominciato a prendere *Domus* molto sul serio.

Penso che guardare alle questioni globali dalla posizione europea sia importante, in particolare per quanto riguarda la pianificazione delle città asiatiche e il modo in cui l'architettura sia per certi aspetti presa a prestito per motivi promozionali. Mi chiedo, allora, quale sia ora il ruolo dell'architettura. Oggi penso sia molto complesso, tuttavia credo che *Domus* possa veramente contribuire a questa discussione, non proponendosi come rivista esclusiva ma mostrandosi aperta e, allo stesso tempo, facendo chiarezza su problemi, opinioni e idee.

DAVID CHIPPERFIELD

Penso che imporsi come una voce distinta dalle altre, sollevando temi che non sono naturalmente suggeriti dalla semplice illustrazione di progetti, sia il vero potenziale di *Domus*, oggi ancora più che nel passato.

I think the true potential of *Domus*, now more than ever, lies in its being a voice above the crowd, raising issues not normally inspired by the mere illustration of projects.

• I can't remember exactly the first time I read *Domus* but I think there was a point in the 1980s, when I graduated and was beginning to work, that I became very conscious of *Domus* as an important magazine. At that time, Modernism had been really strongly questioned and *Domus* took a very clear line. In a way, it was trying to rejuvenate Modernism in a critical, very selective and precise manner. In England it gave us a connection to European architecture and a great clarity, introducing people like Botta, Moneo, Siza and Snozzi. For that time, this was a great connection for us, so I think this was when I really took strong notice of *Domus*.

I think from a European position, looking at global issues is important, so especially the planning of cities in Asia and how architecture is, in a way, being borrowed for other promotional reasons. What is the role of architecture now? It is very complex and I think *Domus* could really contribute to this discussion, not by being an exclusive magazine but by being open-minded and, at the same time, by clarifying questions, opinions and ideas.

W OECHSLIN

WERNER

Da sempre, *Domus* è una rivista di grande prestigio, più vecchia di me, più vecchia della mia abitudine di leggere riviste di architettura.

Chi accetta la *sfida* della *'realtà'* deve cercare di afferrarla *tutta*. Costui dovrà pertanto considerare bene i motivi per cui si è arrivati a qualcosa, come anche le prospettive che ne potrebbero discendere. È questa dunque la "storia reale", la trasformazione che ci afferra ogni giorno, anzi ogni ora, e ci fa volgere lo sguardo sia indietro che in avanti.
Chi intende la storia solo come ciò che è passato e chi riesce a rappresentarsi il futuro solo in modo puramente 'utopico', costui sottovaluta *la forza del reale, il modo in cui essa prende forma e le "conseguenze reali" che può avere.*

Ciò che si trova nella condizione del *movimento continuo* necessita a maggior ragione di *coesione interna.* "Disciplina uti corpus unum" (Vitruvio)! È il *tutto* che conta. Vitruvio, che ritiene irrealizzabile la pretesa di Pytheos di sapere tutto, lo critica in quanto gli sarebbe sfuggito che ci sono sempre due cose da prendere in carico: la cosa stessa e la nostra considerazione razionale, con il giudizio che vi s'intreccia.
All'esperienza fanno seguito *visione complessiva e conoscenza.* Di questo si tratta! E della *formazione di un "sapere architettonico"* che sia fondato su tutto questo, che corrisponda a una convinzione comune e possa perciò costituirsi come un *servizio alla società.*

Un sapere costruito in questo modo forma la base sulla quale l'architetto sviluppa il *suo* 'linguaggio', lo porta a rappresentazione e dà impulso all'apertura di nuove strade. Daniele Barbaro, il mentore di Palladio, parla di *"per segni dimostrare"* e intende la relazione tra "segno" e "cosa significata" come la rappresentazione di rapporto di "effetto alla causa" e come "conclusione alla prova". *La storia intrecciata alla realtà e il comune sapere architettonico che ne deriva e viene condiviso costituiscono, tutti insieme, la garanzia capace di ricondurre l'architettura ai suoi compiti sociali e di superare la casualità e i capricci individuali degli architetti.*

• Anyone who accepts the *challenge* of *"Reality"* will seek to understand it *completely*, comprehensively. In other words he must look at the reasons why it came about no less precisely than the prospects that might derive from it. This is the *"real story"*, the continuous change that embraces us day by day, indeed hour by hour, and ensures that we look back as well as forwards.
Anyone who understands history only as the past and imagines the future merely as "utopian" underestimates *the power of the real, how it comes to form and what "effects" it can have.*

Anything that is *in constant movement* is all the more in need of *inner cohesion.* "Disciplina uti corpus unum"(Vitruvius)! What matters is the *whole*. Vitruvius, who regarded the claim of Pytheos to know everything as unattainable, criticises the latter for having overlooked the fact that there are always two things to be considered, the thing itself and our rational consideration of it, to which we tie our judgement.
Experience is followed by *insight and knowledge.* This is what it's all about. And about *the formation of a "sapere architettonico"* that is built upon it and corresponds to a shared conviction, therefore able to *serve society.*

Knowledge built up in this way forms the foundation on which an architect develops *his* language ("linguaggio"), leading it to representation and allowing signs to be set. Daniele Barbaro, Palladio's mentor, talks of *"per segni dimostrare"* and understands the connexion between "segno" and "cosa significata" as representing the relationship of causakity between "effetto alla causa" and "conclusione alla prova".
The history that is woven into reality and the shared architectural knowledge obtained from it are the guarantee with which to lead architecture back to its social functions and overcome the fortuitousness and individual caprices of architects.

Domus has always been a magazine of great prestige, older than I, older than my habit of reading architecture magazines.

L'Italia ha da sempre prodotto importanti riviste di architettura e penso che *Domus* rappresenti bene una riflessione intorno ai temi del nostro tempo, alimentando ancora oggi una certa speranza progettuale.

Italy has always produced leading architecture journals. I think *Domus* offers a good debate on the issues of our times and a glimmer of hope for today's architecture and design.

Domus è stata uno strumento di lavoro molto importante per la mia formazione. Ho conosciuto la rivista negli anni Settanta, quando ero studente: a quel tempo era diretta da Alessandro Mendini e dedicava molto spazio al design. Ricordo che era un po' strano trovare nelle riviste estere le ultime notizie, le novità d'avanguardia che provenivano dall'Europa e dagli Stati Uniti. Allora il Portogallo usciva da 50 anni di fascismo: gli studenti e gli architetti erano curiosi, perché nel nostro Paese non c'era una grande divulgazione rispetto all'architettura. Per me era una sorpresa vedere che quella che veniva pubblicata era un'architettura postmoderna, molto neo-neoclassica, perché faceva riferimento a quella grammatica di elementi – come la colonna o il frontone – che noi studenti, o giovani architetti, desideravamo dimenticare in quanto ai nostri occhi rappresentavano il fascismo. Si può dire che il Movimento moderno e il Modernismo siano entrati in Portogallo molto influenzati dall'Italia, e non direttamente dai Paesi originali come la Germania e l'Austria.

• *Domus* was a work tool of great importance to my training. I got to know the magazine in the 1970s, when I was a student. At that time it was edited by Alessandro Mendini and gave extensive coverage to design. I remember it was rather strange for us to find the latest news in foreign journals, with the avant-garde ideas coming from Europe and the US. Portugal was just emerging from 50 years of Fascism, so students and architects were curious to find out what was going on outside because there wasn't much information on architecture in circulation in our country. For me, it was a surprise to see that what was being published was a postmodern, very neo-neoclassical architecture; surprising because it referred to a grammar of elements – such as columns or pediments – which we students and young architects were anxious to forget since to our eyes it officially smacked of Fascism. It can be said that the Modern Movement and Modernism hit Portugal heavily influenced by Italy rather than arriving straight from the originating countries, such as Germany and Austria.

EDUARDO SOUTO DE MOURA

zanotta:

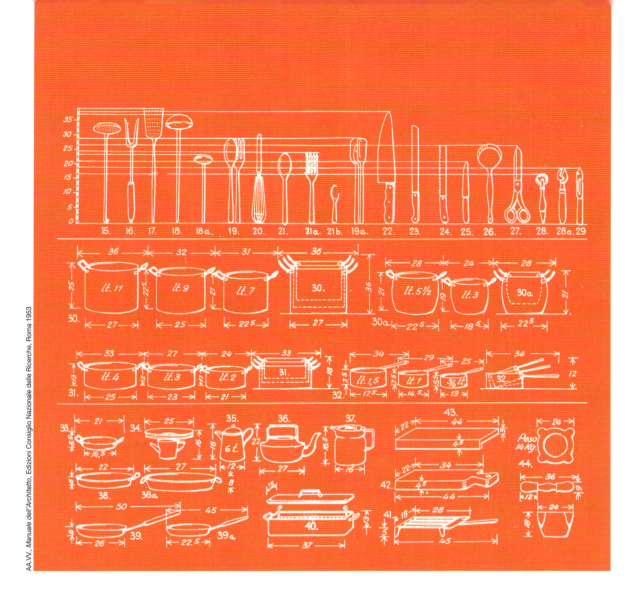

AA.VV., *Manuale dell'Architetto*, Edizioni Consiglio Nazionale delle Ricerche, Roma 1953

DESIGN

Italia 1928-2016

100 RECORD

Beppe Finessi. *Come per incanto, da 90 anni a questa parte, emergono dalla pagine di* Domus – *in 'diretta', da mille mesi a oggi – migliaia di opere, frutto della ricerca, della sperimentazione, della passione e dell'audacia che i migliori progettisti e i più coraggiosi imprenditori hanno avuto la capacità di mettere in gioco, soprattutto intorno ai temi dell'abitare. Una storia che racconta il mondo intero, ma che oggi, su questo numero 1.000, vuole essere lo specchio del saper fare italiano, di cui* Domus *è stata, ed è, portavoce attenta da sempre; una selezione mirata che riguarda 100 progetti esemplari immaginati da 100 autori differenti: una storia per immagini del design italiano dal 1928 al 2016.*

Possiamo proprio dire, con serenità e orgoglio, che noi italiani abbiamo avuto il privilegio di avere non uno, o due, o al massimo tre grandi designer, come è accaduto a tutti gli altri Paesi, e non uno, o due o forse tre bravi imprenditori, ma almeno una dozzina di autori riconosciuti da tutti – proprio tutti, in ogni parte del mondo – come maestri, e altrettanti imprenditori coraggiosi e visionari. Con loro, e dopo di loro, abbiamo anche avuto almeno altri dieci o forse 20 progettisti davvero straordinari, tra talento e mestiere, e ancora altrettanti capitani d'industria, tra grandi aziende e piccole realtà produttive. Sì, perché dalle nostre parti abbiamo avuto Gio Ponti con la sua forza di reinventarsi più volte, cambiando anche stile nell'arco dei diversi decenni, e poi Franco Albini e il suo distillare sofismi tra rigore e sapienza compositiva, e Bruno Munari, che di questo gruppo di imbattibili è stato l'outsider non codificabile. E poi Achille e Pier Giacomo Castiglioni, capaci anche di farci sorridere per le loro tante funamboliche imprese, e Marco Zanuso che è stato "la personificazione sbalorditiva, la sintesi di una macchina vivente fatta tutta per progettare"*, e il gigante Ettore Sottsass, sostenuto da un linguaggio continuamente aggiornato e sempre originale fino ai suoi novant'anni, e Vico Magistretti, dal talento innato, che non dava l'impressione di faticare mai nel raggiungere i suoi tanti record. Ancora, Angelo Mangiarotti, ingegnere *honoris causa* di strutture audaci e sorprendenti, e Joe Colombo, che ha incantato allora e stupisce ancora per la capacità di dare forma al futuro, e Alessandro Mendini, metodico e sensibile, capace di fare tutto, e al meglio, tra teoria e azione progettuale, ed Enzo Mari, che non ha mai smesso di essere la coscienza critica di questo mondo mentre riusciva a consegnargli 30 capolavori tra arte e design. Ultimo, in ordine strettamente anagrafico, Mario Bellini, di evidente classe nel pensare a oggetti 'perfetti', ideali per essere sfiorati dal nostro corpo, dalle macchine da scrivere

Franco Albini
Cicognino coffee table, 1953, Poggi (Cassina)

Mario Bellini
Cab 412 chair, 1977, Cassina

Achille & Pier Giacomo Castiglioni
Mezzadro stool, 1957, Zanotta

agli imbottiti. Sì, aveva ragione Magistretti quando, raccontando di quella stagione che aveva determinato il successo del design italiano, sottolineava: "Siamo stati un bel mazzo di carte, la nostra è stata una buona mano".

E vicino a questa squadra tricolore, evidentemente insuperabile anche per i prossimi cinque secoli, abbiamo avuto altrettanti imprenditori unici, che hanno fatto propria la lezione – altrettanto assoluta – di quella Olivetti che aveva cercato, riuscendoci, di coniugare cultura e profitto, ricerca e mercato, e che proprio seguendo l'insegnamento di Adriano (Olivetti) hanno realizzato, rischiando in prima persona, i sogni dei progettisti di cui sopra, immaginando per loro, e con loro, tecnologie e nuove possibilità produttive. E intorno a quelle ricerche hanno costruito aziende, a volte ancora molto artigianali e altre volte fortemente industrializzate: realtà che hanno portato il design (italiano) nel mondo intero, in 40, 50 e ancora in più Paesi. Aziende che hanno iniziato nel Secondo dopoguerra, fondate in quegli anni pieni di speranze, e altre che già producevano dalla fine dell'Ottocento ma che solo successivamente si sono indirizzate al rapporto con i progettisti; altre ancora che, tra i Sessanta e i Settanta, sono emerse sull'onda del boom economico, e in anni più recenti, realtà 'appena' nate ma già con una precisa identità, obiettivi molto ben definiti e riconoscimenti critici e di mercato che parlano chiaro. Aziende che, con alcuni maestri ancora protagonisti e altri incredibilmente bravi su più livelli (e con Antonio Citterio, Rodolfo Dordoni, Piero Lissoni e Patricia Urquiola che da soli valgono buona parte dell'intero "sistema design"), hanno anche dimostrato di saper 'acquisire' una nuova generazione di designer stranieri incredibilmente bravi che qui, prima di altrove, hanno trovato spazio

e possibilità espressive. È anche per questo che, a parte poche grandi realtà (come Knoll e Vitra) e qualche piccola straordinaria 'officina' (come Nils Holger Moormann e Hay), il design continua a essere prodotto qui, in Italia: dove negli anni è stato sostenuto dal gioco di sponda, fondamentale, di almeno dieci importanti riviste, e soprattutto da *Domus*, che tutte queste 1.000 cose le ha registrate per tempo.

*Alessandro Mendini in *Il design italiano degli anni '50*, a cura di Centrokappa, Ricerche Design Editrice, Milano 1985*

B. F. As if by magic, for the past 90 years, to the tune of 1,000 months, thousands of projects have been emerging "live" from the pages of Domus. As the fruit of experimentation, passion and audacity pursued by the best architects, designers and pioneering entrepreneurs, they especially concern the themes of habitation. Although these projects have come from around the world, today for this 1000th issue we'd like to spotlight the specific Italian virtuosity of which Domus has always been an attentive mirror and mouthpiece. This focused selection of 100 exemplary products by 100 different talents is a picture book of Italian design from 1928 to 2016.
We can safely, calmly and proudly state that we Italians have been privileged to boast not one or two or at most three great designers, as is the case in all the other countries, and not one or two or perhaps three good entrepreneurs, but at least a dozen universally acclaimed masters and as many courageous and visionary entrepreneurs. With them and after them, we have had another ten or twenty truly extraordinary designers with talent and a sense of craft,

Courtesy of Collezione Permanente del Design Italiano
Triennale Design Museum

Enzo Mari
Proposal for self-design, 1973

Angelo Mangiarotti
Giogali lamp, 1967, Vistosi

Bruno Munari
Maldive bowl, 1960, Danese

Joe & Gianni Colombo
Acrilica lamp, 1963, Oluce

Vico Magistretti
Vidun table, 1986, De Padova

Alessandro Mendini
Anna G. corkscrew, 1994, Alessi

Photo Tommaso Sartori

© Atelier Mendini

and as many captains of industry at the helm of factories big and small. Indeed, here in Italy we've had Gio Ponti with his strong drive to reinvent himself time and again, changing styles over the course of several decades. We've had Franco Albini and his distillation of refined reasoning, rigour and compositional skill. There have been Bruno Munari, the maverick outsider in this group of unbeatable talents; Achille and Pier Giacomo Castiglioni, who knew how to make us smile at their many acrobatic feats; Marco Zanuso, "the amazing personification, the equivalent of a living machine fully geared to design"*; the great Ettore Sottsass with his continually updated visual language, always original right up till his 90th year; Vico Magistretti with his innate talent, always making things look effortless as he chalked up his many records; Angelo Mangiarotti the engineer (*honoris causa*) of daring and remarkable structures; Joe Colombo, who bewitched us then and still astonishes us now with his ability to give shape to the future; the methodical and sensitive Alessandro Mendini, able to turn his gifted hand to anything, nimbly designing both theory and action; Enzo Mari, the unrelenting critical conscience of this discipline who has managed to deliver 30 masterpieces of art and design; and last (strictly in order of age) but not least, Mario Bellini, with his distinctive capacity for perfecting objects meant to be touched by our body, from typewriters to upholstered furniture. Next to this home-grown team that will clearly be unbeatable for the next five centuries, we have had as many unique entrepreneurs. They applied the equally unsurpassable lesson they had learned from Adriano Olivetti, who very successfully combined culture, profit, research and the market. In Olivetti's footsteps and at their own personal risk, they built the dreams of the designers mentioned above by inventing for them and together with them new techniques and production possibilities. Around their developments they set up companies, some of them craft-based and others highly industrialised, companies that brought (Italian) design to the world, to 40, 50 or more different countries. Some of them were established at a time bursting with hope, right after World War II. Others had been producing since the end of the 19th century but did not begin associating with designers until later. Others still emerged in the 1960s and '70s, on the crest of the economic boom. In recent years, more companies have come onto the scene with clear-cut identity, well-defined objectives, critical acclaim and commercial success. As they continue to work with still-prominent maestri and other incredibly talented people (who along with Antonio Citterio, Rodolfo Dordoni, Piero Lissoni and Patricia Urquiola account for a large slice of the entire design system), these newer companies demonstrate a propensity for exchange with a fresh generation of incredibly brilliant foreign designers who have found ample room and scope for expression, here before anywhere else. Aside from a few major instances (like Knoll and Vitra), and one or two small but outstanding "workshops" (such as Nils Holger Moormann and Hay), design continues to be (made) here in Italy. Over the years it has been endorsed and fostered by the fundamental support of at least 10 important national magazines, most of all *Domus*, where all 1,000 of these things were timely recorded.

*Alessandro Mendini in *Il design italiano degli anni '50*, edited by Centrokappa, Ricerche Design Editrice, Milan 1985

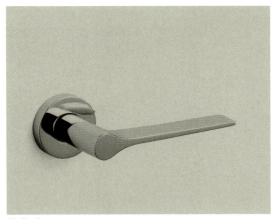

Gio Ponti
Lama handle, 1954, Olivari

Ettore Sottsass
Ultrafragola mirror, 1970, Poltronova

© Fondo Marco Zanuso, Archivio del Moderno, Mendrisio

Marco Zanuso
Lambda chair, 1960, Gavina

1928-39

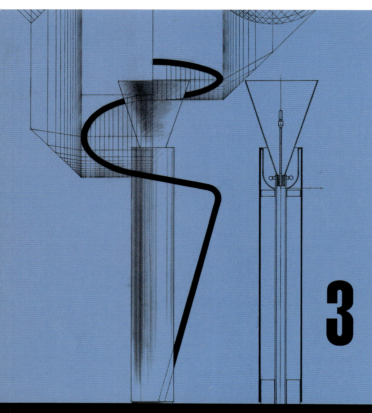

1 Gabriele Mucchi,
Genni chaise longue, 1934-45, Pino, Zanotta
Un ingegnere-pittore che sapeva fare design dopo Le Corbusier
An engineer-painter endowed with design talent après Le Corbusier

2 Pietro Chiesa
Cartoccio vase, 1935, Fontana Arte
Un fazzoletto di vetro si solidifica in anse capienti e drappi vibranti
A glass handkerchief solidified in capacious folds and vibrant drapery

3 Luciano Baldessari
Luminator lamp, 1929, Luceplan
Un manichino che diventa lampada, una scultura che diventa luce
A mannequin as a lamp; a sculpture emanating light

4 Piero Bottoni
Lira chair, 1929, Thonet, Zanotta
Un'arpa domestica per accomodarsi, librandosi dolcemente
A domestic harp for sweetly suspended sitting

5 Giuseppe Terragni
Lariana chair, 1934, Columbus, Zanotta
Dopo Breuer e Stam, una sedia a sbalzo che supera la loro acquisita verità
After Marcel Breuer and Mart Stam, a cantilevered chair surpasses their acquisitions

6 Mario Asnago, Claudio Vender
Moka chair, 1939, Flexform
L'astrazione filiforme che scrive la parola sedia con i segni dell'architettura
Filiform abstraction writes the word chair with the markings of architecture

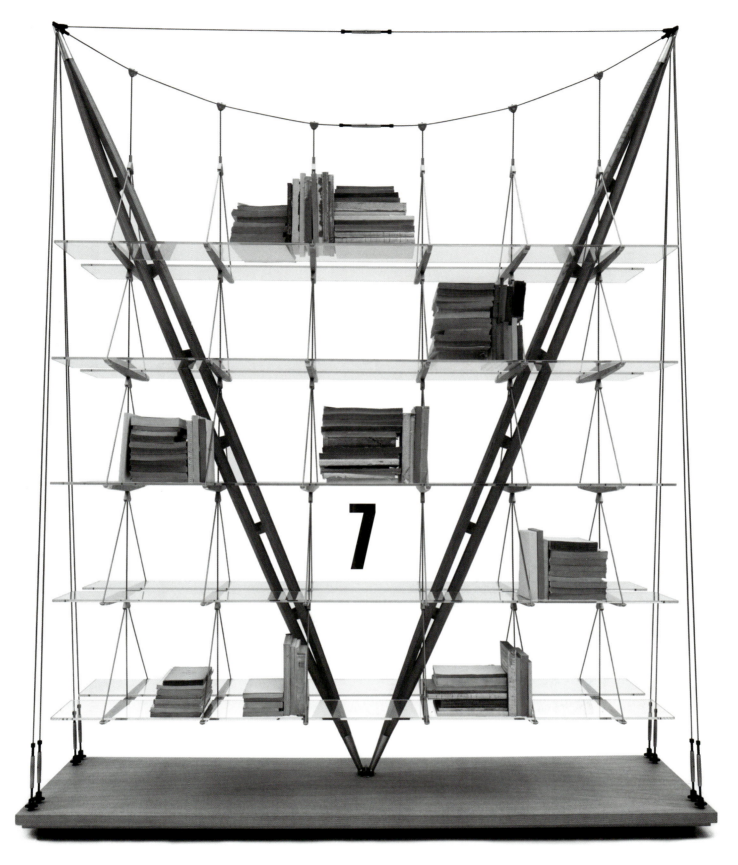

7 Franco Albini
Veliero bookcase, 1938, Cassina
Il teorema costruttivo più audace e sofisticato della nostra contemporaneità
Construction's most audacious and sophisticated theorem in contemporary times

8 Gino Levi Montalcini, Giuseppe Pagano
Salpa office chair, 1928, FIP
Ultimi echi Decò prima di arrivare a dare il verbo alla modernità tricolore
The last echoes of art deco before home-grown modernity was ushered in
Courtesy of Cambi Casa d'aste

1 Osvaldo Borsani
D70 sofa bed, 1954, Tecno
Il divano letto che guarda al mondo dell'automobile e mette in scacco il mondo del tappezziere
The sofa bed inspired by automotive interiors muddies the waters for upholsterers

2 Carlo Mollino
Arabesco coffee table for the Orengo house, 1949-50, Zanotta
Un piccolo capolavoro di innovazione tipologica in un triplo concentrato di saperi costruttivi
A small masterpiece of innovation, a triple concentrate of constructional skill

3 Gino Sarfatti
1063 lamp, 1954, Arteluce (Flos)
Il segno verticale di un tubo al neon che si mostra, fiero, nella sua bellezza tecnica
The vertical mark of a fluorescent tube shows off its technical beauty with pride
Courtesy of Archivio storico Flos

1940-54

3

2

4

5

6 Carlo Scarpa
Serpente dish, 1940, Venini
La bellezza e la sapienza in un vetro fatto a regola d'arte che brilla di luci proprie e riflesse
Beauty and skill glow in superbly made glass that shines with inner light and external reflections

7 Roberto Menghi
Libra Lux lamp, 1948, Lamperti (Nemo Lighting)
Un gioco di precisione ed equilibrio tra la grande ingegneria e il sano bricolage
Rational balance is struck between prime engineering and healthy bricolage

8 Vittorio Gregotti, Lodovico Meneghetti, Giotto Stoppino
Curved plywood chair, 1954, SIM
Razionale e formalmente originale, come tutti gli oggetti firmati da questo team di teste raffinate
Rational originality is the hallmark of this design teams composed of sophisticated minds
Courtesy of Collezione Permanente del Design Italiano, Triennale Design Museum

4 Carlo De Carli
683 chair, 1954, Cassina
Una misuratissima seggiola smontabile che diventa un manifesto di potenziale serialità
A meticulously calibrated chair that can be disassembled as a manifesto of potential serial production
© Archivio storico Cassina. Photo Nicola Zocchi

5 Piero Fornasetti
Sole chair, 1950, Fornasetti
La decorazione tra sorriso e libertà, tra storia e tradizione
Decorativeness with a smile, freedom with history and tradition

1 **Roberto Mango**
Objects in drawn ceramic clay, 1954-55, SAV
*Il primo grande autore che ha
contribuito alla definizione di un
"design mediterraneo"*
*The first great talent to contribute
to the definition of Mediterranean
(Southern Italian) design*
Courtesy of Collezione Permanente del Design
Italiano, Triennale Design Museum

2 **Luigi Caccia Dominioni**
Catilina chair, 1958, Azucena
*L'eleganza borghese di un segno figlio
di maestrie progettuali e artigianali*
*Bourgeois elegance as the offspring of
design mastery and craftsmanship*
Courtesy Studio Luigi Caccia Dominioni

3 **Gino Colombini**
KS1475 carpet beater, 1957, Kartell
*Lontano dall'ovvio, il punto più alto
della ricerca dell'essenza della forma
dell'utile*
*Far from the obvious lies the highest
point of useful form's essence*

4 **Gastone Rinaldi**
Saturno sofa, 1958, Rima (Nero Design)
*Due elementi gemelli che s'intersecano
per disegnare un divano che ha
segnato, e sognato, un'epoca*
*Two identical C's intersect to form a
sofa that marked an era yet to come*
Courtesy of Nero-design.it

5 **Enzo Mari**
Putrella centrepiece, 1958, Danese
*Un capolavoro assoluto che parla della
bellezza di un lavoro "ben fatto", tra
strumenti, forme e materiali*
*An absolute masterpiece that speaks of
the beauty of a well-made piece of work
uniting tools, shapes and materials*

1954-59

6 Gio Ponti
Superleggera chair, 1955, Cassina
Una sedia-sedia dove le sezioni dei singoli elementi sono affusolate e spinte al limite della loro resistenza meccanica
A chair of chairs where fusiform elements are brought to the limits of mechanical resistance

7 Roberto Sambonet
Fish kettle, 1957, Sambonet
L'eleganza sublime di un doppio guscio artificiale che non sfigura di fronte alla bellezza della natura
The sublime elegance of a double artificial shell stands comparison with the beauty of nature

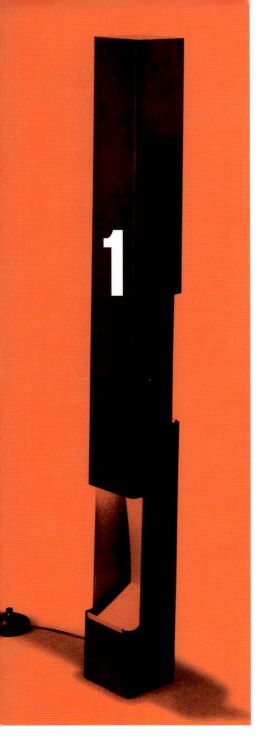

1 Vittoriano Viganò
1078 floor lamp, 1960, Arteluce (Flos)
*Tra brutalismo ed eleganza, una lampada
che regala tre luci a tre altezze differenti
per altrettante necessità dell'abitare*
Brutalism meets refinement in a lamp
that offers three lights at three different
heights for as many types of needs
Courtesy of Archivio storico Flos

2 Archizoom
Superonda couch, 1967, Poltronova
*Un segno veloce che ritaglia in modo
fluido un blocco morbido su cui stare,
liberamente*
A quick squiggle fluidly slices a soft block
of free-style sitting space

3 Joe Colombo
Mini-Kitchen, 1963-64, Boffi
*Un concentrato d'invenzioni in un metro
cubo di funzioni*
A concentrate of inventions in one cubic
metre of functions

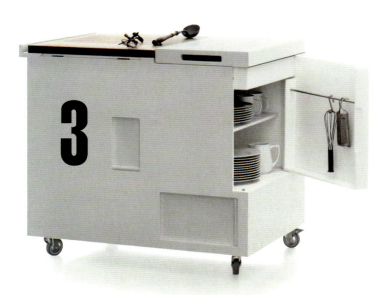

4 Massimo & Lella Vignelli
Saratoga armchair, 1964, Poltronova
*La chiarezza prima di tutto, cercata e
trovata sempre con pochi segni efficaci*
Clarity above all else is sought and found
in precious few effective elements

5 AG Fronzoni
Serie '64 chair, 1964, Galli (Cappellini)
*L'emblema di un minimal fuori dalle
mode, figlio di rigore, austerità, essenza*
Emblematic minimalism with
timelessness, rigour, austerity and grace

1960-67

6 Sergio Asti
Marco vase, 1962, Salviati
*Lo stupore di un
profilo sottosquadra che
sorprende ancora*
*The surprise of an
undercut profile that
never wilts*

7 Achille & Piergiacomo Castiglioni
Toio lamp, 1962, Flos
*Un faro d'automobile
appoggiato su una canna
da pesca per rinnovare il
ready-made*
*An automotive headlight
perched on a fishing
rod results in a nouveau
ready-made*

1 Piero Gatti, Cesare Paolini, Franco Teodoro
Sacco bean-bag chair, 1968, Zanotta

Un oggetto che è un concetto: un imbottito che non ha forma e che registra quella del corpo
A shapeless concept takes on the form of the body

2 Afra and Tobia Scarpa
Biagio lamp, 1968, Flos

Una scultura che fa luce, un blocco di marmo che si alleggerisce, illuminandosi
A hollowed block of marble thins into a luminously lightened sculpture

3 Marco Zanuso
Black ST201 television, 1969, Brionvega

Una presenza artificiale, elegantissima, assoluta ed enigmatica, quarant'anni prima di Apple
The handsomely artificial presence of an enigmatic piece of the Absolute, 40 years before Apple
© Fondo Marco Zanuso, Archivio del Moderno, Mendrisio

4 Anna Castelli Ferrieri
Componibili cabinets, 1967, Kartell

Ancora oggi perfetti e funzionali, perché logici e oggettivi come poche cose sanno essere
Still perfect and functional for their logic and objectiveness – no easy feat

5 Renata Bonfanti
Algeria 4 rug, 1968, Renata Bonfanti

Un 'classico' della grande tessitrice italiana, da sempre vicina al mondo del design
A classic by a talented Italian weaver who has maintained her vicinity to the design world

6 Giancarlo Piretti
Plia chair, 1967, Anonima Castelli

L'icona della sedia pieghevole che ha conquistato il mondo
The icon of the folding chair that conquered the world
Courtesy of Giancarlo Piretti

7 Ugo La Pietra
Uno sull'altro bookcase, 1968, Poggi

La sorpresa matematica del rapporto di grande potenzialità tra modularità, composizione e costruzione
Mathematical ingenuity shows the great potential of modularity when combined with composition and construction
Courtesy of Archivio Ugo La Pietra

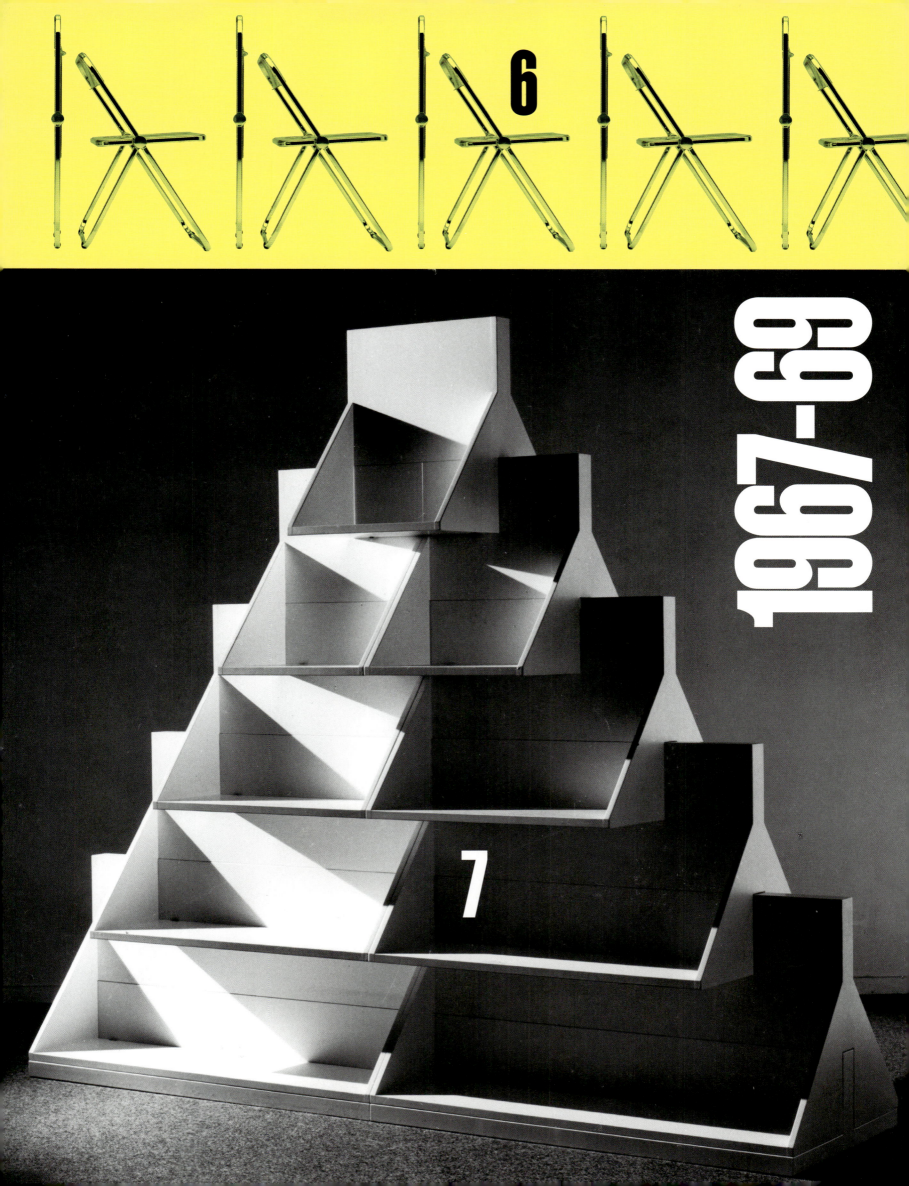

6

1967-69

7

1 Cini Boeri, Laura Griziotti
Strips couch, 1972, Arflex
Emblema di un periodo storico nel quale si dormiva con disinvoltura in qualunque sacco a pelo
The emblem of the good old days when a sleeping bag was enough

2 Alberto Rosselli
Moby Dick chaise longue, 1969, Saporiti
Un gesto coraggiosamente pop per la personalità più seria del design italiano
A brave gesture of pop aesthetics counteracts the more serious side of Italian design

3 Bruno Munari
Abitacolo children's bed, 1971, Robots
Una casa per i bambini dentro la casa dei grandi, un castello filiforme che non fa ombra e non prende polvere
Inside the adults' house stands one for children, a metal-rod castle that neither casts a shadow nor collects dust

4 Nanda Vigo
Iceberg lamp, 1969, Arredoluce
Un diffusore che frammenta e moltiplica la luce, con lustri d'anticipo su un certo design giapponese dei nostri giorni
A diffuser that fragments and multiplies light years ahead of a certain type of contemporary Japanese design
Courtesy of Archivio Nanda Vigo

5 Mario Bellini
Le Bambole couch, 1972, C&B (B&B)
La tecnologia al servizio di un'idea che rivoluziona per sempre il divano domestico, ripensato da chi nei Settanta aveva sentito sulla propria pelle la bellezza di un mondo beat
Technology was able to promote the idea that revolutionised the living-room couch forever, right when people were experiencing the beauty of the beat generation

6 Livio & Piero Castiglioni
Scintilla lamp, 1972, Fontana Arte
Tecnologia, efficacia e precisione: prima di tutti, un sistema diventato teorema
Technology, efficiency and precision: the first to turn a system into a foundational theorem

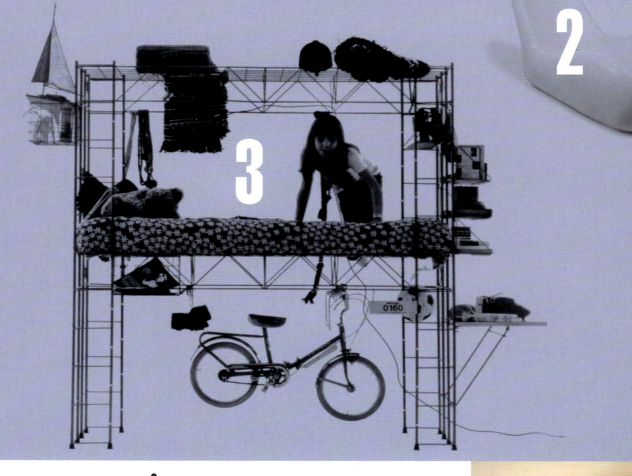

1969-72

7 Richard Sapper
Tizio lamp, 1972, Artemide
*Disegnata e inventata in ogni suo
dettaglio, è la prima lampada
davvero globale del design italiano*
*The first truly global lamp of
Italian design was invented from
scratch in every detail*

8 Superstudio
Quaderna tables, 1970, Zanotta
*Il Monumento Continuo che diventa
design nel tavolo più architettonico
di sempre*
The superstructure of Il Monumento
Continuo *turned into the most
architectural of tables*

7

8

1 Lodovico Acerbis, Giotto Stoppino
Sheraton cabinets, 1977, Acerbis
*Il rigore e la raffinatezza di
proporzioni e finiture impeccabili in
un disegno fortemente architettonico*
*Sophisticated precision with
impeccable proportions and finishes
makes for strongly architectural
furniture*

2 Antonia Astori
Oikos shelving units, 1973, Driade
*La magia della modularità applicata
al sistema attrezzato per antonomasia*
*The magic of modularity applied to a
multifunctional shelving system*

3 Jonathan De Pas, Donato D'Urbino, Paolo Lomazzi
Sciangai folding coat rack, 1973, Zanotta
*Il salto di scala che per una volta non
diventa un semplice sorriso ma una
vera invenzione costruttiva*
*A larger scale pick-up-sticks is not
only divertissement but also true
constructional invention*

4 Guido Drocco, Franco Mello
Cactus coat rack, 1972, Gufram
*Una presenza naturale trasformata,
con evidente artificio, in una morbida
domesticità*
*Evident artifice turns a natural
presence into soft domesticity*

5 Vico Magistretti
Nathalie bed, 1978, Flou
*La reinvenzione copernicana di
un letto che nasce dalla sua stessa
coperta*
*The Copernican reinvention of a bed
born from its own blanket*

7

6 Riccardo Dalisi
Architettura d'animazione objects, 1973
*Verità e poesia cercata, trovata e
costruita con i ragazzi dei quartieri
popolari di Napoli, dove le idee possono
essere accompagnate da grandi speranze*
Truth and poetry sought, found
and made with youngsters from the
working-class districts of Naples, where
ideas are accompanied by great hopes
Courtesy of Collezione Permanente del Design
Italiano, Triennale Design Museum

7 Alessandro Mendini
Poltrona di Proust armchair, 1978, Alchimia
*Un decoro puntinista "a la Signac"
approda e riveste interamente una
poltrona in stile*
Pointillist decoration à la Paul Signac
covers an entire period chair
© Atelier Mendini

1 Aldo Rossi
Cabina dell'Elba cabinet, 1983, Bruno Longoni
Atelier d'Arredamento, Cantù (Molteni&C)
*Quando l'architettura entra in casa,
suggerendo un'ipotesi metafisica
dell'abitare*
*Architecture enters the house to
suggest a metaphysical hypothesis of
habitation*
© Eredi Aldo Rossi

2 Paolo Deganello
Torso sofa, 1982, Cassina
*Il coraggio di forme originali che
sfidano il gusto omologato*
*Brave new forms of originality defy
standardised tastes*
Photo Giuseppe Brancato

3 Antonio Citterio & Paolo Nava
Diesis couch, 1979, B&B
*Il divano che smette di essere figlio
della tradizione e diventa grande*
*The couch that stopped being
pampered by tradition in order
to grow up*

4 Ettore Sottsass
Casablanca, 1981, Collezione Memphis Milano
*Un totem domestico che reinventa il mobile
centrostanza e spazza via la tristezza degli
anni grigi e di piombo*
*The domestic totem reinvented centrepiece-
furniture, sweeping away the leaden sadness
of years of political turmoil*
Courtesy of Memphis Milano. Photo Aldo Ballo

5 Giandomenico Belotti
Spaghetti Chair, 1979, Alias
*Apparentemente
silenziosa, una sedia
che in realtà grida:
Rivoluzione!*
*Seemingly silent, this
is a chair that cries out:
Revolution!*

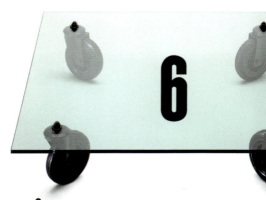

6 Gae Aulenti
Tavolo con Ruote table, 1980, Fontana Arte
*Un tavolo "hi-tech" che ha dissacrato il
salotto buono entrando nelle case della
nuova borghesia*
*A high-tech table that desecrated the
conservative living room by entering the
homes of the new bourgeoisie*

1979-83

7 Angelo Mangiarotti
Eccentric tables, 1979, Skipper, Agape

*Il punto d'arrivo di una ricerca
sull'incastro a gravità dove l'incastro
vero e proprio scompare e la stabilità
della struttura è data dalla sola gravità:
Houdini Mangiarotti!
The eureka moment of a search for a
gravity-locked joint: no locking needed.
Structural stability is given by gravity
alone: Houdini Mangiarotti!*

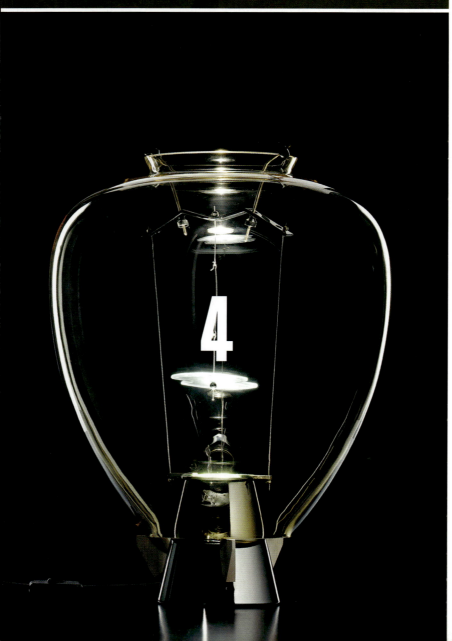

1984-89

1 Massimo Morozzi
Hidra table, 1986, Fiam
Massimo 'Mollino' Morozzi e il manifesto di quello che la tecnologia può dare nel rinnovare tipologie e linguaggio
Massimo Mollino Morozzi showed what technology could do to renew the types and visual languages of furniture

2 Denis Santachiara
Notturno Italiano lamp, 1985, Domodinamica
(Paolo Castelli spa)
L'ironia, il sogno, la tecnologia soft e tanta creatività al servizio della nostra vi(s)ta
Witty, dreamlike and gently technological creativity came to assist us in seeing things better

3 King Kong
Girotondo tray, 1989, Alessi
Arrivare a tutti partendo dal linguaggio dei bambini, in una ricetta tra sorriso e mestiere
A children's vocabulary crafted to a T pulls heartstrings of all ages

4 Umberto Riva
Veronese lamp, 1984, Barovier & Toso
Un piccolo mondo fatto di luci e riflessi, attenzioni e dettagli sempre originali
A small world of light and reflection, plus attention to original details

5 Maurizio Peregalli
Sedia chair, 1984, Zeus
La sedia fredda e algida che non si è mai voluta addomesticare
The cold, hard chair that would not be domesticated

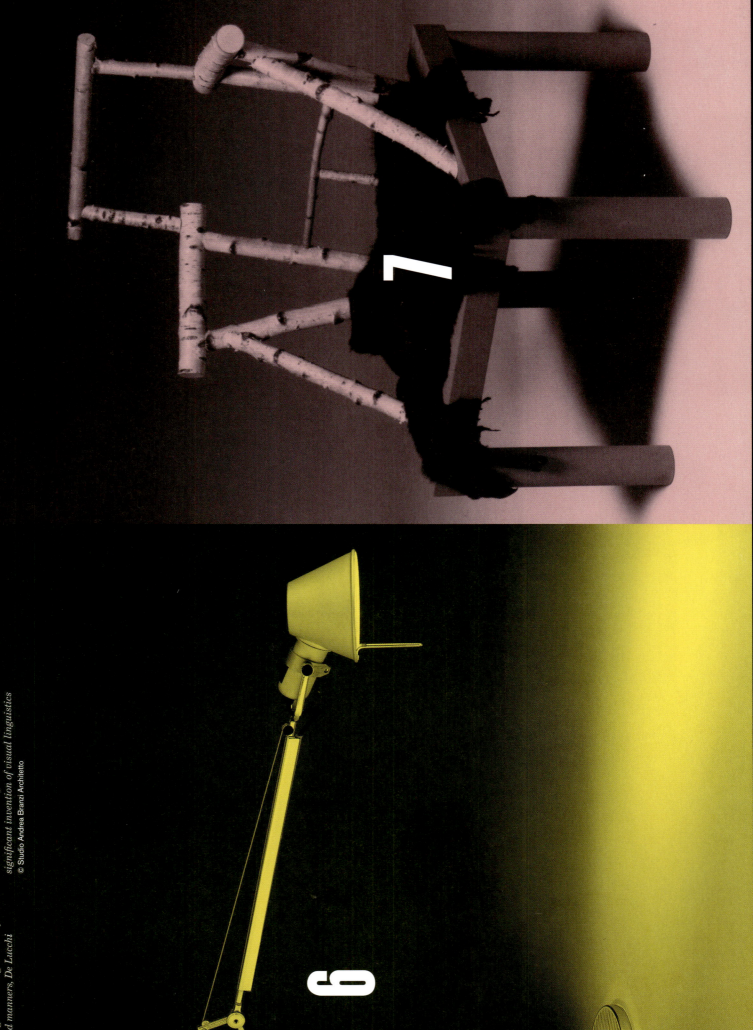

7 Andrea Branzi
Animali Domestici chairs, 1985, Zabro

Una base artificiale e regolare assieme a uno
schienale naturale e irregolare, in uno dei
progetti linguisticamente più significativi degli
ultimi decenni

An artificial and standard base married to
a natural and irregular backrest became a
significant invention of visual linguistics

© Studio Andrea Branzi Architetto

6 Michele De Lucchi, Giancarlo Fassina
Tolomeo lamp, 1987, Artemide

L'oggetto tutto misura ed equilibrio che chiunque
avrebbe voluto disegnare ma che solo un autore
come Michele De Lucchi, nato incendiario ma
capace di buone maniere, poteva realizzare

All measures and balance, the lamp that everyone
wishes they had designed is brought to us by an
incendiary with good manners, De Lucchi

1 Fabio Bortolani, Stefano Maffei, Walter Becchelli
Erbale planter, 1995, Opos/Driade
*Invenzioni tipologiche che solo la palestra
Opos poteva far emergere*
*A typological invention that could only
emerge from under the aegis of Opos*

2 Toni Cordero
Mi-To lamp (Anchise), 1990, Artemide
*Un talento mai dimenticato che si
esprimeva attraverso sperimentazioni
sempre uniche*
*An unforgettable talent who expressed
himself in unique types of experimentation*

3 Marco Ferreri
Is stool, 1993, Nemo (Novecentoundici)
*Forme semplici e concetti innovativi in
uno sgabello che sembra elementare ma
invece è superiore (alla norma)*
*Elementary yet innovative, a simple look
that is above the norm*
Courtesy of Marcoferreridesign

4 Rodolfo Dordoni
Lumiere lamp, 1990, Foscarini
*L'eleganza e il buon gusto in un oggetto
perfetto e mai banale*
*Class and good taste are found in a
perfect object that knows no banality*

5 Anna Gili
Tonda armchair, Cappellini, 1991
*Un segno apparentemente semplice ma in
realtà capace di femminile accoglienza e sorriso*
*Smooth and stripped down for a friendly
feminine embrace*
Courtesy of Anna Gili

6 Mario Cananzi, Roberto Semprini
Tatlin sofa, 1989, Edra
*Gesti, visioni e significati che diventano icone
ancor prima di essere oggetti reali*
*Flourish, vision and meaning can become icons
even before they become real*

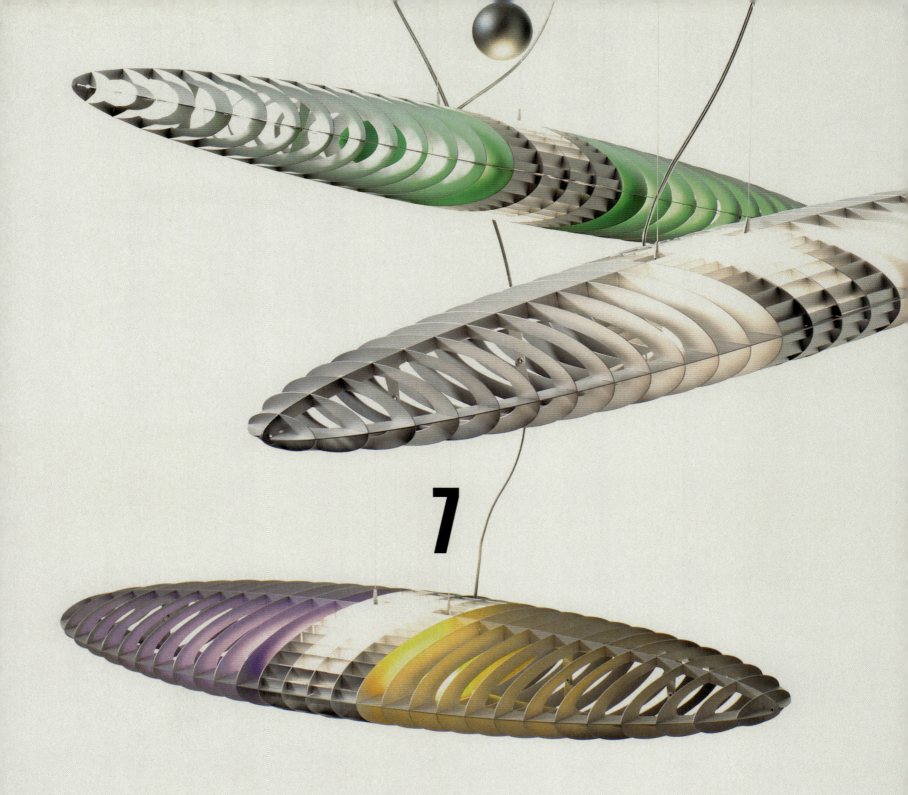

7

1989-95

7 Alberto Meda, Paolo Rizzatto
Titania lamp, 1989, Luceplan

*Una vera e propria struttura
aeronautica appesa al soffitto
per regalare luci sorprendenti*
*Hanging from the ceiling, an
airplane structure puts on a
surprising show of light*

domus

1 Benedini Associati
Chiocciola shower, 1998, Agape
Una delle invenzioni più originali degli ultimi lustri, basata solo su geometria ed ergonomia
An original invention of the recent past incorporates geometry and ergonomics

2 Roberto Barbieri
Lia chair, 1998, Zanotta
Figlia di un autore proprio bravo, una sedia dal segno minimal, diventata bestseller, imitata da tutti e finita nei più significativi musei del design
The brainchild of a talented designer, a chair with minimalist aspirations became a best-seller imitated by all and hosted by the most significant design museums

3 Carlo Contin
Satellite Bowl, 1993 (1999), MoMA
Dal SaloneSatellite al MoMA di New York in un attimo, ovvero la bravura di un autore che calibra da sempre ogni gesto
From a street in Milan to a museum in New York in the wink of an eye as a result of the measured methods of a skilful designer
Photo Andrea Basile

4 Giulio Cappellini, Roberto Palomba
Link sanitaryware, 1999, Flaminia
Forme sottili ed eleganti in un progetto di ottime proporzioni che ha fatto scuola
Slender grace combined with optimum proportions make for exemplary design that created a school

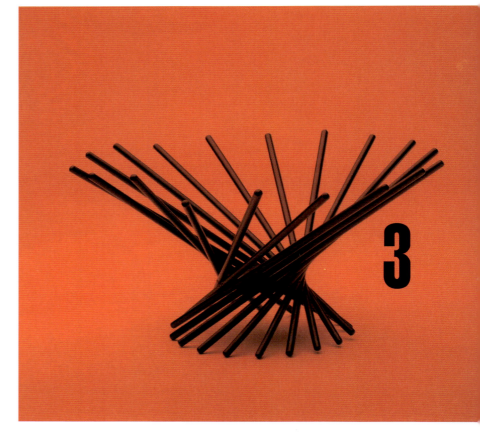

6

7

8

5 Giulio Iacchetti, Matteo Ragni
Moscardino eating utensil, 2000, Pandora Design
*Raccordare opportunamente due funzioni
quotidiane può bastare per entrare,
meritatamente, nella storia del design*
The apt joining of two functions of cutlery can
be enough to rightly merit going down in design
history

6 Giovanni Levanti
Xito lounge, 1999, Campeggi
*Un tappeto / poltrona / letto insieme in un pezzo
indefinibile del più bravo reinventore di oggetti
imbottiti degli ultimi 40 anni*
A rug, a chair and a bed are combined in an
indefinable piece by one of the greatest inventors
of upholstered products in the last 40 years
© Giovanni Levanti

7 Lazzarini Pickering
Isotropo furniture elements, 1997, Acierno-Brasile
*Tre elementi differenti che si abbinano, si
incastrano, si gemellano, e scrivono nello
spazio una nuova formula matematica per
l'abitare, dopo Rietveld e Judd*
Three elements are combined, twinned or
interlocked to write a new mathematical
formula in interiors, after Gerrit Rietveld
and Donald Judd
Courtesy of Lazzarini Pickering

8 Riccardo Blumer
Laleggera chair, 1996, Alias
*Una sfida strutturale vinta cercando la
resistenza nei pochi millimetri di spessore
di un materiale*
Structural challenge is taken up by
seeking stability in material only a few
millimeters thick

2000-04

1 Gabriele Pezzini
Moving stool, 2004, Moving Stool
Osservare i comportamenti e tradurli in nuovi oggetti: chi non ha provato a sedersi su un secchio rovesciato?
The observation of behaviour translated into a new item. Who hasn't ever sat down on an upside-down bucket?

2 Donata Paruccini
The Fly drawing pin, 2001, Alessi
Lo humour come compagno di viaggio e la levità come registro personale
Humour keeps us company and levity can be a personal style

3 Pierluigi Cerri
Donald chair, 2000, Poltrona Frau
Una sedia dove un dettaglio diventa immagine che diventa identità
A chair where detail becomes a look that becomes identity

4 Carlotta De Bevilacqua
Yang lamp, 2000, Artemide
"Il colore è solo luce", dicevano i poeti, ma è vero anche viceversa
Light is the source of all colour, they say, but the opposite is also true

5 Francesco Binfarè
Flap couch, 2000, Edra
Un'onda fluida e libera che suggerisce e accoglie nuovi comportamenti dopo averli immaginati
A fluid, free-flowing wave is an invitation to relax in a new, imaginative way

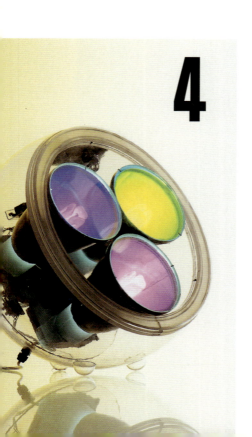

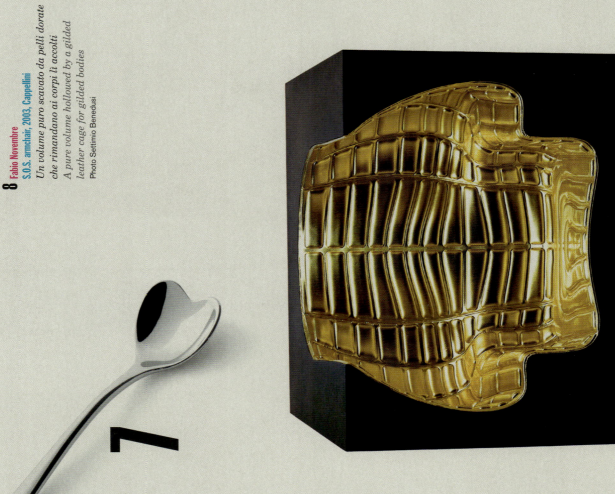

1 Patricia Urquiola
Antibodi chaise longue, 2006, Moroso

Un manifesto di chi oggi ha la forza e la libertà per permettersi qualunque ricerca formale, tipologica, costruttiva
A declaration by a designer possessing the strength and freedom to probe all kinds of formal, typological and structural themes

2 Martino Gamper
Homage to Gio Ponti, 2007, Nilufar

Un designer / falegname intelligente e coraggioso, che ha fatto buoni studi e ha capito da subito che il mondo (e il mercato) sono proprio cambiati
A smart, brave cabinetmaker studied well and understood that the world and the market are really changed

3 Piero Lissoni
Kooh-I-Noor coffee table, Glas Italia, 2008

La semplicità non banale di chi ha disegnato tutto ma che nel cristallo ha scolpito diamanti
The unordinary simplicity of one who has designed everything but carves diamonds out of glass

4 Marc Sadler
Twiggy lamp, 2006, Foscarini

Uno dei pochi oggetti che è riuscito a entrare nell'immaginario dei nostri anni, diventando realmente alternativo al proprio modello di riferimento, la lampada Arco dei fratelli Castiglioni
One of the few objects from these years to enter our subconscious as an alternative to its reference model, the Arco lamp by the Castiglioni brothers

5 Massimiliano Adami
Fossili Moderni space divider, 2005, independent production

Una riflessione su ciò che già oggi è obsoleto in un'ipotesi di mobili per domani
Today's obsolete products are the inserts of tomorrow's furniture
Photo Carlo Furieri Gilbert

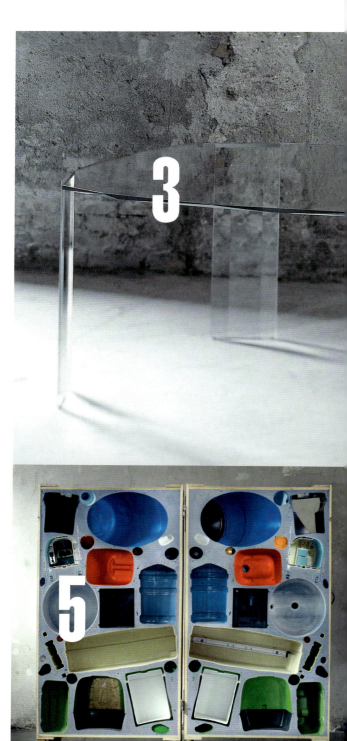

2005-09

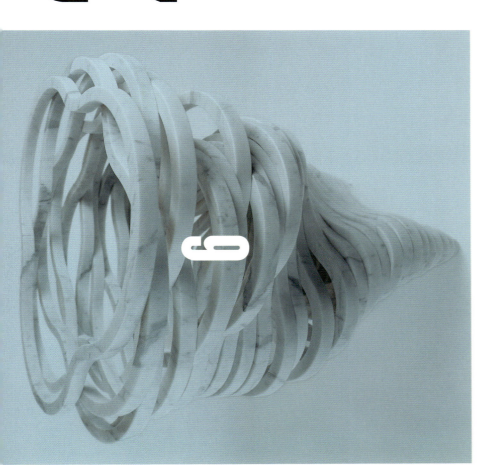

6 **Paolo Ulian**
Vaso vase, 2008, Up Group

Una lastra unica opportunamente tagliata genera un vaso che avrebbe impressionato anche Angelo Mangiarotti

Irregular rings from a single slab of water-cut marble are stacked in a way that could have impressed Angelo Mangiarotti
Photo Matteo Baldini

7 **Gaetano Pesce**
La Michetta seating, 2005, Meritalia

Anni di studi sul 'malfatto' e sull'irregolarità diventano la base di un nuovo modo di pensare al capitonné

Years of studying "rejects" and irregularity became a new approach to capitonné furniture

1 Luca Nichetto
Robo chair, 2010, Offecct
Un gioiello costruttivo di un giovane designer italiano che ha già meritato fortuna (anche) altrove
A gem of construction by a young Italian designer who is reaping merited success at home and abroad

2 Joe Velluto
Imboh chair, 2013, Design Bottega
L'irriverenza di chi sa comunicare ma anche (intelligentemente) disegnare
Irreverence by a communicator who happens to be an intelligent designer

3 Andrea Anastasio
Poets vase, 2014, Massimo Lunardon
La poesia di un fuoriclasse arrivato alla piena maturità
Poetry by an ace in full flower

4 Francesco Faccin
Binario coffee table, 2010, independent production
Dopo Enzo Mari, "Il lavoro al centro"; dopo Michele De Lucchi, l'ebanisteria al potere
After Enzo Mari's "Il lavoro al centro" and after Michele De Lucchi, the art of cabinetry rises to power
Courtesy of Francesco Faccin

5 Paola Navone
Prova Prima dishes, Richard Ginori, 2010
Eleganza, cultura e mestiere: carta d'identità di un'autrice difficilmente battibile
Elegance, culture and craft: the identity card of a designer hard to beat
Courtesy of Paola Navone. Photo Enrico Conti

6 Odoardo Fioravanti
Volée lamp, 2015, Fontana Arte
Il record di un autore che ha scelto di misurarsi con il suo riferimento Richard Sapper
A record is set by a creator who chose to compare himself with Richard Sapper

7 Ferruccio Laviani
W(hole) commode, 2012, F.lli Boffi
Il coraggio e la curiosità di chi ama e sa fare tutto e il contrario di tutto
Intrepid curiosity plus a love for everything equals knowing how to do everything and its opposite

2010-16

8

70 ANGELS ON THE FAÇADE

DOMUS 1928-1998

Settanta Angeli per festeggiare i settant'anni di *Domus*: al Piccolo Teatro di Milano, per la regia di Bob Wilson, dal 1 al 3 dicembre 1998. Sette scene, una per decade, per raccontare la magia di una rivista immaginata come la facciata di una cattedrale: una cattedrale alla Ponti, quella di Taranto, una quinta teatrale dove gli angeli del progetto – vestiti da Jacques Reynaud – recitavano in mutevoli paesaggi di interni, muovendosi tra circa cento icone, quasi tutte originali e addirittura da museo, della storia del design a partire dal 1928.

Under the stage direction of Bob Wilson, seventy angels celebrated seventy years of **Domus** *at the Piccolo Teatro di Milano, 1–3 December 1998. Seven sets, one for each decade, illustrated the magic of the magazine, imagined as being the facade of a cathedral, a cathedral à la Ponti: the one in Taranto. With costumes by Jacques Reynaud, the angels of the project performed against a changing backdrop of interiors, winding their way among 100 icons from the history of design since 1928, almost all of which were originals, some even from museums.*

Un progetto di
Produced by:
Change Performing Arts
con/*with*
Piccolo Teatro di Milano

Ideato e diretto da
Conceived and directed by:
Bob Wilson

Testi e collaborazione drammaturgica
Texts and dramaturgical collaboration:
Rosellina Archinto e/*and*
François Burkhardt con/*with*
Orio Buffo

Elaborazione drammaturgica per il periodo 1979-1988
Dramaturgy for the period 1979-1988:
Alessandro Mendini
con/*with* **Dorota Koziara**
e/*and* **Elisa Mendini**

Testi su Gio Ponti
Texts on Gio Ponti:
Lisa Ponti

Testi poetici/*Poetic texts:*
Christopher Knowles

Ricerche visive e tematiche
Visual and thematic research:
Luigi Spinelli

Luci/*Lights:*
A.J. Weissbard

Scene e immagini
Stage set and images:
Peter Bottazzi

Costumi/*Costumes:*
Jacques Reynaud

Suono/*Sound:*
Peter Cerone

Caimi Brevetti S.p.A. • 20834 Nova Milanese • MB • Italy • T +39 0362 491101 • F +39 0362 491060 • info@caimi.com • www.caimi.com

interno20.it

Elementi fonoassorbenti:
DIESIS Design Atelier Mendini

Tavolo:
STENO Design Caimi Lab

Sedia:
KALEIDOS Design Michele De Lucchi, Sezgin Aksu